Rolf Peter Sloet

Regensburg im Fadenkreuz

Kriminalgeschichten aus der Domstadt

Rolf Peter Sloet

Regensburg im Fadenkreuz

Kriminalgeschichten aus der Domstadt

Ich danke folgenden Personen: Meinem Freund Norbert, der für eine Geschichte seinen Namen zur Verfügung stellte, Herrn Riebel, der mir erlaubte, eine Geschichte in den Räumen seines Geschäfts spielen zu lassen und Frau Corinna Schaller, die mir wertvolle Informationen zum Steuerrecht gab. Mein Dank gilt insbesondere meiner Frau und meiner Tochter, die sich die Geschichten kritisch anhörten und mir viele gute Tipps gaben.

Bibliografische Information der Deutschen Nationalbibliothek

Die Deutsche Nationalbibliothek verzeichnet diese Publikation in der Deutschen Nationalbibliografie; detaillierte bibliografische Daten sind im Internet über http://dnb.dnb.de abrufbar.
ISBN 978-3-86646-343-1

1. Auflage 2016
ISBN 978-3-86646-343-1

© MZ-Buchverlag in der Battenberg Gietl Verlag GmbH, Regenstauf
www.gietl-verlag.de

Inhalt

Vorwort

Bis auf Herrn Günter Riebel, den Juwelier aus Regensburg, sind alle Personen, die in meinen Geschichten vorkommen, frei erfunden. Ähnlichkeiten sind zufällig und nicht beabsichtigt.

Wenn ich Wahrzeichen, Stadtteile und Straßen in Regensburg schildere, entsprechen diese nur soweit der Wirklichkeit, solange dadurch keine Rückschlüsse auf dort lebende Personen gezogen werden können. Aus dem Grund stimmen in der Regel Hausnummern und Beschreibungen von Häusern nicht, wenn in Geschichten Regensburger Straßen vorkommen.

Im Fadenkreuz

„Nachdem Jon nicht zurückgekommen ist, war ich so lange alleine", weinte Melanie, „und jetzt gehst du und bestimmt kommst du auch nicht zurück." Sie war völlig verzweifelt und schlug ihre Hände vor das Gesicht.

Der Mann wollte zu ihr gehen, sie an sich ziehen und ihr zärtliche Worte ins Ohr flüstern, ihren Rücken streicheln. Aber das ging nicht. Es war die Zeit gekommen – die Zeit zu handeln.

„Ich verspreche dir, ich komme wieder." Die Worte kamen ihm fest und sicher von den Lippen. „Ich hoffe", dachte er, „dass ich mein Versprechen halten kann. Und ich hoffe, es beruhigt sie."

Er musste gehen, weil er wusste, warum Jon nicht zurückgekehrt war. Die Tür fiel hinter ihm ins Schloss.

Melanie schaute nicht aus dem Fenster. Sie wollte nicht sehen, wie er fortfuhr. Lange saß sie auf der Couch und weinte. Schließlich schlief sie dort ein.

Der Mann fuhr bei der Auffahrt Straubing auf die A3 und erreichte nach etwas mehr als einer halben Stunde das Autobahnkreuz Regensburg. Dort bog er auf die A93 in Richtung Norden ab.

Seine erste Pause machte er kurz vor Berlin. Er trank etwas Wasser und aß zwei Müsliriegel. Dann zog er einen Zettel aus seiner Jackentasche und betrachtete ihn nachdenklich. Auf ihm standen fünf Namen:

Denis Oppermann
Mario Fischer
Gürsel Acatay
Peter Machmann
Gerhard Strom

Nachdem der Mann den Zettel wieder eingesteckt hatte, drehte er die Rückenlehne nach hinten und schlief genau dreißig Minuten tief und fest.

Wie an den meisten Tagen im Dezember wehte auf Rügen ein steifer Wind aus Nordwesten, der viel Feuchtigkeit mit sich brachte. Die Temperatur lag bei vier Grad an diesem frühen Sonntagmorgen und die wenigen Leute, die unterwegs waren, trugen warme Wintersachen und Wollmützen.

Denis Oppermann hatte seine Laufsachen angezogen und strebte mit langen, lockeren Schritten über den sandigen Weg von Bakenberg in Richtung Strand. Rechts ließ er das Camp Mövenort liegen. Er erreichte die Treppe, die zum Strand führte, und lief, immer drei Stufen auf einmal nehmend, hinunter.

Am Ende der Treppe zog er sich bis auf eine kurze Laufhose aus und legte seine Sachen, die lange Laufhose, Schuhe, Funktionsshirt und -jacke, auf den kleinen Rucksack, den er sich bis dahin auf den Rücken geschnallt hatte. In ihm befanden sich eine zweite, kurze Laufhose und ein großes Handtuch.

Ruhig schritt Oppermann vor zum Wasser und ging, unbeeindruckt von den Temperaturen, so weit hinein, bis es ihm bis zur Brust reichte. Dann drehte er sich um zum Strand und tauchte einmal ganz unter.

Das tat Oppermann im Winterhalbjahr fast an jedem Morgen. Er hielt sich dadurch fit und härtete sich ab.

Rechts oberhalb der Treppe, gut fünfzig Meter über der Ostsee, beobachtete der Mann, perfekt verborgen zwischen dichten Büschen, den Schwimmer durch das Präzisions-Zielfernrohr eines Gewehrs vom Typ G22. Der Zeigefinger der rechten Hand lag auf dem Druckpunkt und der Mann atmete ruhig und konzentriert. Der Gegenwind würde die Flugbahn des Geschosses vom Kaliber .300 Magnum nur wenig beeinflussen. Die Abweichung lag unter einem Zentimeter und konnte auf diese Entfernung vernachlässigt werden. Vorne, auf dem Lauf, war ein Schalldämpfer aufgeschraubt, der den Mündungsknall und das Mündungsfeuer weitgehend verschleiern würde. Der Überschallknall des Geschosses ließ sich nicht dämpfen, aber um diese Zeit bei den Geräuschen, die Wind und Wellen verursachten, war es unwahrscheinlich, dass ihn jemand hörte.

Als Oppermann untertauchte, atmete der Schütze aus. Zwei Sekunden später durchbrach Oppermann wieder die Wasseroberfläche und im selben Augenblick drückte der Mann in der Tarnkleidung ab.

Das Vollmantel-Weichkerngeschoss durchschlug die Stirn, faltete sich im Schädel auf und sprengte den gesamten Hinterkopf weg.

Oppermann ging geräuschlos unter.

Drei Tage später wurde seine Leiche bei Vitt, südlich von Kap Arkona, an den Strand gespült.

Die Kriminalpolizei aus Stralsund stand vor einem Rätsel. Niemand hatte etwas gesehen oder gehört, man fand keinerlei Hinweise auf den Mörder und man konnte sich nicht erklären, warum der Inhaber einer großen Versicherungsagentur ermordet worden war.

Lenzen an der Elbe ist ein kleines, verschlafenes Städtchen im äußersten Nordwesten Brandenburgs an der Grenze zu Mecklenburg-Vorpommern und Niedersachsen.

„Wie lange möchten Sie bleiben?", fragte die Vermieterin, eine ältere, alleinstehende Frau, nachdem der Mann das kleine Apartment besichtigt hatte.

„Ich buche eine Woche", antwortete er. „Es gefällt mir bei Ihnen. Ich zahle im Voraus." Er überreichte ihr die ausgemachten einhundertachtzig Euro.

Die Frau freute sich. Normalerweise hatte sie im Dezember keine Gäste und das Geld konnte sie gut gebrauchen. Sie zeigte auf die längliche Tasche, die der Mann auf der Bank vor dem Haus abgelegt hatte. „Wollen Sie im Rudower See angeln?"

Der Mann lachte. „Richtig. Ich gehe auf Hecht und Zander. Beim Angeln kann ich mich gut erholen und dann bin ich wieder fit für den Job in der Bank."

Nach drei Tagen hatte der Mann alle Informationen zusammen und er wusste, wann und wo er Mario Fischer töten würde.

Fischer war Jäger und saß an diesem Samstagnachmittag auf einem Ansitz am Rande eines kleinen Wäldchens, der einen freien Blick auf die Elbauen bot. Zu der Jahreszeit durften Schmalrehe geschossen werden und bei dem klaren, kalten Wetter bestand eine gute Chance, dass ihm ein Stück Wild vor die Flinte lief.

Der Mann lag fünfhundert Meter entfernt in einem Gebüsch, das sich entlang eines kleinen Entwässerungsgrabens hinzog. Er schaute durch das Zielfernrohr. Mit der 12-fachen Vergrößerung hatte er den Jäger auf dem Ansitz formatfüllend in der Mitte des Fadenkreuzes. Bei dem trockenen, windstillen Wetter war diese Entfernung für einen geübten Schützen mit dem G22 kein Problem.

Der Schütze atmete ein paar Mal ruhig durch, atmete aus, hielt den Atem an. Sein Finger fand den Druckpunkt und der Schuss brach. Der Mann auf der Kanzel sackte zusammen und kippte nach rechts aus dem Sichtfeld.

Noch bevor es ganz dunkel wurde, klingelte der Mann an der Haustür der Vermieterin. „Entschuldigen Sie bitte die späte Störung. Meine Frau hat angerufen. Sie macht sich große Sorgen. Unsere kleine Tochter ist krank und sie hat mich gebeten heimzukommen. Ich muss sofort nach Hause fahren." Er drückte ihr den Schlüssel in die Hand. „Danke vielmals. Vielleicht komme ich im Frühjahr noch einmal."

„Gute Fahrt", antwortete die Frau und schaute dem Mann nach, der in den Wagen stieg und losfuhr. „Der Arme muss jetzt noch bis Stuttgart fahren. Das sind sicher sechs- oder siebenhundert Kilometer", überlegte sie.

Der Tote wurde erst am nächsten Morgen gefunden. Zuständig für die Ermittlungen war die Polizeiinspektion Nord in Neuruppin.

Der leitende Ermittler, ein Hauptkommissar, ließ routinemäßig beim Bundeskriminalamt nachfragen, ob dort andere Fälle bekannt waren, bei denen jemand mit dem schweren Kaliber .300 Magnum erschossen worden war.

Die Nachfrage landete auf dem Schreibtisch eines Beamten, der am Tag zuvor eine Anfrage aus Stralsund bekommen hatte. Eine Leiche mit einem

Kopfschuss war aus der Ostsee gefischt worden. Der Einschuss in der Stirn ließ auf ein Kaliber aus der Familie der .30er-Geschosse schließen, aber ob es ein .308 oder ein .300 Magnum gewesen war, das war nicht feststellbar. Auf den ersten Blick hatten die beiden Toten nichts miteinander zu tun:

1. OPPERMANN Denis, 34 Jahre alt, Wohnort Bakenberg auf Rügen, selbstständiger Versicherungsmakler, ledig, geordnete wirtschaftliche Verhältnisse, keine Vorstrafen, keine Erkenntnisse über die Zugehörigkeit zu verfassungswidrigen Organisationen.

2. FISCHER Mario, 32 Jahre alt, Wohnort Lenzen an der Elbe, Angestellter bei der Arbeitsagentur Lenzen, geschieden, eine Tochter (lebt bei der Mutter in Neuruppin), geordnete wirtschaftliche Verhältnisse, keine Vorstrafen, keine Erkenntnisse über die Zugehörigkeit zu verfassungswidrigen Organisationen.

Der dritte Mord, den der Scharfschütze beging, wurde anfangs nicht in Verbindung mit den beiden ersten gebracht.

Erst nach dem vierten Mord erkannten die Ermittler die Zusammenhänge.

Direkt neben dem Art Inn am Bahnhofsplatz in Dinslaken fand der Mann einen freien Parkplatz für seinen silberfarbenen VW Golf Variant. „Kann ich dort kostenfrei parken?", erkundigte er sich an der Rezeption, als er eincheckte.

„Sicher", antwortete ihm die freundliche Rezeptionistin und händigte ihm die Magnetkarte für das Zimmer im zweiten Stock aus. „Wenn dort besetzt ist, können Sie Ihren Wagen beim Bahnhof auf dem kostenlosen Park & Ride Parkplatz abstellen." Sie reichte ihm einen Stadtplan und markierte mit einem Kreuz, wo er parken konnte. „Sie bleiben drei Nächte?"

„Mindestens", antwortete er. „Ich zahle im Voraus mit der Option auf Verlängerung."

„Gerne", war die Antwort, „und herzlich willkommen in Dinslaken. Ich wünsche Ihnen einen schönen Aufenthalt." Der Gast gefiel ihr ausnehmend gut.

Der Stadtteil Lohberg im Nordosten von Dinslaken ist fest in türkischer Hand und er hat bei der Polizei und den Geheimdiensten einen äußerst schlechten Ruf. Dort, wo früher die Bergleute wohnten, die in der Lohberger Zeche ihr Geld verdienten, wähnt man sich heute in Klein-Istanbul: Frauen mit Kopftüchern und langen Mänteln, die in Geschäften mit türkischer Werbung einkaufen. Alte Männer sitzen vor Cafés, trinken Tee und rauchen Wasserpfeife, während ihre Enkel, einheitlich gekleidet in Adidas-Klamotten, in aufgemotzten BMWs durch die Straßen rollen und lauten Türk-Pop hören. Kein Deutscher geht freiwillig durch die Straßen des alten Bergarbeiterviertels und die Polizei wagt sich nur zu viert dorthin. Islamistische Prediger rufen in Hinterhofzimmern zum Kampf gegen die Ungläubigen auf und Werber requirieren junge Männer für den IS im Irak und in Syrien.

Beinahe hätte der Mann Gürsel Acatay nicht wiedererkannt. Der ehemals drahtige, mittelgroße Typ mit Millimeterhaarschnitt trug nun eine gestrickte, türkische Mütze, einen zotteligen Vollbart und über der Hose ein langes, dunkles Hemd, das ihm bis zu den Knien reichte. Außerdem hatte er einige Kilo zugelegt.

In dieser Woche musste Acatay Spätschicht arbeiten, das heißt von 14 bis 22 Uhr. Zwanzig Minuten nach Schichtende bei einer großen Dinslakener Firma, die Rohre für die Erdölindustrie herstellte, lief er über den dunklen Parkplatz zu seinem Auto, einem alten Ford Focus.

Der Mann beobachtete das schon den dritten Abend. Heute war, außer Acatay, niemand auf dem Parkplatz zu sehen und er tauchte wie ein Schatten hinter dem Türken auf. Mit der linken Hand hielt er ihm von hinten den Mund zu, während er Acatays Körper mit aller Kraft ruckartig an sich zog. Das scharfe Messer vollführte einen Halbkreis von Ohr zu Ohr und dann klappte er den sich windenden, blubbernden Acatay nach vorne. Den Kofferraum des Wagens hatte er vorher mit einem passenden Werkzeug geknackt und es dauerte nur wenige Sekunden, um den Sterbenden darin zu verstauen und den Kofferraumdeckel zu schließen.

„Schön, dich mal wieder gesehen zu haben, Gürsel", flüsterte er und verschwand im Dunkel der kalten, feuchten Nacht. Ehe er in sein Auto stieg, zog er den Einmal-Overall, die Plastiküberzieher für die Schuhe und die Gummihandschuhe aus und steckte sie in einen blauen Plastiksack.

Am folgenden Morgen checkte er im Hotel aus, fuhr an den Rhein und warf den Sack, beschwert mit ein paar Steinen, in den Fluss. Das Messer folgte im hohen Bogen.

„Schade um das gute Messer", dachte er. „Jetzt muss ich mir ein neues kaufen."

In einem Geschäft für Outdoor-Artikel in Duisburg fand der Mann ein passendes Messer. Er zahlte bar und fuhr dann auf die A3 in Richtung Süden. Nach vier Stunden Fahrt machte er eine Pause. Er holte den Zettel aus seiner Jackentasche und malte ein Kreuz hinter den dritten Namen.

Denis Oppermann †

Mario Fischer †

Gürsel Acatay †

Peter Machmann

Gerhard Strom

Er verließ die Autobahn bei Aschaffenburg und folgte den Anweisungen des Navis in Richtung Hammelburg.

Bei Karsbach wäre seine Mission beinahe vorzeitig zu Ende gewesen. Der Mann fuhr hinter einem Mazda Kombi her, dessen Fahrer sich strikt an die Geschwindigkeitsbeschränkungen hielt. Ihm passte das. Er konnte es sich nicht leisten, geblitzt und angehalten zu werden. Im Autoradio liefen Rock-Klassiker auf Bayern 1 und er fühlte sich sicher und entspannt.

Von hinten erschien ein Audi A3, dessen Fahrer sehr schnell unterwegs war und der Anstalten machte zu überholen. Wegen einer Kurve musste er den Vorgang abbrechen und sich wieder hinter dem Golf Variant einordnen.

Direkt hinter der Kurve stand auf einem kleinen Parkplatz ein Polizeiwagen und zwei Polizisten beobachteten die herankommenden Fahrzeuge. Die Kelle kam raus und alle drei Autos wurden rechts rangewunken.

„Scheiße!", dachte der Mann und überlegte fieberhaft, während ein Polizist sich vom Fahrer des Mazda die Papiere geben ließ und der zweite die Überprüfung sicherte. Die Stuttgarter Nummernschilder des Variant waren geklaut und das Fahrzeug auch. Er hatte es vor einem halben Jahr in Österreich kurzgeschlossen und danach in der Garage stehen gehabt. Im Kofferraum lagen das Gewehr, die Munition, die Tarnkleidung ...

Ihm blieben drei Möglichkeiten:

1. Umdrehen und Vollgas geben. Der Polizeiwagen war ein 5er BMW und der würde seinen lahmen Diesel schnell einholen. Davon abgesehen, dass die Polizisten über Funk schnell Verstärkung herbeirufen konnten.

2. Er konnte die Polizisten erschießen. Das wollte er nicht. Sie taten nur ihre Pflicht, hatten vielleicht Familie und waren arglos.

3. Selbstmord. Seine Hand tastete nach der Pistole, die in der Kartentasche der Fahrertür steckte. Er würde sich auf keinen Fall vor Gericht bringen lassen und lebenslänglich bekommen.

Der Polizist gab dem Fahrer des Mazda die Papiere zurück und kam auf sein Auto zu. Jetzt musste er sich entscheiden.

Der Fahrer des A3 nahm ihm die Entscheidung ab. Plötzlich heulte der Motor auf, der Fahrer wendete mit quietschenden Reifen und brauste davon.

Der Polizist winkte dem Mann zu, er solle weiterfahren und lief los. Sein Kollege saß bereits im Auto und einen Moment später raste der BMW mit Blaulicht und heulender Sirene dem Flüchtenden hinterher.

Nach seinem Ausscheiden aus der Bundeswehr hatte Peter Machmann ein Waffengeschäft mit Schießstand im Gewerbegebiet Thulbafeld im Nordwesten von Hammelburg eröffnet. Zusätzlich verkaufte er militärische Kleidung und Ausrüstungsgegenstände, die die Bundeswehr ihren Soldaten, die zu Auslandseinsätzen geschickt wurden, nicht in dieser Qualität liefern konnte. Dazu gehörten Funktionswäsche, vernünftige Strümpfe und besonders leichte Schuhe mit Kevlarverstärkungen.

Die Geschäfte liefen richtig gut.

Als Machmann an diesem Abend, kurz vor halb elf, die Eingangstür zum Schießstand abschloss, stand er für einen Moment im Licht der Lampe, die durch einen Bewegungsmelder eingeschaltet wurde. Gleichzeitig nahm eine Kamera auf, wie er die drei Sicherheitsschlösser verriegelte.

Das Geschoss traf ihn in den Rücken, streifte das Rückgrat, zerriss das Herz und verließ den Körper durch eine faustgroße Ausschussöffnung, um dann die fünf Zentimeter dicke Metalltür zu durchschlagen und in der gegenüberliegenden Wand steckenzubleiben.

Der Aufprall warf Machmanns Körper gegen die Tür, an der er langsam runterrutschte. Auf dem Film konnten die Polizisten der Polizeiinspektion Hammelburg später deutlich erkennen, dass sich die linke Hand noch zweimal reflexartig bewegte. Nach einer Minute schaltete sich die bewegungsgesteuerte Kamera aus.

Der Schütze war zufrieden mit sich. Bei diesen Lichtverhältnissen auf fünfhundert Meter präzise zu treffen, das war nicht einfach. Es bedurfte eines langen Trainings und vieler Übungsschüsse.

Auf einem Parkplatz an der Autobahn hielt er an und holte den Zettel heraus. Sorgfältig malte er sein viertes Kreuz. Jetzt war nur noch ein Name übrig. Nach genau dreißig Minuten Schlaf fuhr er weiter. Er wollte noch vor dem Morgen wieder in Straubing sein.

Die Meldung, dass erneut ein Mann mit einem Gewehr im Kaliber .300 Magnum erschossen worden war, erreichte das BKA über das Polizeipräsidium Unterfranken. Der Hinweis von der PI Hammelburg, der Ermordete sei vor zwei Jahren aus der Bundeswehr ausgeschieden, ließ die Ermittler vom BKA eine Mail an das Verteidigungsministerium schreiben.

Die Antwort kam schnell. Ein Oberst von Arnberg bestätigte, dass Denis Oppermann, Mario Fischer und Peter Machmann bei der Bundeswehr gedient hatten, aber zu ihren Verwendungen und Einsätzen könne das BMVg keine Angaben machen, da diese als GEHEIM klassifiziert seien.

„Das ist ja ein Ding", meinte Hauptkommissar Schmitt, der beim BKA die Ermittlungen koordinierte. „Hört sich so nach KSK an. Über deren Einsätze erfährt man nie etwas."

„KSK?", wollte sein Kollege wissen.

„Kommando Spezialkräfte. Die kann man mit den amerikanischen Special Forces vergleichen. Wenn wir weitere Informationen bekommen wollen, muss von ganz oben angefragt werden."

Er ließ sich einen Termin beim Präsidenten geben.

Der Präsident hörte sich die Geschichte an. „Ich kümmere mich darum, Herr Schmitt", sagte er.

Zwei Tage später war Schmitt unterwegs nach Berlin zu einer Besprechung ins Bundesministerium der Verteidigung.

„Bitte lesen Sie die Formulare sorgfältig durch und unterschreiben Sie an den markierten Stellen", sagte ein Referent und schob ihm einen Stapel Papiere zu. „Und denken Sie daran, Herr Schmitt, Sie sind jetzt Geheimnisträger."

Schmitt seufzte und machte sich an die Arbeit.

Nach einer halben Stunde wurde er ins Büro des Oberst von Arnberg gebeten und erhielt die Informationen, die er benötigte.

Am nächsten Morgen belehrte Hauptkommissar Schmitt seine beiden Kollegen über die Geheimhaltungspflicht und dann schrieb er die Namen und Informationen, die er erhalten hatte, auf ein Whiteboard und markierte die Erschossenen:

Denis Oppermann, OL † (Leiter der Teams in Afghanistan)
Mario Fischer, OF † (Leiter Team 1)
Peter Machmann, SU † (Scharfschütze)
Gürsel Acatay, HG (Sicherung)
Gerhard Strom, HF (Leiter Team 2)
Maximilian Steinreither, F (Scharfschütze)

Jon Nielsson, SG † (Sicherung)

Auch hinter dem Namen Nielsson machte er ein Kreuz. „Stabsgefreiter Nielsson ist während eines Einsatzes der beiden Gruppen in Afghanistan gefallen. Genaueres wurde mir nicht mitgeteilt."

Es klopfte an der Tür und eine junge Kollegin kam herein. „Ich habe eine Mail erhalten, die ich an euch weiterleiten soll."

Sie legte ein Blatt Papier vor Schmitt auf den Tisch und verabschiedete sich mit einem „Tschüss".

Schmitt las das Schreiben durch. „Das ist ja interessant", kommentierte er. „Verdammt interessant." Er blickte auf. „Die Kreispolizeibehörde Wesel teilt uns auf Anfrage mit, dass ein gewisser Gürsel Acatay vor einer Woche in Dinslaken tot im Kofferraum seines Wagens aufgefunden wurde. Jemand hatte ihm den Hals von einem Ohr bis zum anderen aufgeschlitzt. Man hat bisher keine verwertbaren Spuren gefunden, was auf die Arbeit eines Fachmanns hindeutet. Acatay gehörte der Lohberger Islamistenszene an und stand unter Beobachtung des Staatsschutzes. Man ging bisher von einem Racheakt innerhalb der islamistischen Szene aus."

„Ich glaube, das wissen wir jetzt besser", meinte einer der beiden Oberkommissare, während Schmitt ein Kreuz hinter den türkischen Namen machte.

„Jetzt sind noch zwei Namen übrig", sagte Jens Soluthum, der dritte Kollege. „Wir sollten die beiden Männer sofort warnen. Scheinbar hat es jemand auf die Soldaten dieser Spezialeinheit abgesehen."

Schmitt überlegte. „Oder einer der beiden Überlebenden ist der Mörder, Jens. Feldwebel Steinreither war schließlich ausgebildeter Scharfschütze des KSK."

„Wo wohnt Hauptfeldwebel Strom?", wollte Soluthum wissen.

„In Regensburg. Und Steinreither kommt aus Bad Abbach. Das liegt nur zehn oder zwölf Kilometer von Regensburg entfernt."

„Welch ein Zufall!"

„Ich rufe die Kollegen der KPI in Regensburg an." Schmitt erhob sich.

Von alledem ahnte ich nichts, als wir an einem Freitagnachmittag mit einem Glas Sekt auf meine Beförderung und den neuen Posten anstießen.

Ich war am Vortag zur Hauptkommissarin befördert worden und heute hatte ich meine Aufgabe als Stellvertretende Leiterin des Kommissariats 1 der KPI Regensburg übernommen. Von der Öffentlichkeit wird das K1 oft als „Mordkommission" bezeichnet, wobei unsere Aufgaben nicht nur die Ermittlungen bei Mordfällen umfassen. Aber ich finde, dass die Bezeichnung gut passt.

Natürlich ist es nicht üblich, Alkohol im Dienst zu trinken, aber in solchen Fällen wird ein Glas, so kurz vor Dienstschluss, toleriert.

Hätte ich geahnt, was da auf mich zukam, wäre mir der Sekt sauer aufgestoßen.

Es klopfte an der Tür und die Sekretärin kam herein. „Frau Schmöke. Da ist ein Hauptkommissar vom BKA in der Leitung. Soll ich das Gespräch durchstellen oder wollen Sie zurückrufen?"

„Stellen Sie es bitte durch in den Nebenraum." Ich zeigte auf das Nachbarbüro, das ich mir mit dem Leiter des K1, Erster Kriminalhauptkommissar David Bauer, teilte. Die Kollegen blickten mir fragend nach, als ich nach nebenan ging.

Als das Telefon klingelte, hob ich ab. „Hauptkommissarin Anita Schmöke, K1."

„Hauptkommissar Walther Schmitt, BKA, zentrale kriminalpolizeiliche Dienste. Liebe Kollegin, wir haben da eine Sache, die mit hoher Wahrscheinlichkeit euch in Regensburg betrifft oder betreffen wird. Haben Sie etwas zu schreiben?"

„Klar. Papier und Stift liegen bereit. Fangen Sie an, Herr Kollege."

„Wäre Anita in Ordnung?"

„Dann leg los, Walther."

Fünf Minuten später winkte ich durch das Glasfenster zum Nebenraum, in dem die Kollegen immer noch auf mich und den Feierabend warteten.

Peter Zumricht kam rüber. „Was gibt es?"

„Sag allen Bescheid. Kein Feierabend jetzt. Und ruf David an. Wir brauchen ihn hier." Zumricht machte ein langes Gesicht, aber es half nichts. In solchen Fällen muss die ganze Mannschaft Überstunden machen.

Ich ließ mich noch ein paar Minuten vom Kollegen des BKA mit Informationen füttern. Dann bat ich ihn, mir alles per Mail zu schicken.

„Kommt sofort, Anita", sagte er. „Und ein schönes Wochenende noch." Ich verkniff es mir zu überlegen, ob er das ironisch gemeint hatte.

Mein nächster Anruf galt Jan. Er war schon zu Hause und alberte mit Jan-Henrik, unserem Sohn, herum.

„Pass auf dich auf, Schatz. Wir warten auf dich." Jan war auch Polizist und wusste, dass es Tage gab, an denen man den Feierabend vergessen konnte.

David Bauer kam genau zwanzig Minuten später in den Konferenzraum. Alle Kollegen saßen am großen Tisch und starrten mich an. Das war mein erster großer Auftritt als Stellvertretende Leiterin K1.

„Schieß los, Anita", war seine knappe Anweisung. Er war kein Mann vieler Worte.

Ich warf die Mail vom BKA per Beamer an die Wand und verteilte an jeden eine Kopie mit den Namen, Daten und Bildern der sieben Soldaten. Auf den Fotos schauten die Männer in ihren Tarnfleckuniformen ernst oder auch skeptisch in die Kamera. Alle waren kurzgeschoren und glattrasiert. Nur Acatay trug einen dünnen, schwarzen Schnurrbart, nicht dicker als ein Bleistift. Hauptfeldwebel Strom war mit dreiundvierzig Jahren der Älteste der Gruppe, Stabsgefreiter Jon Nielsson der Jüngste.

Es folgten die Informationen über die Morde: Datum, Ort, Art … Eben alles, was man so wissen musste. Die Polizisten lasen die Unterlagen sorgfältig und machten sich Notizen an den Rand.

„Wie gehen wir vor, Anita?", fragte mich David.

Ich musste nicht lange überlegen. „Peter hat die Adressen von Gerhard Strom und Maximilian Steinreither besorgt. Strom wohnt im Postblock in der Von-Reiner-Straße, Hausnummer drei, im zweiten Stock rechts. Er ist verheiratet, wohnt aber alleine dort. Seine Frau und seine Tochter sind unter dieser Adresse nicht gemeldet. Steinreither hat eine kleine Eigentumswohnung in Bad Abbach in der Goethestraße."

„Wer geht wo hin?"

„Peter und Jenny …", Kriminalkommissarin Jenny Andreesen war das jüngste Mitglied des Teams, „sprechen mit diesem Gerhard Strom. Ich habe für ihn Personenschutz für die nächsten achtundvierzig Stunden beantragt. Fred, Bernhard und ich fahren nach Bad Abbach und reden mit Steinreither, falls wir ihn antreffen."

David überlegte einen Moment. „Du bist erst seit einem Jahr verheiratet, Anita, und hast einen kleinen Sohn. Du und Bernhard, ihr sprecht mit Strom. Die drei anderen fahren nach Abbach. Zieht die Schutzwesten an und bitte keine Heldentaten! Ruft ein Einsatzkommando, wenn ihr meint, es wäre notwendig. Klar?"

Ich ersparte mir eine Diskussion. David hatte recht.

David Bauer erhob sich. Plötzlich wirkte er nervös. „Ich muss jetzt weg. Es ist bald soweit und ich soll bei der Entbindung dabei sein. Mann, hätte ich das bloß schon hinter mir." Seine Frau Beate erwartete ihr gemeinsames Kind und Bauer hatte sie am Nachmittag ins Krankenhaus St. Josef gebracht. „Drückt mir die Daumen!" Er verschwand, ohne sich noch einmal umzusehen.

Die beiden ältesten Kollegen, Bernhard Graf und Herbert Bündchen, grinsten. Sie hatten das auch schon mitgemacht. Besser: mitmachen müssen.

Bernhard und ich benötigten nur fünf Minuten bis zur Von-Reiner-Straße. Wir fanden einen Parkplatz direkt vor dem Eingang mit der Nummer drei und klingelten. Keine Reaktion.

Plötzlich öffnete sich die Haustür und ein älterer Mann in Jogginghosen schaute heraus. „Ich habe euch klingeln gehört. Wen sucht ihr denn?"

„Wir wollen zu Herrn Strom. Wissen Sie …"

„Der kommt erst morgen Abend wieder. Ist mit dem VdK unterwegs." Mit diesen Worten schlug er uns die Tür vor der Nase zu.

„Von formellen Anreden hält der auch nicht viel", meinte Bernhard.

Mein Handy klingelte. Es war Peter Zumricht.

„Der Hausmeister der Wohnanlage hat uns in das Apartment von Steinreither gelassen. Es stehen ein paar Möbel drin, aber wenig Persönliches. Der Kühlschrank ist leer, es gibt keine Pflanzen, keine Bilder, keine Schreiben oder Dokumente, nur ein paar Bücher. Im Schrank hängen zwei Uniformen und in den Regalen liegen Unterwäsche und weitere Ausrüstungsgegenstände von der Bundeswehr. Scheinbar ist das seine Reservistenausrüstung. Der Hausmeister meinte, er kenne Steinreither, aber der sei nur selten da."

„Gut. Kommt zurück und macht Feierabend. Wir versuchen es morgen noch einmal."

So kam ich doch noch vor zwanzig Uhr nach Hause und konnte unseren Sohn zu Bett bringen. Der Rest des Abends verlief gemütlich.

Hätte ich nur die geringste Ahnung gehabt, was mich an dem Samstag erwartete, wäre ich am nächsten Morgen im Bett liegengeblieben.

Steinreither lag auf dem Rücken und schaute durch das Fenster in die Nacht hinaus. Es war stockdunkel, ein kalter, böiger Wind pfiff um das Haus und ließ die Eingangstür in ihrem Rahmen rappeln. Sie lag direkt neben der Wand des Schlafzimmers und die Geräusche hatten ihn anfangs gestört. Jetzt war er daran gewöhnt und er beachtete sie nicht mehr.

Melanie lag links neben ihm, ganz eng an ihn gekuschelt. Sie atmete ruhig und gleichmäßig.

„Sie schläft fest", dachte er. „Sie braucht den Schlaf."

„Bleibst du jetzt für immer hier?", fragte sie plötzlich.

„Einmal muss ich noch fort. Einmal noch, dann ist alles vorbei. Zwei, maximal drei Tage und wenn ich zurückkomme, bleibe ich für immer bei dir."

„Was wirst du tun, Max?"

„Ich habe die zur Rechenschaft gezogen, die Schuld an Jons Tod sind. Einer fehlt noch."

„Hast du ihnen etwas getan, Max?"

„Mach dir keine Gedanken darüber, Melanie."

Beide schwiegen eine Weile.

„Ich muss aufs Klo", sagte Melanie. „Schlaf ruhig. Du weißt, ich brauche immer lange."

„Soll ich dir helfen?"

„Nein. Es geht schon. Ich komme alleine zurecht." Die Matratze gab leise Geräusche von sich, als sie sich langsam und mühselig erhob. Steinreither lauschte ihren Schritten. „Lange wird sie nicht mehr laufen können", dachte er. „Es wird von Woche zu Woche schlimmer."

Die Idee war mir kurz nach dem Aufwachen gekommen. In den Unterlagen stand, dass Jon Nielssons Witwe, Melanie Nielsson, in Straubing in der Obermaierstraße wohnte. Ich beschloss, bei ihr vorbeizuschauen.

„Du bist verrückt, Anita", meinte Jan, als ich ihm von dem Vorhaben erzählte. „Du müsstest David anrufen und die Dienstreise bei der Dienststelle anmelden. Du verlässt den Bereich des Polizeipräsidiums Oberpfalz. Du bist nicht im Dienst und du willst eventuelle Zeugen befragen. Und alleine solltest du das auf keinen Fall machen! Außerdem ist heute Samstag, du hast deinen freien Tag und wir wollten mit JaHe ins Westbad zum Kinderschwimmen gehen."

Wir nennen unseren Sohn Jan-Henrik normalerweise nur JaHe.

„Dann fahrt schon mal los. Ich komme nach. Es dauert nicht lange." Und schon war ich unterwegs.

Es war nicht ganz einfach, die Einfahrt in den Innenhof der rechteckigen Wohnanlage zu finden. Als ich endlich vor dem richtigen Eingang stand und klingeln wollte, öffnete sich die Eingangstür zum Haus und ein großer, gutaussehender Mann in den Dreißigern kam heraus. Er trug Jeans, eine warme, schwarze, halblange Daunenjacke und zog einen großen, dunkelgrauen Trolley hinter sich her.

„Bitte, meine Dame", sagte er und hielt mir die Tür auf.

Während ich die drei Stufen zu den beiden Wohnungen im Erdgeschoss hinauflief, fiel hinter mir die Eingangstür ins Schloss. „Der hat es gut", dachte ich. „Der fährt in den Urlaub. Sicherlich irgendwo dorthin, wo es warm ist." Das Namenschild verriet mir, dass Melanie Nielsson rechts wohnte. Ich klingelte und hörte von innen Geräusche. Jemand verschob einen Stuhl und ich vernahm ein dumpfes, regelmäßiges Klacken. Nach einer Weile wurde die Wohnungstür geöffnet und eine junge Frau mit einem schmalen Gesicht, braunen Augen und langen, dunklen Haaren lächelte mich freundlich an.

„Es geht bei mir nicht schneller", sagte sie und deutete auf den Stock, den sie in der Linken hielt. „Ich bin Melanie Nielsson. Kommen Sie herein."

„Danke. Aber Sie kennen mich doch gar nicht."

„Macht doch nichts. Wir werden uns schon kennenlernen. Sie schauen aus, als ob Sie eine Tasse Tee vertragen könnten."

Da hatte Melanie Nielsson recht.

Als sie mir einen Platz am Küchentisch anbot und den Tee eingoss, zeigte ich auf den Stock. „Hatten Sie einen Unfall, Frau Nielsson?"

„Melanie. Sagen Sie einfach Melanie zu mir."

„Ja, gerne." Ich zog meinen Ausweis hervor. „Anita Schmöke von der KPI Regensburg."

Sie schaute sich den Ausweis genau an. „Sie sind Hauptkommissarin, Frau Schmöke?"

„Ja. Aber ich bin fast privat hier. Also sagen Sie ruhig Anita zu mir."

Wir tranken beide einen Schluck Tee.

„Hatten Sie einen Unfall?"

Melanie schüttelte ihren Kopf. „Nein. Es ist MS. Noch kann ich laufen. Aber es wird schlimmer. Ich bin sechsundzwanzig und werde in wenigen Jahren tot sein." Sie lächelte ein trauriges Lächeln. „Und warum kommen Sie zu mir, Anita? Fast privat."

„Erzählen Sie mir, was mit Ihrem Mann, mit Jon, passiert ist."

Es dauerte fast zwei Stunden und ich hörte geduldig zu. Ich erfuhr, wie sie Jon kennengelernt hatte, der als Freiwilliger bei der Bundeswehr diente. Dass er nach Afghanistan musste und sie zwei Tage vor dem Abflug heirateten. Von ihren Telefongesprächen und davon, dass er niemals erzählte, was er machte. Das wäre geheim, hatte er erklärt.

An einem Sonntagmorgen erschienen dann zwei Offiziere und ein Militärpfarrer und sie wusste sofort, was das bedeutete: Jon war tot.

Als ihre Geschichte zu Ende war, weinte sie.

Es war eine traurige Geschichte und die Erinnerung nahm Melanie sehr mit. Doch eine Frage musste ich ihr noch stellen. „Wann haben Sie Maximilian Steinreither zum letzten Mal gesehen?

Sie überlegte. „Er kommt manchmal und besucht mich. Wenn er Zeit hat. Ich glaube, es ist sechs Wochen her."

Auf der Rückfahrt überlegte ich, ob Melanie gelogen hatte. Auf der Spüle hatten zwei Tassen, zwei kleine Teller, zwei Eierbecher und benutztes Besteck für zwei Personen gelegen. Sie war beim Frühstück nicht alleine gewesen.

Dann dachte ich an den gutaussehenden Mann, der mir die Tür geöffnet hatte. Trotz der Kälte trug er keine Mütze und ich erinnerte mich an seine mittelblonden, lockigen, kragenlangen Haare.

Ich fuhr durch bis in die Bajuwarenstraße. Der Kopierer fabrizierte eine Vergrößerung von Steinreither Bild, das wir vom BKA bekommen hatten. In der Schublade fand ich einen Faserstift und übermalte die millimeterlangen Haare des Soldaten mit Locken.

Es war eindeutig Steinreither gewesen, der mich ins Haus gelassen hatte. Die Kollegen, die Dienst hatten, waren schnell zusammengetrommelt und wir lösten die Fahndung nach Steinreither aus. Auch die Warnung ging raus, dass der Ex-Elitesoldat bewaffnet und gefährlich sei. Die grünen Kollegen wurden informiert und bald sah man überall in Regensburg Polizeifahrzeuge, die langsam durch die Straßen fuhren. Auch die Kollegen in Straubing wurden alarmiert. Das war Routine.

Mein Telefon klingelte. Es war David Bauer und seine Stimme klang froh und glücklich: „Wir haben eine Tochter. Eine kleine Melissa. Es ging heute Morgen ganz schnell und meine beiden Mädchen sind wohlauf."

So sehr er sich auch freute, ich musste ihm mitteilen, dass Steinreither wahrscheinlich in der Stadt war.

„Kommst du alleine zurecht, Anita?", fragte er.

„Sicher, David. Bleib bei deinen Mädchen. Wir machen das schon."

Anschließend musste ich Jan anrufen und ihm die erfreuliche Mitteilung machen, dass der Samstag gelaufen war.

„Pass auf dich auf!", bat er mich.

Ich wusste, was in ihm vorging, kannte seine Angst. Er hatte vor drei Jahren bei einem Einsatz seine Kollegin und Partnerin verloren.

Kurz nach siebzehn Uhr riefen die Kollegen an, die in der Von-Reiner-Straße Stroms Wohnung observierten.

„Strom ist gerade nach Hause gekommen. Er humpelt übrigens und benutzt beim Laufen einen Stock."

„Weiter beobachten. Ich komme sofort."

Meine Weste und die Waffe lagen bereit und ich legte alles an. Bernhard Graf war schon fertig und nahm den Autoschlüssel vom Haken.

„Tut mir leid, dass ich dir den Samstag versaue, Bernhard."

Er grinste. „Ich hätte sonst meiner Frau beim Ausweißen helfen müssen. Dann lieber ein paar Überstunden."

Die Kollegen im alten A4, die vor den Garagen auf der anderen Seite der schmalen Straßen parkten, winkten uns zu, als wir bei Strom klingelten. Der Türöffner summte, wir liefen hinauf in den zweiten Stock und hielten Strom unsere Ausweise unter die Nase.

„Dürfen wir reinkommen? Wir müssen dringend mit Ihnen reden, Herr Strom."

„Bitte. Gehen Sie vor. Dort ist das Wohnzimmer." Er folgte uns und bot uns Platz auf der Couch an, dann ließ er sich in einen abgenutzten Sessel

fallen. „Kann nicht so gut stehen. Habe einen künstlichen Unterschenkel."
Er klopfte auf das Schienbein. Es hörte sich nach Kunststoff an.

„Ist das in Afghanistan passiert?", fragte Bernhard.

„Das wäre besser für mich gewesen. Dann wäre die Rente viel höher. Es war ein ganz normaler Motorradunfall direkt nach der Rückkehr. Ich war nicht mehr so an unsere Straßen gewöhnt und etwas zu schnell dran. Das Hinterrad der Maschine rutschte weg und die Leitplanke hat mir einen Teil des Beins abgetrennt. Aber Sie wollten mir etwas sagen."

Die Geschichte von den ermordeten Kameraden hörte er sich schweigend an. „Was können Sie uns dazu sagen? Trauen Sie Steinreither die Morde zu?"

Seine Antwort verblüffte uns doch sehr.

„Ich kann bestätigen, dass ich in Afghanistan war. Was ich dort gemacht habe, ist geheim. Ich darf Ihnen noch nicht einmal bestätigen, dass ich diese Kameraden gekannt habe und mit ihnen im Einsatz gewesen bin. Das ist auch geheim."

Mehr war nicht aus ihm herauszubekommen. Auch der Hinweis, dass uns das BMVg die Informationen gegeben hatte, nützte nicht. Er dürfe niemals über Geheimes reden. Was das Ministerium mache, sei dessen Sache.

„Gut, Herr Strom. Wir sehen eine Gefährdung für Sie und für die nächsten Tage haben Sie immer zwei Polizisten, die in einem Auto vor Ihrem Haus stehen. Wenn Sie etwas Ungewöhnliches bemerken, dann rufen Sie uns bitte an."

Ich legte meine Visitenkarte auf den Couchtisch.

„Wo steht der Polizeiwagen?", wollte er wissen und ging hinüber zum Fenster.

Ich folgte ihm und zeigte auf den Audi, der dort unten stand.

Ich weiß, ich hätte ihn zurückhalten müssen, aber der Gedanke kam mir zu spät. Dem Schützen genügte dieses winzige Zeitfenster, um abzudrücken.

Es gab einen lauten Schlag, Glassplitter flogen mir entgegen und ich fühlte kleine Stiche, so als bekäme ich man Eisregen ins Gesicht.

Strom taumelte zurück, fiel krachend um und lag auf dem Rücken. Instinktiv hatte ich mich auch auf den Boden geworfen und erfasste mit einem Blick, dass Bernhard unter dem Couchtisch Schutz gesucht hatte und mich anstarrte.

„Bist du verletzt?", flüsterte er.

Ich schüttelte den Kopf.

Neben mir gab Strom blubbernde Geräusche von sich. Seine weit aufgerissenen Augen starrten an die Decke, aus dem geöffneten Mund kamen kleine, rote Bläschen, die mit leisen Geräuschen auf den Lippen zerplatzten, während sich unter ihm schnell eine Blutlache ausbreitete. Dann lief ein Zittern durch seinen Körper und er lag still.

„Die Kirche!", rief ich. „Die Antoniuskirche gegenüber. Der Turm. Er muss oben auf dem Turm sein. Komm Bernhard!"

Ich sprang auf und rannte hinaus. Bernhard folgte mir und überholte mich, als ich den Kollegen, der aus dem Auto ausgestiegen war und mich fassungslos anblickte, anschrie: „Verstärkung! Wir brauchen das SEK und einen Krankenwagen!"

Bernhard war schon auf der anderen Straßenseite, als ich wegen des Verkehrs warten musste. „Hier rein!", rief er mir zu. „Hier beim Pfarramt kommt man in die Kirche."

Die Lücke im Feierabendverkehr reichte mir, um über die Straße zu sprinten. Bernhard verschwand vor mir in einem Durchgang. Dann hörte ich etwas krachen, und er fluchte fürchterlich.

Mit der Waffe in der Hand schaute ich vorsichtig um die Ecke.

Mein Kollege lag neben einer umgestürzten Schubkarre und hielt sich das Bein. „Ich bin über die Mist-Schubkarre gefallen. Ich glaube, ich habe mir das Bein gebrochen. Scheiße, tut das weh!", stöhnte er.

„Hast du dein Handy griffbereit? Kannst du selbst anrufen, Bernhard?"

„Ja, sicher. Du bleibst hier und gehst auf keinen Fall alleine, Anita. Anita!" Seine Stimme klang verzweifelt.

Da war ich schon in der Kirche, hielt meine Pistole schussbereit und sicherte nach allen Seiten. Niemand war in dem diffusen Licht zu sehen, das durch die Kirchenfenster fiel. Links neben dem Altar gingen ein paar Stufen hinauf und dort war eine braune Holztür weit nach innen geöffnet. Dahinter erkannte ich die Treppe zum Turm.

Ein vorsichtiger Blick in den kleinen Vorraum: nichts. Langsam durchquerte ich ihn, näherte mich der Tür, blieb für einen Moment stehen, lauschte und konzentrierte mich auf die enge Wendeltreppe vor mir, schaute nach oben. Zögernd trat ich ein. Dabei unterlief mir der dümmste aller dummen Anfängerfehler. Ich vergaß, hinter die braune Tür zu schauen.

Ein leises Geräusch hinter mir, dann sagte jemand: „Heben Sie langsam Ihre Hände. Nehmen Sie den Finger aus dem Abzug, greifen Sie mit der Linken den Lauf der Waffe und legen Sie sie auf den Boden. Ganz langsam bitte und lassen Sie dabei den linken Arm mit der Waffe ausgestreckt. Wenn Sie sich schnell bewegen, erschieße ich Sie."

Eine ruhige, selbstbewusste, sehr angenehme Stimme hatte dieser Maximilian Steinreither. Ich tat, was er von mir verlangte. Dabei dachte ich an Jan und unseren Sohn.

Hinter mir drückte er die Tür ins Schloss. „Gehen Sie drei Stufen hinauf. Bleiben Sie stehen und stützen Sie sich mit den Händen an der Wand ab."

Da stand ich nun, hörte wie er meine Pistole aufhob und wurde mit einer Hand professionell abgetastet, während er mir seine Waffe in die rechte Niere drückte.

Draußen registrierte ich Sirenen, die rasch näherkamen.

„Gehen Sie hinauf. Lassen Sie Ihre Hände hinter dem Kopf verschränkt. Ich nehme an, Sie wissen, wer ich bin. Machen Sie bitte keinen Blödsinn. Ich würde Sie nur sehr ungern erschießen."

So stieg ich die Wendeltreppe hinauf, kletterte durch die geöffnete Luke in den Glockenraum, immer gefolgt von Steinreither, der sich stets außerhalb der Reichweite meiner Beine hielt. Er wusste genau, was er tat. Er war, im Gegensatz zu mir, ein absoluter Profi.

Dort oben verbreitete eine winzige LED-Lampe schwaches Licht und ich erkannte ein Scharfschützengewehr, das auf einer Matte auf dem Boden lag. Steinreither musste meine Gedanken geahnt haben. „Denken Sie einfach nicht daran. Das Gewehr ist zwar geladen, aber ich bezweifle, dass Sie mit einem G22 umgehen können. Noch ehe Sie es aufgenommen haben, sind Sie tot."

Er wies mich an, die stabile, hölzerne Klappe zu schließen und mich auf sie zu setzen.

„So", sagte er. „Jetzt möchte ich erst einmal wissen, wer Sie überhaupt sind und dann sehen wir weiter."

Für Steinreither war es ein Leichtes gewesen, auf den Turm zu gelangen. Als es dunkelte, ging er wie selbstverständlich mit dem Trolley durch den Durchgang neben dem Pfarrbüro zur gegenüberliegenden Eingangstür. Das Standard-Zylinderschloss war kein wirkliches Problem. Er benötigte keine zehn Sekunden, um es zu öffnen. Er drehte sich noch einmal um und zog die Tür hinter sich zu, ohne sie abzuschließen.

In der Kirche war es bereits dunkel, doch fiel durch die Glasfenster noch genügend Licht von der Straßenbeleuchtung, um ohne Lampe zurechtzukommen.

Steinreither kannte sich in der Kirche aus. Rechts lag der Altar und dahinter folgten ein paar Stufen, die zu einem Raum führten, in der sich ein weiterer Altar befand. Rechts davon versperrte eine kleine, braune Holztür den Zugang zur Wendeltreppe.

Das Schloss war Baumarktware und er entsperrte es mühelos. Eine Minute später erreichte Steinreither den Raum unter den Glocken. Die Matte auszubreiten und das Gewehr schussfertig zu machen, war Routine und er schaute zum ersten Mal durch das Zielfernrohr zu dem Fenster hinüber, hinter dem, wie er wusste, Stroms Wohnzimmer lag. Trotz der hohen Bäume, die links und rechts zwischen den Häusern wuchsen, hatte er ein freies Schussfeld.

Steinreither munitionierte auf, machte die Waffe schussfertig und legte sich hin. So wie jetzt hatte er in Afghanistan viele Stunden unbeweglich bei Hitze und Kälte ausgeharrt. Er war das Warten gewöhnt. Das Warten auf die eine Chance. Nur drei bis fünf Sekunden – die würden ihm genügen. Im Wohnzimmer brannte Licht und er konnte im Hintergrund jemanden erkennen, der dort umherlief. Plötzlich kam Unruhe auf. Zwei weitere Personen erschienen in dem Raum und setzten sich auf die Couch. Strom nahm in dem Sessel Platz, der mit dem Rücken zum Fenster stand und nicht voll einsehbar war. Sollte er den Risikoschuss wagen? Einen Zentimeter am rechten Mauerrand vorbei, dann müsste er eigentlich den Mann im Sessel …

Auf einmal erhob sich Strom und kam auf das Fenster zu. Eine der beiden Personen, die auf der Couch saßen, folgte ihm und nun standen sie nebeneinander hinter der Glasscheibe. Die Frau kam ihm bekannt vor. Direkt links daneben befand sich Strom, der sein Gesicht der Frau zuwandte. Er redete mit ihr.

Steinreither drückte ab.

Strom fiel um und im selben Augenblick verschwand die Frau aus dem Sichtfeld; auch die zweite Person hatte sich auf den Boden geworfen. Steinreither sah nur die Füße, die unter dem Tisch hervorragten. Plötzlich sprangen beide Besucher auf und rannten geduckt aus dem Raum.

Er schwenkte das Zielfernrohr nach unten, zur Haustür, die aufsprang und einen Mann und eine Frau ausspuckte. Spätestens jetzt wurde ihm klar, dass es sich um Polizisten handeln musste.

Sie waren auf dem Weg zu ihm und er hatte keine Chance mehr, rechtzeitig aus der Kirche zu entkommen. Er hatte damit gerechnet, dass das passieren konnte. Sorgfältig stellte er das Gewehr ab, anschließend überprüfte und entsicherte er seine Pistole.

Dann rannte er, so schnell er konnte, die enge Wendeltreppe hinunter.

„Was soll es?", dachte Maximilian Steinreither, als er unten ankam und hörte, wie die Kirchentür geöffnet wurde. „Ich habe meine Mission erfüllt."

Ich saß auf der harten Holzklappe und fror. „Herr Steinreither. Sie haben keine Chance, hier rauszukommen. Geben Sie auf. Strom ist tot – und das ist doch das, was Sie wollten."

Steinreither nickte. Richtig, Frau … Geben Sie mir bitte Ihren Dienstausweis. Sie bekommen ihn zurück."

Ich tat, was er verlangte.

„Anita Schmöke. Hauptkommissarin. Als Soldatin wären Sie Hauptmann. Nicht schlecht für eine junge Frau wie Sie."

Ich erhielt den Ausweis zurück.

Er zündete sich eine Zigarette an. „Möchten Sie auch eine?"

Ich schüttelte den Kopf.

„Ich habe Sie heute Morgen gesehen", meinte er und lächelte mich an. „Sie sind wahrscheinlich bei Melanie Nielsson gewesen."

„Richtig. Und Sie haben mir freundlicherweise die Tür aufgehalten. Das war sehr höflich von Ihnen."

Plötzlich zog Steinreither meine Dienstpistole aus dem hinteren Hosenbund. Ohne hinzuschauen, entfernte er das Magazin, entleerte es und schob es zurück. Er kickte die Patronen mit der Fußspitze an das Mauerwerk. Dort befand sich ein Spalt im Holzboden, durch den sie nach unten fielen und ich hörten sie klackend auf der Holztreppe aufschlagen.

Ich holte tief Luft. Im ersten Augenblick hatte ich angenommen, er würde mich mit meiner Waffe erschießen.

Steinreither bemerkte mein Erschrecken. Er lachte nicht, sondern blieb ernst. „Keine Angst, Frau Schmöke. Ich werde Ihnen nichts tun."

Für einen Moment stoppte unsere Unterhaltung und wir lauschten dem Kreischen der Sirenen unten vor der Kirche. Ich konnte mir gut vorstellen, was da jetzt los war.

Das Klingeln meines Handys riss mich aus meinen Gedanken. „Darf ich?"

Er nickte. „Bitte."

„Schmöke."

Es war David Bauer. „Anita. Bist du okay?"

„Ich bin in Ordnung. Ich …"

„Sagen Sie Ihrem Kollegen, dass Sie auf der Holzklappe sitzen. Wenn ein Einsatzkommando eindringen will und die Klappe sprengt, werden Sie in Stücke gerissen. Sagen Sie, Sie rufen später wieder an."

Ich gab die Informationen weiter und beendete das Gespräch. „Warum haben Sie die Männer erschossen, Herrn Steinreither?"

„Sie kennen die Namen?"

„Alle. Oppermann, Fischer, Acatay, Machmann, Strom und Nielsson."

„Jon Nielsson habe ich nicht getötet. Das waren die anderen."

„Nicht die Taliban?"

Steinreither setzte sich mir gegenüber auf den Boden, lehnte sich mit dem Rücken an die Außenwand und beobachtete mich einen Moment. „Sie frieren, Frau Schmöke." Er zog seine Jacke aus, nahm das Gewehr, stellte es neben sich ab und schob die Matte und die Jacke zu mir rüber.

„Nein, nicht die Taliban. Ich werde Ihnen erzählen, was vorgefallen ist. Vielleicht verstehen Sie mich dann."

„Ich höre."

„Wir hatten zusammen mit amerikanischen Marines einen Einsatz hinter uns. Die Amerikaner hatten Verluste erlitten und sie forderten fünf MRAPs an, die uns abholen sollten …"

„MRAPs?"

„Gepanzerte Transportfahrzeuge der US Marines. Zwei für uns und drei für die Amerikaner. Als die in der Nähe des Grabens stoppten, in dem wir in Deckung lagen, wurden sie mit AT-4 beschossen, die oberhalb, unerreichbar für uns, in den Bergen versteckt waren. Das sind russische Panzerabwehrraketen. Eine Rakete traf das erste Fahrzeug mit den Marines und es flog in die Luft. Alle tot. Dann wurde das zweite Fahrzeug getroffen und auch hier gab es Tote. Wir konnten uns ausrechnen, wann wir dran waren. Oppermann befahl uns, schnellstens einzusteigen und er verschwand als Erster im Fahrzeug. Er war ein Feigling, ein schlechter Offizier. Jon und Acatay sicherten, während wir aufsaßen. Als sie uns folgen wollten, wurde Jon getroffen. Er fiel um und sein Gesicht war sofort voller

Blut. Ich wollte wieder raus, um ihn zu holen, denn wir halten es wie die US Marines: Wir lassen niemals einen Kameraden zurück."

Steinreithers Stimme stockte und er musste tief Luft holen.

„Jon war mein bester Freund und er hätte mich nie zurückgelassen. Als ich hinausspringen wollte, schrie mich Oppermann an und befahl mir, im Fahrzeug zu bleiben. Nielsson sei tot, das könne doch jeder sehen.

Dann brüllte er den Fahrer an: ,Go, man! Fucking go, man!'

Wieder eine kleine Pause. Er schien das alles noch einmal zu erleben.

Meine Antwort war: ,Fick dich selbst. Ich gehe jetzt!'

In dem Augenblick drückte mir Strom wortlos die Pistole gegen den Kopf, während die anderen schrien: ,Bleib hier, du Arsch!'und der Wagen losfuhr. Ich saß ganz hinten, schaute durch das kleine Fenster hinaus und sah, wie Jon seinen Kopf drehte, uns hinterherschaute und eine müde Bewegung mit seiner Hand machte. Er lebte noch und wir überließen ihn den Taliban. Dann hörte ich, wie Acatay verächtlich ein türkisches Wort sagte: Kafir."

„Was heißt das?"

„Ungläubiger. Ihm machte es nichts aus, dass Jon starb. Jon war ohne Religionszugehörigkeit und Acatay verachtete ihn, weil er ein gottloser Mensch war."

„Und deswegen haben Sie die Leute getötet?"

„Genau deswegen. Sie werden mich nicht verstehen, Frau Hauptkommissarin. Aber das müssen Sie auch nicht."

Ich gab ihm keine Antwort. Er hätte mir sowieso nicht geglaubt.

„Die Geschichte hatte ein Nachspiel. Wir bekamen ein Paket mit Jons Kopf darin. Die Ärzte stellten fest, dass er noch gelebt haben musste, als man ihm den Kopf abschnitt." Steinreither schwieg.

Plötzlich fühlte ich mich richtig beschissen.

Nach einem Moment der Stille zog er meine Pistole aus dem Hosenbund.

„Hier." Er schob sie mir rüber. „Sie bekommen Probleme, wenn Sie Ihre Waffe verlieren. Sie können gehen. Sofort!"

Ich klappte die Tür hoch und kletterte durch die Luke. Bevor ich ganz verschwand, drehte ich mich noch einmal um.

„Sie kommen nicht mit?"

Er schüttelte den Kopf.

Auf der Treppe kamen mir die Kollegen vom SEK in voller Ausrüstung lautlos entgegen. Der Erste starrte mich an wie einen Geist. „Wo ist der Mann?", flüsterte er.

Ich zeigte nach oben. In diesem Augenblick fiel dort ein Schuss.

Nach Steinreithers Beerdigung habe ich Melanie Nielsson noch einmal besucht. Ein älteres Ehepaar, das sich als ihre Eltern vorstellte, packte gerade die Reste von Melanies persönlichen Sachen ein. Die Möbel waren schon fort.

Melanie umarmte mich. „Ich wusste nichts davon. Max hatte seine Wohnung in Bad Abbach verkauft und das Geld in eine Zweizimmer-Wohnung in einer betreuten Wohnanlage investiert. Dann hat er mich als Alleinerbin eingesetzt."

Dann begann sie zu weinen und ihre Eltern schauten mich vorwurfsvoll an. Ich drückte sie an mich und wir hielten uns für einen langen Moment in den Armen.

Dann drehte ich mich um und ging, ohne ein Wort zu sagen. Vor Melanie und ihren Eltern wollte ich nicht in Tränen ausbrechen. Sie hätten es falsch verstanden.

Als ich in meinem Auto saß, konnte ich mich nicht mehr beherrschen. Erinnerungen kamen in mir auf, von denen ich glaubte, sie längst vergessen zu haben.

Ich benötigte lange Minuten, bis ich mich in der Lage fühlte loszufahren.

Steinreither hatte gar nicht ahnen können, wie gut ich ihn verstand.

Zu Hause sah mir Jan sofort an, wie ich mich fühlte. Wir setzten uns wortlos auf die Couch und er hielt meine Hand. Sonst nichts tat er nichts, außer darauf zu warten, dass ich anfing zu sprechen.

Jetzt endlich hielt ich es für angebracht, ihm zu erzählen, was damals auf dem Parkplatz, als mein Kollege getötet wurde, wirklich passiert war.

Was damals passierte, erfahren Sie im ersten Band „Im Schatten des Doms zu Regensburg", in der Geschichte „Anita"

Sie bekommen Ihre Rache!

Es war ganz einfach gewesen. Noch einfacher, als er es sich vorgestellt hatte. Jeden Donnerstag, immer kurz nach Mittag, öffneten sich die Schranken für einen weißen Kastenwagen. Der hielt vor dem Gebäude und dann stand der Fahrer mit zwei Packen voller Zeitschriften vor der streng bewachten Eingangstür. Einer der Aufseher öffnete und nun brachte der Mann einen Packen Station 7.1 (EG) und den zweiten eine Treppe höher nach 7.2 (1. OG). Wie viele andere Sachen war Papier auf den Stationen streng verboten und natürlich durften die Insassen auch keine Streichhölzer oder Feuerzeuge besitzen.

Jens Stratmann besaß ein Feuerzeug. Ein Besucher musste es auf der Toilette verloren haben und Jens war der glückliche Finder. Für ein Feuerzeug bekam man mindestens sechs Gläser Nescafé oder sechs Schachteln Zigaretten. Beides war Gold wert in der forensischen Abteilung des Bezirksklinikums.

Hier saßen nur kranke Typen: Brandstifter, Drogenabhängige, Mörder und ähnliche Verbrecher. Dass man Stratmann dort auch eingesperrt hatte, ohne Aussicht auf Entlassung oder Milderung der Unterbringung, fand er selbst ungerecht. Er war doch nicht krank. Das waren nur die anderen.

Gut, die Sache mit dem Mädchen hätte nicht so laufen dürfen. Er wollte sie nur etwas befummeln und dann drehte das dumme Ding durch, versuchte ihn zu beißen und zu treten und schrie sich die Seele aus dem Leib. Da musste er ihr doch den Mund zuhalten! Und dass sie hinterher so schlaff auf dem Boden gelegen und sich nicht mehr gerührt hatte, das war ein Unfall gewesen. Ihn deshalb in die Forensik einzuweisen und zu diesen völlig abgefuckten Typen zu stecken, war absolut ungerecht, so befand er.

Stratmann wollte nur eins: raus hier.

Obwohl Papier verboten war, lag der Packen mit den Zeitschriften jeden Donnerstag mindestens eine halbe Stunde unbeaufsichtigt im Gang, bevor ihn die Pfleger abholten. Stratmann beschloss, etwas für die Allgemeinheit zu tun: Er meldete sich freiwillig für den Säuberungsdienst im Flur während der Mittagsruhe.

Nach ein paar Wochen ließen ihn die Pfleger gewähren. Er konnte ja nichts anstellen und außerdem arbeitete Stratmann verlässlich und ordentlich.

An diesem Donnerstag setzte er seinen Plan in die Tat um. Kaum lag der Packen im Flur, riss er das Deckpapier ab, zerknüllte es und legte es unter einen dieser Kunststoffstühle, die überall hier rumstanden. Ein paar Zeitschriften folgten und dann zündete Stratmann das Papier an.

Die Wirkung war erstklassig. Das Papier brannte hellauf und der Stuhl schmolz innerhalb kürzester Zeit. Der schmelzende Kunststoff entzündete sich rasch und setzte die Wandtapete einschließlich der dahinterliegenden Isolierung in Brand. Der Qualm, der dabei entstand, war schwarz und ätzend.

Stratmann stand direkt neben der Tür und lauschte mit verzücktem Gesichtsausdruck dem Heulen der Feuermelder. Die Sprinkleranlage sprang an, aber das Wasser erreichte die Ecke nicht, in der sich der Brand weiter ausbreitete.

Die Aufseher kamen hereingestürzt, die Feuerwehr näherte sich mit lautem Tatütata und, als die ersten Feuerwehrmänner mit ihren Löschutensilien in das 1. OG stürmten, spazierte Jens Stratmann hinaus. Keiner kümmerte sich um ihn.

Wie schon gesagt, es war ganz einfach gewesen.

Stratmann beobachtete das Mädchen schon seit ein paar Tagen. Morgens kam sie gegen 7.30 Uhr mit dem Bus zur Schule, am Nachmittag hatte sie bis um 16.15 Uhr Unterricht und dann holte ihre Mutter sie ab. Nur freitags war die Schule schon um 13 Uhr aus und das Mädchen ging in die Stadt, wo sie sich mit Freundinnen traf. Beatrice hieß sie. Das hatte Stratmann schnell herausgefunden.

Kurz vor 17 Uhr stieg sie in den Bus nach Mintraching, den sie am Ortsrand in der Nähe des Sportgeländes wieder verließ. Dort würde Stratmann auf sie warten.

Am Donnerstagabend konnte er nicht einschlafen. Morgen war es so weit. Er würde sie in das Auto ziehen, das er aufgebrochen und kurzgeschlossen hatte, und sie in die Jagdhütte bringen, die zu knacken mehr als einfach gewesen war. Bald würde sie ihn nett finden und sich mit ihm einlassen. Dessen war er sich sicher.

Stratmann konnte gar nicht verstehen, dass es so kranke Typen gab, die auf kleine Kinder oder auf Jungen standen. Er schüttelte sich. So Mädchen wie Beatrice, die hatten das richtige Alter. Sie waren zwölf oder dreizehn, trugen stolz ihre ersten BHs, waren zum Anbeißen süß. Beatrice war genau sein Typ: Sie war kein Kind mehr, sie war fast schon eine Frau.

Es klappte wie geplant. Er stand am Rand des Sportplatzes und blickte zur Bushaltestelle hinüber. Der Wagen stand direkt vor den Sträuchern und der Weg, den Beatrice immer ging, war von der Straße aus schlecht einsehbar.

Stratmann drückte der Dreizehnjährigen das Messer in die Niere, trieb sie zu seinem Auto und befahl ihr, in den Kofferraum zu klettern. Beatrice war starr vor Angst und tat, was ihr gesagt wurde.

Niemand hatte bemerkt, was vorgefallen war.

Als später eine Frau den Rucksack mit den Schulsachen fand, der bei der Entführung neben dem Weg liegengeblieben war, und die Polizei alarmierte, befand sich Stratmann mit dem Mädchen schon in der Hütte. Kurz darauf verging er sich das erste Mal an ihr.

Dass das Mädchen weinte und nach ihrer Mutter rief, konnte Stratmann überhaupt nicht verstehen. Er wies sie in die Liebe ein und sie heulte. So eine blöde Pute!

Am frühen Abend, nach der zweiten Vergewaltigung, hielt Beatrice plötzlich eine halbvolle Mineralwasserflasche in der Hand und schlug sie Stratmann auf den Kopf. Er blutete sofort wie ein Schwein und befand, dass er sich das nicht gefallen lassen musste.

Fünf Minuten später war das Mädchen tot und Stratmann machte sich auf und davon. Er wollte nach Italien. Dort sollte es besonders hübsche Mädchen geben.

Als Stratmann den Wagen an einer Tankstelle volltankte und ohne zu zahlen verschwinden wollte, erwischte ihn eine Zivilstreife der Autobahnpolizei und kurz danach saß er im Knast.

Als der Besitzer der Jagdhütte das tote Mädchen entdeckte, fanden die Ermittler ausreichend DNA-Spuren, um Stratmann den Mord nachweisen zu können.

Eine Große Strafkammer des Landgerichts Regensburg verurteilte Jens Stratmann zu einer lebenslangen Freiheitsstrafe und stellte die besondere Schwere der Schuld fest.

In Bayern bedeutete das: Aller Voraussicht nach würde Stratmann die JVA Straubing lebend nicht mehr verlassen.

Die Presse und die Öffentlichkeit waren zufrieden mit dem Urteil. Bald wandte man sich anderen Dingen zu und Beatrice geriet in Vergessenheit.

Nur die Eltern, die konnten nicht vergessen.

Die drei Männer saßen im Wohnzimmer eines Penthauses am ehemaligen Fürstlichen Rennplatz, das einem gemeinsamen Bekannten gehörte. Der verbrachte jedes Mal ein Wochenende am Ammersee, wenn ihn seine Freunde darum baten. Einer von ihnen besaß dort ein ehemaliges Bauernhaus, das aufwendig renoviert und exklusiv ausgestattet worden war. Der Besitzer des Penthauses war zufrieden mit dem Tausch der Wohnungen und er wollte gar nicht wissen, warum sich die Männer in seiner Wohnung trafen.

Auf dem Tisch vor dem Ältesten, einem kleinen, dicklichen Herrn mit Halbglatze, lag eine rote Mappe, auf die er sorgfältig mit der Hand „Beatrice" geschrieben hatte.

Die beiden anderen Männer hätten Zwillingsbrüder sein können: eins fünfundachtzig groß, blaue Augen, kurzgeschnittene Haare, sportliche Figur. Ihre Kleidung bestand aus Jeans, Polohemden und Sneakers, die gut zu ihrem Typ passten. Man konnte sie aber leicht auseinanderhalten. Einer der beiden trug eine Brille mit schmalen, eckigen Gläsern in einem biegsamen Titanrahmen.

Der ältere Herr mit der Halbglatze war konservativ gekleidet: dunkelblauer Anzug, hellblaues Hemd, eine passende Krawatte und auf Hochglanz gewienerte, schwarze Halbschuhe.

Der Älteste, der Richter, ergriff das Wort: „Wir entscheiden über den Mörder, Jens Stratmann, der Beatrice auf dem Gewissen hat. Ich bin der Meinung, er muss die Höchststrafe erhalten."

Der Brillenträger, der Vollstrecker, nickte. „Ich bin der gleichen Meinung. Wir sollten den Angehörigen die Rache ermöglichen."

Der Dritte, der Detektiv genannt wurde, stimmte ebenfalls zu. „Auch ich bin für die Rache."

„Wir sollten die gewohnte Aufgabenverteilung beibehalten. Oder gibt es Einwände?"

Die beiden Jüngeren schüttelten ihre Köpfe.

„Gut. Welche Informationen haben wir?" Der Richter schlug die Mappe auf.

„Mir liegen folgende Informationen vor …" Mit diesen Worten eröffnete der Vollstrecker eine Diskussion, die bis weit nach Mitternacht dauerte.

Viele Tassen Kaffee später lehnten sich die Männer erschöpft, aber zufrieden zurück.

„Jetzt hole ich uns ein Bier", meinte der Detektiv. „Danach gehen wir schlafen. Es gibt in den nächsten Tagen viel zu tun."

„Endlich Feierabend", dachte Mathias Gosst. Er arbeitete als Justizvollzugs-beamter in der JVA Straubing. Das war ein echter Knochenjob, besonders wenn man eine zwölfstündige Nachtschicht durchzustehen hatte.

Das Wetter war schön und an diesem frühen Morgen im Juni war es bereits warm genug, um sich in Straubing vor ein Café zu setzen und ein Frühstück zu bestellen. Ihm war bewusst, seine Frau wartete zuhause mit dem Frühstück auf ihn. Das schien auf den ersten Blick positiv zu sein, aber nur auf den ersten Blick.

„An sich wäre ein Frühstück mit der Frau und den Töchtern toll", dachte Gosst, während er der netten Bedienung nachblickte, die davoneilte, um ihm das kleine Frühstück für drei neunundneunzig zu holen.

Aber, jetzt kam das große ABER. Am Frühstückstisch würde auch seine Schwiegermutter sitzen und alle mussten auf den Schutthaufen blicken, dort wo eigentlich der Garten hätte sein sollen.

Die Bedienung brachte den Kaffee und den Teller mit dem Frühstück und wünschte ihm einen Guten Appetit.

Während Gosst die Butter auf die Semmel strich und eine Scheibe Käse darauflegte, wanderten seine Gedanken zwei Jahre zurück. Das Haus schien ein Schnäppchen zu sein: einhundertzwanzig Quadratmeter Wohnfläche, achthundert Quadratmeter Grund und das alles für einhundertsechzigtausend. Zwar war die Lage am Ortsrand von Wolfskofen, direkt an der B8, nicht ideal, aber für das Geld konnte man nichts Besseres finden.

„Sie sind Beamter, Herr Gosst. Fünfzigtausend genügen und alles ist renoviert. Und bei viel Eigenleistung bleiben Sie deutlich darunter. In fünf Jahren lachen Sie Ihre Kollegen aus, die in ihren Mietwohnungen hocken und jedes Jahr Mieterhöhungen verkraften müssen." Ihm klang diese Aussage des Maklers noch in den Ohren.

Die war der endgültige Anstoß gewesen, der ihn und seine Frau veranlasste, die Unterschriften unter den Kaufvertrag zu setzen. Das stellte sich später als großer Fehler heraus, der ihr Leben entscheidend verändern sollte.

Das Haus erwies sich als Fass ohne Boden. Die Elektrik musste komplett erneuert werden, der Dachstuhl war morsch und die Dachpfannen bröckelten schon beim Hinschauen. Eine neue Heizung wurde eingebaut, alle Wasserleitungen tropften, Schimmel im Bad … Bald waren die ersten einhunderttausend ausgegeben. Geld, das er und seine Frau eigentlich nicht hatten.

Dann legte der Kaminkehrer den Kachelofen still, das Auto ging kaputt und wurde durch einen alten Gebrauchtwagen ersetzt, der Keller war feucht und alle Böden musste man herausreißen. Als Brigitta, seine Frau, krank wurde, verlor sie den Halbtagsjob und die Ausgaben erreichten die Zweihunderttausender-Grenze.

Die Schwiegermutter zog in eins der Kinderzimmer ein und zahlte eine kleine „Miete" von ihrer Witwenrente. Die pubertierenden Töchter mussten sich ein Zimmer teilen und für fünf Leute war das einzige funktionierende Bad eine Zumutung.

Mit fünfundvierzig verdiente Gosst in der Besoldungsgruppe A7 inklusive der Zuschläge und des Kindergelds rund zweitausendachthundert Euro netto. Das hörte sich gut an, aber wenn schon dreizehnhundert jeden Monat für das Haus draufgingen, die Versicherungen zu zahlen waren, die Mädchen dauernd neue Sachen benötigten, dann blieb nichts übrig.

Und er hasste seine Schwiegermutter, die sich immer in alles einmischte, stets mit einem vorwurfsvollen Unterton in ihrer Stimme …

„Entschuldigung. Darf ich mich zu Ihnen setzen?" Die Stimme, die seine trüben Gedanken unterbrach, klang nicht unsympathisch.

Gosst blickte auf. Der Mann war jünger als er, groß, sportlich gekleidet, durchtrainiert, schlank und besaß blonde, kurze Haare. Er trug eine Brille mit rechteckigen Gläsern, die von einem dünnen, silberfarbenen Gestell gehalten wurden.

„Bitte." Gosst zeigte auf den freien Platz an seinem kleinen Tisch.

Der Mann setzte sich und bestellte bei der Kellnerin einen großen Cappuccino.

Als der Cappuccino kam, trank der Mann einen Schluck und wandte sich an den Justizvollzugsbeamten: „Herr Gosst. Ich muss dringend mit Ihnen reden. Wenn es Ihnen nichts ausmacht, würde ich Sie bitten, mich mit nach Wolfskofen zu nehmen. Dort parkt mein Wagen. Im Gegenzug lade ich Sie zum Frühstück ein."

Gosst war im ersten Augenblick sprachlos und überlegte, woher der andere seinen Namen kannte. Doch später nahm er den Mann, der sich als Georg Kramer vorstellte, in seinem Auto mit.

„Was soll ich?" Gosst Stimme klang empört. „Ich bin Beamter und habe einen Eid geschworen. Das ist strafbar, was Sie da von mir wollen. Raus aus meinem Auto!"

„Das alles stimmt", antwortete ihm der Mann. „Aber bevor Sie mich aus dem Auto werfen, möchte ich Ihnen etwas zeigen."

Der alte Ford Focus von Gosst stand auf einem Parkplatz an der B8 zwischen Geisling und Wolfskofen.

Gosst sagte nichts, als Kramer einen dicken, braunen Umschlag aus seiner Jackentasche zog und ihn öffnete.

„Das sind fünfundsiebzigtausend, Herr Gosst. Wir kennen Ihre finanzielle Situation, wissen von der Krankheit Ihrer Frau und von Ihrer Schwiegermutter. Ihr Auto ...", Kramer klopfte auf das Armaturenbrett, „macht es auch nicht mehr lange. Sie benötigen einen neuen Kachelofen und eine Renovierung des Kamins. Ein Badezimmer muss rausgerissen und vollkommen neu gemacht werden. Soll ich noch mehr aufzählen, Herr Gosst?"

Der schüttelte den Kopf, wusste nichts zu sagen.

„Sie bekommen jetzt diesen Umschlag von mir. Und wenn alles vorbei ist, gibt es noch einmal die gleiche Summe. Sie tun uns lediglich einen kleinen Gefallen und geben uns eine Information. Das ist alles, Herr Gosst."

„Und was soll ich tun?" Gossts Stimme klang mit einem Mal leise und kraftlos. Sein Widerstand schmolz schneller als Schnee in der Sonne. Nichts war geblieben von seinem resoluten „Raus aus meinem Auto!".

Kramer reichte ihm den Umschlag. „Das ist ganz einfach, um was wir Sie bitten, Herr Gosst ..."

Kinderschänder und Kindermörder durften in den meisten JVAs in Deutschland alleine zum Duschen gehen. Erst wenn alle anderen Insassen wieder in ihren Zellen waren, konnten sie ihre wöchentliche Dusche nehmen. In der Knasthierarchie nahmen sie die unterste Stufe ein und ihre Gesundheit und ihr Leben waren immer gefährdet, wenn sie ohne Aufsicht mit anderen Gefangenen zusammenkamen.

Als Jens Stratmann die Dusche aufdrehte, hörte er hinter sich ein Geräusch. Er drehte sich um und wusste sofort, dass er hier nicht wieder unversehrt rauskommen würde. Iwan der Schreckliche, unter dem Namen kannten ihn die Insassen, stand in der Eingangstür zur Sammeldusche und grinste ihn an.

„Na, Kinderficker", sagte er.

Iwan galt als äußerst gefährlich und sogar die Schließer, die Beamten der JVA, gingen niemals alleine in dessen Zelle.

„Was willst du, Iwan? Ich habe dir doch nichts getan?" Stratmann ging rückwärts, bis sein Rücken die kalte Außenmauer berührte. Dort blieb er zitternd stehen.

In der Tür tauchten zwei von Iwans Freunden auf.

„Warum viel Angst, Junge?" Iwans Stimme klang tückisch. „Wir wollen nur Spaß haben. Du und ich." Das Handtuch, das Iwan um seine Hüften trug, rutschte runter und gab den Blick frei auf eine riesige Erektion. Der Russe kam langsam auf Stratmann zu, wobei bei jedem Schritt sein Glied im Takt mitwippte. Unvermittelt und ansatzlos schlug er Stratmann in den Magen und der klappte zusammen wie ein Taschenmesser.

Als Iwan ihn vergewaltigt hatte, wusch er sich mit Stratmanns Seife ab, während seine Kumpel den wimmernden Mädchenmörder mehrfach mit dem Gesicht gegen die Wand der Dusche schlugen. Danach gingen sie hinaus.

Iwan drehte sich an der Tür noch einmal um. „Du ausgerutscht und gefallen. Merken! Sonst tot."

Er fuhr mit dem Fingernagel seines rechten Daumens über seinen Hals. Als die drei Russen sich angezogen hatten, traten sie auf den Flur hinaus, wo sie von Gosst erwartet wurden.

Iwan grinste ihn an. „Drin ist Mann gefallen. Blutet."

„Oh. Da muss ich Hilfe holen." Gosst sprach in sein Funkgerät, während er die Männer zu ihren Zellen führte.

Stratmann wurde zur Notversorgung in die Krankenstation gebracht. Der Arzt der JVA stellte den Verlust von mehreren Zähnen und einen doppelten Kieferbruch fest. Er überwies ihn in eine kleine Klinik in der Oberpfalz, die für solche und ähnliche Fälle drei Hochsicherheitskrankenzimmer mit einem separaten Zugang besaß.

Zwei Ärzte von der Universitätsklinik Regensburg operierten den Verletzten. Sie richteten die Kieferbrüche und entfernten die Reste der abgebrochenen Zähne. Später würde Stratmann ein Gebiss bekommen.

„Wie kann man nur so fallen?", fragte der junge Chirurg seinen Kollegen nach der Operation.

„Der wurde gefallen. Aber das wird er nie zugeben, sonst ist er tot, wenn er zurück in den Knast kommt. Das kenne ich schon. Ausgerutscht unter der Dusche. Das ist die typische Ausrede."

„Und die Beamten kümmern sich nicht darum?", wunderte sich der Chirurg.

„Die halten sich da raus. Sie wissen, dass kein Insasse aussagen wird. Nur bei Mord, da wird die Polizei geholt." Er zuckte mit den Schultern. „Das ist eine eigene Welt im Gefängnis."

Stratmann verbrachte neun Tage in einem Zimmer mit winzigen Fenstern direkt unter der Zimmerdecke. Er bekam ausschließlich flüssige Nahrung, die er durch Strohhalme trinken musste.

Der Polizeibeamte, der Nachtschicht hatte, kam in das Krankenzimmer. „Morgen werden Sie zurück nach Straubing gebracht. Die Ärzte sagen, dass Sie wieder transportfähig sind. Sie werden in der JVA weiterhin auf der Krankenstation bleiben. Gute Nacht."

Stratmann lag da und starrte in die Dunkelheit, während der Polizeibeamte draußen die Türschlösser überprüfte und sich in einen Sessel setzte. Er hatte ein Buch dabei und würde die Nacht schon rumkriegen.

Nach einer Weile schlief Stratmann ein.

Die beiden schwarz gekleideten Männer bewegten sich völlig lautlos, als sie sich der Eingangstür zu den gesicherten Zimmern näherten. Ein vorsichtiger Blick durch die Scheibe in den kleinen Vorraum. Eine Lampe brannte über dem Schreibtisch und warf diffuses Licht auf einen uniformierten Polizeibeamten. Der hatte seine Beine auf den Schreibtisch gelegt und die Rückenlehne seines Stuhls bis an die Wand geschoben. Auf seinen Oberschenkeln lag ein aufgeschlagenes Buch. Die Müdigkeit war um drei Uhr in der Früh stärker gewesen als sein Wille und Diensteifer.

Der Bohrer verursachte kaum Geräusche, als er ein daumendickes Loch durch den Rahmen des Kunststofffensters bohrte. Der Detektiv schob einen Schlauch durch das Loch, der Vollstrecker drehte eine kleine Flasche auf. Leise zischend strömte das Gas in den Vorraum. Fünf Minuten später rutschte der Kopf des Polizisten zur Seite, kurz darauf sein Körper wie in Zeitlupe vom Stuhl. Er schlief so fest, dass er den Aufprall auf den Boden gar nicht mitbekam.

Es war kein echtes Hindernis für einen Fachmann, das Schloss zum Vorraum zu öffnen. Der Schlüssel zum Krankenzimmer lag praktischerweise auf dem Schreibtisch. Die Schwarzgekleideten trugen Gasmasken und verstanden sich wortlos, zur Kommunikation reichten kleine Gesten. Eine Kopfbewegung des Vollstreckers zur Lampe hin und der Detektiv schaltete sie aus. Obwohl es nun dunkel war, bereitete es dem Detektiv keine Probleme, dem schlafenden Polizeibeamten eine Propofol-Injektion zu geben, die für die nächsten Stunden einen tiefen Schlaf garantierte.

Währenddessen schloss sein Kollege die Tür zum Krankenzimmer auf und öffnete sie lautlos. Der Mann im Bett schnarchte leise.

Ihn setzten zwei Injektionen außer Gefecht und er bekam nicht mit, dass man ihn aus dem Krankenzimmer trug und in ein Auto verfrachtete.

Die Ablösung fand am nächsten Morgen einen schlafenden Kollegen vor, der nur mit Mühe wach zu bekommen war.

Das Krankenzimmer war leer und niemand konnte sich anfangs erklären, was passiert war. Erst als man das Loch im Fensterrahmen entdeckte und der völlig fassungslose Polizeibeamte einen blauen Fleck auf seinem linken Oberarm bemerkte, wurde allen klar, dass jemand den Mädchenmörder Stratmann befreit hatte.

Die sofort ausgelöste Fahndung blieb erfolglos. Stratmann schien wie vom Erdboden verschluckt worden zu sein.

Johannes Böggerl zog seinen Mitarbeiterausweis durch das Lesegerät am Ausgang und machte sich auf den kurzen Fußweg zum Mitarbeiterparkplatz einer großen Neutraublinger Firma an der Haidauer Straße. Die meisten Kollegen waren schon auf dem Nachhauseweg ins wohlverdiente Wochenende, aber Böggerl ließ sich Zeit. Davon hatte er genug.

Zuhause, in seinem kleinen, schmucken Haus in Mintraching, wartete niemand auf ihn. Seit seine Frau vor sechs Monaten an Krebs gestorben war, lebte er alleine. Das Schicksal war übel mit ihm umgesprungen. Vor eineinhalb Jahren tötete ein Mörder seine Tochter und kurze Zeit später erkrankte seine Frau an Krebs. Sie erholte sich nicht mehr und ließ ihn alleine.

„Sie konnte sich nicht mehr gegen ihre Erkrankung wehren", hatte der Arzt gemeint. Der Tod von Beatrice war der Beginn ihres langsamen Sterbens gewesen.

Böggerl schloss sein Auto auf und setzte sich hinters Steuer. Als er das Auto starten wollte, wurden urplötzlich die Beifahrertür und die hintere Autotür rechts geöffnet und zwei Männer stiegen in den Wagen ein.

„Fahren Sie bitte ein Stück zur Seite, damit andere Fahrzeuge vorbeifahren können, Herr Böggerl. Sie brauchen sich nicht zu erschrecken. Wir möchten bloß in Ruhe mit Ihnen reden. Es geht um den Tod Ihrer Tochter." Böggerls Fuß rutschte von der Kupplung und er würgte den Motor ab. Er musste tief durchatmen, startete den Wagen neu und steuerte ihn zur Seite, was ihm Zeit zum Überlegen verschaffte.

„Wenn Sie von der Presse sind, verlassen Sie bitte sofort mein Auto. Ich rufe sonst die Polizei." Er griff in die Brusttasche seines Arbeitsanzugs, suchte nach dem Handy.

Der Mann neben ihm schaute ihn direkt an. „Herr Böggerl. Seien Sie versichert, dass wir nicht von der Presse sind. Es geht um Wiedergutmachung für das, was Sie erlitten haben. Wenn Sie mit uns darüber reden möchten, würden wir Sie gerne heute Abend in Ihrem Haus aufsuchen. Am besten wäre es nach 20 Uhr. Sie können uns jederzeit auffordern, das Haus zu verlassen. Wir werden dann gehen. Aber geben Sie uns bitte die Möglichkeit, in aller Ruhe mit Ihnen zu reden."

„Warum? Was hat das mit Beatrice zu tun?"

„Es geht um ihren Tod. Wir möchten Ihnen die Möglichkeit bieten, Rache zu üben."

„Rache?"

„Ja. Rache. Aber wir wollen alleine mit Ihnen sprechen. Bitte reden Sie mit niemandem über unser Gespräch."

Man sah Johannes Böggerl an, dass er überlegte. Die Männer ließen ihm Zeit, drängten ihn nicht.

„Gut", war schließlich sein Entschluss. „Sie beide dürfen nach acht kommen. Aber wenn ich Sie bitte zu gehen, müssen Sie verschwinden."

„Das werden wir, Herr Böggerl. Wir sehen uns wie ausgemacht." Die beiden Männer stiegen aus.

Als Böggerl in den Rückspiegel schaute, sah er, wie sie zu einem dunklen SUV hinübergingen.

Um 8.15 Uhr klingelte das Telefon. Böggerl nahm es ab. „Ja?" Er erkannte die Stimme des Mannes, der in seinem Auto auf dem Beifahrersitz gesessen hatte.

„Herr Böggerl. Wir sind in zwei Minuten bei Ihnen. Bleibt es dabei, dass wir reinkommen dürfen?"

„Versprochen ist versprochen. Ich warte auf Sie."

Kurze Zeit später klingelte es an der Haustür. Als Böggerl die Tür aufschloss, standen die beiden Männer standen vor ihm.

„Danke, dass wir kommen dürfen."

„Kommen Sie rein." Böggerl ging voraus ins Wohnzimmer. „Sie können sich auf die Couch setzen. Ich kann Ihnen Kaffee, Wasser oder Cola anbieten."

„Ein Kaffee wäre nicht schlecht."

Der zweite Mann, der, der hinten gesessen hatte, war bisher stumm geblieben.

Böggerl goss den Kaffee in drei Haferl und bot Milch und Zucker an. Alle drei nahmen Zucker und Milch, rührten bedächtig um, probierten den ersten Schluck.

Jetzt ergriff der Mann, der noch nichts gesagt hatte, das Wort. „Was halten Sie von der Strafe, die dieser Jens Stratmann für den Mord an Ihrer Tochter bekommen hat?"

Böggerls Antwort kam wie aus der Pistole geschossen. „Er lebt und meine Tochter ist tot. Er hätte die Todesstrafe verdient. Aber dazu sind unsere Politiker zu feige und unsere Gesetze zu lasch."

„Wissen Sie, was in der Bibel über Rache steht?", wollte der Mann wissen.

Der Gefragte überlegte. Er war ein einfacher Mensch, geradlinig, praktisch veranlagt und nicht sehr gebildet. Aber er wusste, was in der Bibel steht.

„Auge um Auge, Zahn um Zahn. Wenn jemand tötet, darf auch er getötet werden."

Die beiden Männer blickten sich an.

„Stellen Sie sich vor, Sie haben die Möglichkeit, diesen Stratmann in Ihre Hände zu bekommen. Was machen Sie?"

Böggerl überlegte, fasste dann einen Entschluss und formulierte langsam. So als müsste er den beiden Männern Zeit geben zu verstehen, was er sagen wollte.

„Der Mörder hat meine Tochter erwürgt. Auge um Auge ..." Er machte eine Pause und es war Böggerl anzusehen, wie schmerzhaft die Erinnerungen für ihn waren. „Ich ... ich erwürge ihn auch."

„Können Sie das?", wollte der wissen, der auf dem Beifahrersitz gesessen hatte. „Können Sie einen Menschen töten? Werden Sie damit fertig? Hinterher, meine ich."

„Ich muss mit dem Tod meiner Tochter und meiner Frau fertigwerden. Mit Stratmanns Tod habe ich kein Problem."

Der Mann vom Beifahrersitz schaute auf seine Uhr. „Sie haben etwas weniger als drei Stunden Zeit. Wenn Sie Rache wollen, stehen Sie bitte genau um dreiundzwanzig Uhr vor dem Gartentor. Man wird Sie abholen. Sie steigen in den dunklen SUV und ziehen sich einen Stoffbeutel über den Kopf. Das ist die einzige Bedingung, die wir haben. Wenn Sie nicht dort stehen, erledigen wir den Job alleine. Stratmann stirbt um Mitternacht.

„Sie haben ihn?" Aus Böggerls Stimme klang Fassungslosigkeit.

Die Männer nickten. „Wir holen Sie ab."

Dann tranken sie ihren Kaffee aus und gingen.

Johann Böggerl stand zur ausgemachten Zeit vor dem Gartentor. Er stieg in den SUV ein, zog sich den dunklen Beutel über den Kopf und lauschte den Geräuschen, die der schwere Wagen beim Fahren machte. Er war überhaupt nicht aufgeregt und seine Gedanken galten seiner toten Frau. Wie hätte sie entschieden? Hätte sie auch Rache gewollt? Aber das war nun nebensächlich. Er wollte die Rache und er würde sie bekommen.

Bald.

Zwei Tage zuvor.

Der Richter traf seinen alten Klassenkameraden in einem kleinen Nebenraum eines italienischen Restaurants in München-Schwabing. Der arbeitete als Referent im Justizministerium.

„Dann seid ihr das also gewesen. Es wird eine Untersuchung in der JVA Straubing geben und auch die Sicherheitseinrichtungen der Klinik kommen auf den Prüfstand. Das Ministerium MUSS etwas tun, wenn ein Mörder verschwindet."

Der Richter lächelte. „Das ist klar. Schließlich leben wir in einem Rechtsstaat. Du weißt das und ich natürlich auch." Er trank einen Schluck Cappuccino, dann fuhr er fort: „Dem Beamten wird hoffentlich nichts geschehen."

„Nein." Der Referent nippte an seinem Rotwein. „Man hat dem Beamten in Straubing einen Rüffel verpasst, weil er das Zusammentreffen der Gefangenen nicht verhindert hat. Aber das passiert schon mal und für ihn hat es keine größeren Nachteile. Seine fällige Beförderung wird für sechs Monate ausgesetzt. Das war es."

„Und der Polizist, der in der Klinik Nachtschicht hatte?"

„Das wird noch untersucht. Er sagt, er habe nicht geschlafen, sondern gelesen. Wird schwer sein, ihm das Gegenteil zu beweisen."

„Gut", sagte der Richter. „Es wird alles diskret über die Bühne laufen, alles wird wasserdicht arrangiert und man wird eine plausible Geschichte vorweisen können."

„Das hoffe ich. Schließlich muss ich euch decken", antwortete der Referent. „Prost." Er erhob sein Glas.

Der Richter tippte mit seiner Tasse das Weinglas an und trank den Cappuccino aus.

Plötzlich verminderte der SUV seine Geschwindigkeit, dann veränderte sich der Untergrund, über den der Wagen fuhr. Böggerl schreckte hoch. Er war tatsächlich unter der dunklen Kopfhaube eingenickt.

Es ging eine Weile über einen unebenen Weg dahin und schließlich stoppte der Wagen, nachdem er einen Halbkreis beschrieben hatte. Der Fahrer zog Böggerl die Kapuze vom Kopf. „Sie können aussteigen. Gehen Sie in die Hütte."

Es war stockdunkel in dieser Nacht. Nur ein schwacher, flackender Lichtschein wies Böggerl den Weg. Vorsichtig tastete er sich die Stufen zur Veranda der Hütte hoch. Als er die Eingangstür erreichte, wurde disee von innen geöffnet.

Ein Mann stand im Türrahmen. Böggerl konnte nur erkennen, dass er völlig schwarz gekleidet war.

„Kommen Sie rein", meinte der Mann. Es schien der zu sein, der in seinem Auto auf dem Rücksitz gesessen hatte.

Hinter sich hörte Böggerl Schritte auf der Treppe. Dann stand der zweite Mann, der Fahrer, neben ihm. „Bitte gehen Sie doch hinein", bat er ihn höflich.

Böggerl trat ein.

Zwei Tische hatte man in L-Form zusammengestellt. Am kürzeren Teil befand sich ein einzelner Stuhl, auf den sich Böggerl setzte. Am längeren Teil der Tische bemerkte er drei weitere Stühle. Vor dem Tisch stand ein Hocker. Er sah sich um. Die Hütte war rustikal eingerichtet: Holzwände, ein Holzfußboden und eine Eckbank, vor der normalerweise einer der beiden Tische stand, so vermutete Böggerl. Eine Holzdecke war nicht eingezogen worden, sodass man von unten die Dachkonstruktion erkennen konnte. Linker Hand befand sich eine verschlossene Tür. Auf der rechten Seite war vor der Wand ein schwarzes Tuch gespannt. Es besaß oben Metallringe, durch die ein Seil gezogen war, das man links und rechts an massive Metallösen geknotet hatte.

Die beiden schwarz gekleideten Männer setzten nun Sturmhauben auf und nahmen auf den Stühlen an der Längsseite der Tische Platz. Ein Stuhl und der Hocker waren unbesetzt. Es mussten also noch zwei Personen kommen.

Niemand sagte ein Wort und die Stille erzeugte eine bedrückende, gespenstische Stimmung in dem Raum, der nur von einer schwachen Lampe erhellt wurde, die genau über dem Hocker hing.

Draußen fuhr ein Auto vor.

„Es geht los", sagte der Mann, der den SUV gesteuert hatte. „Bleiben Sie bitte sitzen, Herr Böggerl."

Die Männer standen auf und gingen zur Tür.

Böggerl blieb unbeweglich sitzen und starrte auf den schwarzen Vorhang. Was mochte sich wohl dahinter befinden? Eine vage Ahnung ließ ihn plötzlich frösteln und ihm wurde klar, dass er eigentlich gar nicht wissen wollte, was sich dahinter befand.

Wenig später öffnete sich die Tür und die beiden Männer führten einen Dritten herein, der in grauen Drillich gekleidet war. Man hatte ihm die Hände mit breiten Stoffbahnen auf dem Rücken gefesselt und eine weiße Haube verdeckte seinen Kopf.

Ein dritter Mann folgte den anderen und zog die Tür hinter sich zu. Wortlos setzte er sich auf den mittleren Stuhl.

Verstohlen betrachte Böggerl ihn. Der Dritte war deutlich kleiner, rundlich und schien auch älter zu sein. Genau konnte er das nicht erkennen. Dieser Mann war ganz in Blau gekleidet, sogar seine Handschuhe waren blau. Eine dunkelrote Haube verhüllte seinen Kopf und ließ nur Öffnungen für Augen und Mund frei.

Man drückte den Gefesselten auf den Hocker und nahm ihm die Kapuze ab. Ein schmutziger, unordentlicher Verband bedeckte einen großen Teil seines Gesichts und ließ nur Augen, Nase und Mund frei. Ganz oben, dort wo man den Kopf nicht umwickelt hatte, ragte ein Büschel dunkler, fettiger Haare aus dem Verband. Panisch schweifte der Blick des Gefesselten umher, verweilte auf den schwarzen Sturmhauben und blieb schließlich an der roten Haube hängen.

Der Mann stöhnte auf und plötzlich quollen Tränen aus seinen Augen.

„Was soll das?", stammelte er undeutlich.

„Das werden Sie jetzt erfahren, Stratmann."

Die Stimme des kleinen Mannes mit der roten Kapuze klang klar und er artikulierte präzise.

Böggerl nahm an, dass er gewohnt war, vor anderen Leuten zu sprechen.

Nun galt sein Hauptaugenmerk Stratmann, dem Mörder seiner Tochter, der dort auf dem Hocker saß. In der Gerichtsverhandlung hatte er ihn nur von hinten gesehen und bei seiner Vernehmung als Zeuge hatte er sich auch kein richtiges Bild von diesem Stratmann machen können. Aber jetzt – jetzt hockte er dort. Ein Haufen panisches, verzweifeltes Elend, das vor Angst schluchzte und den Rotz in der Nase ununterbrochen hochzog.

„Auch unsere Tochter hatte Angst. Aber ihn hat es nicht gekümmert. Er hat sie vergewaltigt und getötet. Soll er ruhig auch Angst haben", dachte Böggerl und er nahm sich vor, kein Mitleid zu empfinden.

Und mit einem Mal begann es Böggerl zu gefallen, Stratmanns Angst zu sehen.

Die beiden anderen Männer setzten sich neben den mit der roten Haube.

Der begann: „Ich eröffne die Sitzung gegen Jens Stratmann wegen Mordes und Vergewaltigung, begangen an der Beatrice Böggerl. Sie haben die Tat gestanden und alle Beweise stützten ihr Geständnis. Ist das richtig, Stratmann?"

„Ja", krächzte er. „Hab lebenslänglich …"

„Das ist bekannt. Aber der Vater von Beatrice …", er zeigte auf den Vater des ermordeten Mädchens, „Johannes Böggerl, hat Revision eingelegt. Der Revision wurde stattgegeben und das Gericht ist zu einem neuen Urteil gekommen. Bitte erheben Sie sich alle."

Die beiden Schwarzgekleideten sprangen auf, gingen um den Tisch herum, traten hinter Stratmann und zogen ihn hoch. Als Böggerl auch stand, erhob sich der Richter langsam und sprach das Urteil: „Jens Stratmann. Das Revisionsgericht verurteilt Sie wegen Vergewaltigung und Mordes zum Nachteil der Beatrice Böggerl zum Tode. Das Urteil wird sofort vollstreckt."

Für einen Augenblick rührte sich niemand und es herrschte eine gespenstische, trügerische Ruhe in dem Raum.

Böggerl bemerkte, wie sein Herz klopfte und seine Hände feucht wurden. Wie oft hatte er sich vorgestellt, wie es sein würde, wenn ihm der Mörder seiner Tochter in die Hände fiele. Töten würde er ihn, ohne Gnade, ohne Skrupel. Und jetzt brach ihm der Schweiß aus.

Dann zog man dem Verurteilten wieder die weiße Haube über den Kopf und bugsierte ihn zu dem schwarzen Vorhang, der von dem zweiten Mann zur Seite geschoben wurde.

Dahinter stand ein Hocker von der gleichen Art wie der, auf dem Stratmann gesessen hatte. Und über dem Hocker schaukelte eine Schlinge mit dem typischen Henkersknoten. Langsam, fast unmerklich bewegte sie sich hin und her.

„Jetzt ist es soweit", ging es Böggerl auf. „Gleich wird der Mörder meiner Tochter dort am Seil hängen."

Plötzlich blieb Stratmann stehen, wehrte sich dagegen, weiter vorgeschoben zu werden.

„Das soll Witz sein. Könnt ihr nicht machen. Will mein Anwalt. Will nach Straubing." Seine Stimme klang verzerrt und undeutlich. Trotzdem war aus ihr blanke Panik zu hören.

Mit drehenden Bewegungen versuchte er, sich aus dem Griff des Mannes, der ihn hielt, zu befreien. Aber der ließ nicht locker und schob ihn weiter vorwärts, bis er neben dem Hocker stand.

„Lass mich!", gurgelte Stratmann, dem wohl endgültig aufging, dass die ganze Sache sehr ernst war. „Lass miiiich!"

Für einen Moment blieben die Schwarzgekleideten unbeweglich stehen, hielten nun Stratmann an den Oberarmen.

Der begann zu schluchzen. „Nicht! Nicht!"

Der Richter machte eine Handbewegung, die den Männern anzeigte, den Verurteilten auf den Hocker zu stellen.

Stratmann zeigte keinen Widerstand mehr, versuchte sich zusammenzukrümmen und weinte nun laut.

Die Männer hoben ihn mit Schwung an den Armen hoch und stellten ihn auf den Hocker. Stratmann schwankte und versuchte das Gleichgewicht zu halten, als er bemerkte, dass die Fläche, auf der er stand, relativ klein war. Einer der Männer befand sich nun hinter ihm und hielt ihn an den Armen fest, während der andere ihm die Schlinge um den Hals legte und den Knoten hinter dem linken Ohr festzog.

Stratmanns Weinen wandelte sich in ein lautes, schrilles Heulen. „Neiiiiiiiiiiiiin!", brüllte er. Er wurde jetzt losgelassen und stand dort, sich verzweifelt bemühend, nicht die Balance zu verlieren.

Der Richter schaute den Vater an. „Herr Böggerl. Jetzt ist der Zeitpunkt der Rache gekommen. Walten Sie Ihres Amtes!"

Böggerl starrte dem Richter in die Augen und sah, wie dieser nickte. „Meine Tochter hat auch geweint und um ihr Leben gefleht", dachte er. „Aber der Stratmann kannte keine Gnade. Er verdient deshalb auch keine Gnade."

Es waren nur wenige Schritte bis zum Verurteilten. Dort bückte sich Böggerl und zog mit einem kräftigen Ruck den Hocker unter Stratmann weg.

Das Seil straffte sich ruckartig und für einen Moment war kein Laut zu vernehmen. Ein Zittern ging durch Stratmanns Körper, dann fing er an, mit den Beinen zu zappeln und sich ruckartig zu drehen. Unter der Haube bewegte sich der Kopf und die vier Männer in der Hütte vernahmen ein qualvolles, schnell leiser werdendes Keuchen.

Nach ein paar Sekunden hörten die Bewegungen der Füße auf, der Körper zitterte noch einmal und streckte sich. Ein bestialischer Gestank erfüllte den Raum, als sich Blase und Darm des Gehängten entleerten.

Der Richter hatte mit seinem Handy gefilmt, wie Beatrice' Vater den Hocker wegzog und Stratmanns Sterben beobachtete. Die Aufnahmen waren für den Fall gedacht, dass Böggerl auf dumme Gedanken kam. „Kommen Sie, Herr Böggerl. Wir erledigen hier alles. Der Richter wird Sie nach Hause bringen." Einer der Männer führte ihn hinaus zum SUV.

Als der Richter wenige Minuten später erschien, er trug nun einen Hut und eine große Brille, saß Böggerl völlig regungslos auf dem Beifahrersitz und starrte in die Dunkelheit.

Der Richter verstand dessen Reaktion. Niemand war zum Henker geboren. Er nahm auf dem Fahrersitz Platz und zeigte Böggerl den Film. „Herr Böggerl. Sie dürfen niemals mit jemandem über diese Sache reden. Sie kennen uns nicht und Sie wissen nichts von Stratmann. Sollten Sie reden, müssten wir Sie töten. Wir haben Stratmann aus dem Gefängnis geholt und es ist ein Leichtes für uns, Sie zu finden. Also schweigen Sie und nehmen Sie das, was Sie gesehen haben, mit in Ihr Grab."

„Das werde ich", war Böggerls Antwort. Er musste, genau wie auf der Hinfahrt, die Haube überziehen und durfte sie erst vor seinem Haus wieder abnehmen. Wortlos stieg er aus dem Auto und verschwand in seinem Haus, ohne sich noch einmal umzudrehen.

Böggerl brauchte lange, bis er in der Nacht einschlafen konnte. Als er erwachte, war es fast Mittag und er fühlte sich frisch und ausgeruht.

Noch in der gleichen Nacht rief der Richter seinen alten Schulkameraden, den Referenten, an.

Richter: Wir haben den Job erledigt.

Referent: Wird der Mann seinen Mund halten?

Richter: Ja. Wir haben alles gefilmt. Nur er ist auf dem Film zu sehen. Keiner von uns.

Referent: Sieht es wie ein Selbstmord aus?

Richter: Ja. Schließlich sind wir Profis. Kannst du das mit dem LKA erledigen? Die Regensburger müssen unbedingt aus den Ermittlungen herausgehalten werden.

Referent:	Selbstverständlich. Dafür haben wir den Detektiv und den Voll-
	strecker.
Richter:	Ich danke dir. Wir hören voneinander. Gute Nacht.
Referent:	Gute Nacht.

Als der Besitzer, ein dreiundsiebzigjähriger ehemaliger Oberforstrat, fünf Tage später zu seiner Jagdhütte kam, bemerkte er sofort, dass jemand mit Gewalt eingedrungen war. Eine der hölzernen Fensterblenden war aufgehebelt und das Glas zerbrochen worden.

„Schon wieder", ärgerte er sich. Im letzten Jahr war es der Mädchenmörder gewesen, der sich diese Hütte für seine Taten ausgesucht hatte und nun war erneut eingebrochen worden, was wieder Unkosten und Ärger verursachen würde. Der Oberforstrat gratulierte sich insgeheim, keine Wertgegenstände und insbesondere keine Waffen und Munition in der Hütte aufzubewahren und schloss die Tür auf. Der ekelerregende Geruch und der Anblick des Erhängten veranlassten ihn, fluchtartig die Hütte zu verlassen und sich erst einmal ausgiebig zu übergeben.

Danach rief er die Polizei an.

David Bauer, der Leiter der Regensburger Mordkommission, und seine Leute brauchten weniger als dreißig Minuten, um die Jagdhütte zu erreichen. Sie trafen den Besitzer an, der aschfahl im Gesicht und völlig fertig auf den Eingangsstufen zur Hütte saß.

„Ich lasse sie abreißen", flüsterte er.

Noch bevor Bauer und seine Leute mit den Ermittlungen beginnen konnten, erhielt der Hauptkommissar einen Anruf aus München.

„Die Ermittlungen übernimmt das LKA!", war die eindeutige Anweisung aus dem Ministerium. „Sichern Sie nur den Tatort ab."

David Bauer zermarterte sich lange den Kopf darüber, woher München so schnell wusste, dass er und seine Leute zu der Hütte gerufen worden waren.

Mittelbayerische Zeitung vom 03. August

Mädchenmörder beging Selbstmord

Er kehrte dazu an den Ort seines Verbrechens zurück

(RU) Nach Abschluss der Ermittlungen im Fall Stratmann (die MZ berichtete), stellten Spezialisten des LKA Bayern einwandfrei fest, dass der Mädchenmörder in die Hütte eingebrochen war und an dem Ort, an dem er damals die dreizehnjährige Beatrice B. vergewaltigt und getötet hatte, seinem Leben ein Ende setzte.

Nach wie vor ist ungeklärt, wer Stratmann aus der Klinik befreite und welches Motiv dahinter steckte.

Der Leiter der Regensburger Mordkommission, Erster Hauptkommissar David Bauer, konnte keine Angaben zu den Ermittlungen machen. Er verwies auf die Zuständigkeit des LKA Bayern und die Ergebnisse der Untersuchungen.

Unter der Hand erfuhr die MZ, dass die Leitung der Regensburger Kriminalpolizei sehr erstaunt über die Übernahme der Ermittlungen durch das LKA war.

„Wir sind durchaus personell und technisch in der Lage, Ermittlungen dieser Art durchzuführen und abzuschließen", erklärte ein hoher Beamter der KPI Regensburg, der namentlich nicht genannt werden wollte. Es komme selten vor, dass es selten vorkomme, dass das LKA in solchen Fällen die Ermittlungen übernehme.

Der Vater des ermordeten Mädchens, Johann B., befindet sich zurzeit beruflich im Ausland und ist für eine Stellungnahme nicht zu erreichen.

Der Besitzer der Hütte, ein ehemaliger Oberforstrat aus Kelheim, will die Jagdhütte abreißen lassen. Er könne sich nicht mehr dort aufhalten, wo Menschen auf so schreckliche Weise ihr Leben verloren hätten, erklärte er.

Die Leiche Stratmanns wurde bereits eingeäschert und seine Überreste anonym bestattet, so der Pressesprecher der Staatsanwaltschaft.

Ein Vierteljahr später.

Die drei Männer saßen wieder im Penthaus am ehemaligen Fürstlichen Rennplatz. Der Richter schlug die rote Mappe auf, die vor ihm auf dem Tisch lag. Auf dem Deckel stand in schwarzer Schrift „Crystal Meth".

„Ich eröffne die Sitzung", sagte er. „Bevor ich zu unserem neuen Fall komme, muss ich Sie loben, meine Herren. Die Ermittlungen im Fall Stratmann wurden von Ihrer Dienststelle in unserem Sinn abgeschlossen. Sie beiden, als die Leitenden Beamten, haben erstklassige Arbeit geleistet."

„Danke", antwortete ihm der Vollstrecker. „Und Sie haben Recht gesprochen, so wie es gesprochen werden sollte."

Der Richter lächelte. „Das mache ich schon mein ganzes Leben lang." Er wandte sich an den Detektiv. „Tragen Sie bitte Ihre Erkenntnisse vor."

Der stützte seine Ellbogen auf den Tisch und legte seine Finger gegeneinander. „Die Mitglieder einer Motorradgang, die Red Bones aus Regensburg, schmuggeln seit Jahren Crystal Meth aus Tschechien. Einer ihrer Anführer, der Besitzer eines Bodybuilding-Studios aus dem Regensburger Westen, gilt als besonders brutal. Sein Name ist Dieter „Dick" Sonnemann. Leider konnte ihm bisher kaum etwas nachgewiesen werden. Die Mitglieder der Red Bones halten zusammen, Zeugen werden eingeschüchtert, können sich plötzlich an nichts mehr erinnern oder widerrufen ihre Aussagen. Und wenn die Polizei ihn festnageln wollte, haben ihn seine Anwälte bisher immer rausgeholt. So reichte es bisher nur zu Verurteilungen wegen Körperverletzung, Verstoß gegen das Betäubungsmittelgesetz und einiger Verkehrsdelikte. Machte sechs Monate auf Bewährung und dreimal bekam er lächerliche Geldstrafen."

Der Richter nickte. „Ich habe ihn verurteilt. Mehr war einfach nicht drin. Aber wir werfen ihm heute Drogenhandel, Mord, Waffenhandel und andere Verbrechen vor. Es ist an der Zeit, seiner habhaft zu werden. Haben Sie, meine Herren, alles vorbereitet?"

„Heute Abend packen wir ihn uns. Wir benötigen die Schlüssel für das Quartier", war die Antwort des Vollstreckers.

Der Richter zog einen kleinen Schlüsselbund mit merkwürdigen Schlüsseln aus seiner Jackentasche. „Der Referent hat sie mir gestern gegeben." Er überreichte die Schlüssel dem Vollstrecker.

„Wir müssen noch einiges vorbereiten", sagte der.

Die beiden Jüngeren erhoben sich, nickten dem Richter zu und gingen hinaus.

Der Spanner

Es war der ideale Beruf, um seiner Neigung nachgehen zu können. Igor Schmidt arbeitete als Paketausfahrer bei einer großen internationalen Firma. Sie, liebe Leser, kennen sicherlich diese großen, dunklen Kastenwagen, die morgens von einem Depot aus in alle Richtungen losdüsen. Meistens zu schnell unterwegs, immer falsch parkend, gesteuert von schwitzenden, einheitlich gekleideten Männern, die oft kein gutes Deutsch sprechen und nach dem Klingeln an der Haustür nie länger als zehn Sekunden warten. Schmidt war ein Deutschstämmiger aus Kasachstan und lebte nach seiner Scheidung allein in einer winzigen Wohnung im Norden von Regensburg.

Er war der dienstälteste Ausfahrer des Depots, das in einer stadtnahen Gemeinde liegt, und musste die Pakete im südlichen Bereich Regensburgs, zwischen Burgweinting und der Innenstadt, zustellen. Die Anfahrt war kurz, die Empfänger wohnten dichtgedrängt und oft war Schmidt schon mit seiner Tour durch, wenn andere Kollegen ihre Wagen noch halbvoll hatten.

Nach vier Jahren im gleichen Zustellbezirk kannte Schmidt seine Kunden. Es gab eine Menge junger Leute, die sich übers Internet Klamotten bestellten und diese am nächsten Tag zurückschickten. Zu manchen Adressen kam Igor viermal die Woche. Dann gab es noch die Bücherwürmer. Zwei- bis dreimal im Monat stellte er Leuten Buchsendungen zu und wurde stets mit den Worten „Darauf habe ich schon gewartet" empfangen. Ansonsten brachte er alles, was nicht mehr als dreißig Kilo wog und sich verschicken ließ, an die Frau oder den Mann. Selbst lebende Giftschlangen, winselnde, junge Hunde in großen Pappkartons und kleine elektrische Außenbordmotoren aus Taiwan waren an der Tagesordnung.

Eine bestimmte Art von Paketen interessierte Schmidt besonders: Sie sahen neutral aus, wogen selten mehr als ein oder zwei Kilogramm und die Absender waren gewollt nichtssagend. Zum Beispiel gab es da die Firma EVB, Postfach, 10115 Berlin. EVB bedeutete Erotik-Versand Berlin, was Schmidt auf dem Display seines Scanners zu lesen vermochte.

Eine Frau Wolters aus der Guerickestraße bekam jeden Monat eine Sendung aus Berlin und ein junges Pärchen, ihre Namen tun hier nichts zur Sache, ließ sich regelmäßig Sachen vom EVB schicken.

Die Wohnungen, in denen Frau Wolters und das junge Pärchen wohnten, lagen ideal: Wohnblock, Eckhaus, Erdgeschoss, Wohnzimmer mit Balkon nach hinten raus und dahinter eine Wiese und eine Baumreihe. Abends gab es dort wenig Licht und selten verirrte sich bei schlechtem Wetter jemand in den Hof hinter den Häusern.

An einem Dienstag, einem grauen, regnerischen und feuchtkalten Tag Anfang November, war es der junge Mann, der das Päckchen annahm. Er schien sichtlich erfreut zu sein, unterschrieb auf dem Scanner und drückte Schmidt einen Euro in die Hand. „Danke", war alles, was er sagte.

Am Abend, als die junge Frau von der Arbeit kam und im Haus verschwand, stieg Schmidt auf den Balkon und drückte sich tief in den Schatten der Mauernische. Alle Rollladen waren runtergelassen worden, aber sie schlossen nicht mehr richtig und durch mehrere Schlitze vermochte Schmidt in das Wohnzimmer hineinzusehen.

Der junge Mann saß am Tisch, das geöffnete Päckchen vor sich, und schaute seiner Liebsten entgegen, die sich zu ihm runterbeugte und ihm einen langen, innigen Kuss gab. Beide lachten und freuten sich.

Er schob ihr das Päckchen hin und sie betrachtete die Sachen, die ihr zu gefallen schienen: Einen dunkelroten BH mit schwarzen Spitzen und ein farblich passendes, winziges Höschen hatte er ihr bestellt.

Schmidt wusste, wie der Abend ablaufen würde. Während sie im Bad verschwand, deckte er den Tisch und nahm das Essen aus dem Ofen. Eine

Flasche wurde geöffnet, Rotwein in zwei Gläser gegossen, eine schmale Vase mit drei Rosen rundete alles ab.

Es dauerte eine Weile, bis sie wieder erschien und in der Zeit wuchs die Erregung des Spanners. Sie trug nun die Dessous und Schmidt starrte auf die schlanke Figur der jungen Frau, die sich auf dem Stuhl, der gegenüber dem ihres Freundes stand, niederließ. Sie stießen mit den Gläsern an, prosteten sich zu, begannen zu essen und schauten sich die ganze Zeit verliebt in die Augen. Dann fuhr ihr Fuß an der Innenseite seines Beins entlang, begann ganz unten am Knöchel und wanderte langsam hoch, vorbei am Knie, erreichte seinen Oberschenkel und strich nun …

Noch nie hatten sie ihr zu Ende gegessen oder den Wein ausgetrunken. Er sprang plötzlich auf und zog sie hoch. Ihre Körper pressten sich aneinander, sie knutschten wild und dann verließen sie das Wohnzimmer, zogen die Schlafzimmertür hinter sich zu.

Keuchend erleichterte sich Schmidt, wartete einen Moment, bis sich sein Herzschlag wieder beruhigte. Vorsichtig blickte er über das Balkongeländer nach links und rechts. Niemand war zu sehen, was bei diesem Wetter auch kein Wunder war. Er kletterte vom Balkon und verschwand lautlos in der Dunkelheit. Wie ein Schatten, unbemerkt.

Das Päckchen für Frau Wolters kam am Donnerstag. Kalte Windböen tobten durch die Stadt und trieben nasse Blätter und allerlei Abfall vor sich her.

Als Schmidt klingelte, wurde er nervös und er fühlte, wie seine Ohren heiß wurden.

„Ach, da sind Sie ja." Frau Wolters war immer ausgesprochen nett zu ihm und auch dieses Mal kam ihre Frage: „Möchten Sie nicht für einen Moment hereinkommen? Eine Tasse Kaffee täte Ihnen bei diesem Wetter bestimmt gut."

„Danke. Das geht nicht, hab noch so viel zu tun. Müssen Sie verstehen, Frau Wolters."

„Das ist schade. Aber kommen Sie mich doch nach der Arbeit mal besuchen. Heute geht es nicht, heute kommt ein Freund. Aber morgen oder am Samstag, da hätte ich Zeit. Kommen Sie einfach – sagen wir so gegen sieben?" Sie zwinkerte ihm zu.

„Ja, ja …", stotterte Schmidt. „Ja, vielleicht … Aber Sie müssen noch unterschreiben. Hier." Er hielt der Frau den Scanner hin.

„Kommen Sie ruhig. Sie kennen sich ja aus", meinte sie, während sie unterschrieb. Erneut zwinkerte sie dem Paketausfahrer zu.

Schmidt suchte verzweifelt nach Worten, bekam aber nichts heraus. Er drehte sich um und lief davon.

Frau Wolters blickte ihm nach und schüttelte ihren Kopf. „Der arme Kerl!", murmelte sie.

In seinem Kastenwagen schaute Schmidt schwer atmend auf seinen Scanner: noch vierzehn Pakete. „Warum traue ich mich nicht?", überlegte er und hieb wütend mit der Faust auf das Lenkrad. „Sie hat doch gesagt, ich soll kommen."

Ihr Hinweis „Heute Abend kommt ein Freund" war eindeutig. Heute Abend würde er auf ihrem Balkon stehen und in das Wohnzimmer starren.

Frau Wolters wusste, was Igor Schmidt trieb. Wenn er draußen stand und sie beim Treffen mit ihren Freunden beobachtete, schaute sie jedes Mal zum Fenster hin. Entweder zwinkerte sie dem Mann draußen auf dem Balkon zu oder drohte sogar scherzhaft mit dem Zeigefinger, während ihr Besucher mit ihr beschäftigt war.

Sie war eine große, kräftige Frau, Anfang fünfzig, mit ausladenden Hüften und riesigen Brüsten, die sie in enge Bodys zu quetschen pflegte.

Die Witwe eines arbeitsscheuen Säufers war sie, so hatte sie es Igor Schmidt einmal erzählt, und ihr kümmerlicher Lohn, den sie als Verkäuferin erhielt, reichte ihr vorne und hinten nicht. So suchte sie sich Freunde, die sie ein- oder zweimal in der Woche besuchten und finanziell unterstützten. Schmidt kannte einige Freunde: Ein älterer Mann mit schütteren Haaren, so um die siebzig, der immer am Ersten des Monats zu Besuch kam.

Dann gab es den dürren, asthmatisch wirkenden Mann mit Glatze, der jeden zweiten Freitag den Abend mit Frau Wolters verbrachte. Drei oder vier andere Typen kamen unregelmäßig oder waren nur einmal dagewesen.

Den heutigen Besucher hatte Schmidt noch nie gesehen. Als er auf den Balkon huschte und durch den untersten Schlitz des Rollladens starrte, führte Frau Wolters den Mann gerade in ihr Wohnzimmer. Dort stand eine große Schlafcouch, auf der sie eine Decke ausgebreitet und mehrere Kissen drapiert hatte. Der Mann war groß, massig und kahlköpfig. Unter der Jacke, die er auszog und achtlos über eine Stuhllehne warf, trug er eine ärmellose Lederweste. Fasziniert starrte der heimliche Beobachter auf die muskelbepackten, großflächig tätowierten Oberarme und den grauen Kinnbart, den der Besucher zu zwei langen Zöpfen geflochten trug.

Frau Wolters entledigte sich ihres weißen Bademantels und präsentierte sich ihm in einem schwarzen Body, aus dem ihre voluminöse Oberweite quoll.

Die Hose des Besuchers fiel zu Boden, Weste und Unterhose folgten und schon ging es auf dem Sofa zur Sache. Es war schnell vorbei, bei den beiden auf der Couch und bei Igor auf dem Balkon, der nun, immer noch schwer atmend, beschloss, sich zurückzuziehen.

Vorsichtig machte er einen Schritt rückwärts, drehte sich um und dann passierte es. Sein Fuß stieß gegen einen kleinen Holztisch, der sich beim letzten Mal dort in der Ecke noch nicht befunden hatte. Die beiden leeren Blumentöpfe, die auf ihm standen, fielen zu Boden und zersprangen auf den Fliesen mit laut hörbarem Geschepper in tausend Stücke.

Wie gelähmt blieb Schmidt für einen Moment stehen und starrte auf den dunklen Boden des Balkons. Erst als der Rollladen der Balkontür in einem Rutsch hochgezogen wurde, fasste er sich wieder und sprang mit einem Satz hinunter auf den Weg. Dort knickte er bei der Landung um und fühlte einen stechenden Schmerz im Knöchel. Verzweifelt humpelte er los. An der Ecke des Wohnblocks drehte er sich noch einmal um, wollte sehen, ob ihn jemand verfolgte. Der Tätowierte stand, immer noch unbekleidet, im Lichtschein der Wohnzimmerlampe auf dem Balkon und starrte ihm nach. Schmidt konnte förmlich spüren, wie sich dessen Blicke in seinen Rücken bohrten.

Die Nacht verbrachte Schmidt in seiner winzigen Küche. Er kühlte die Schwellung an seinem Knöchel und versuchte, der Flut seiner wirren Gedanken Herr zu werden. Hatte ihn Frau Wolters verraten? Das würde sie doch nicht tun! Oder? Der Mann sah gefährlich aus, so wie ein Rocker. Und denen war ja alles zuzutrauen. Wenn der rausbekam, wo er wohnte! Seine Angst wurde größer und schnürte ihm die Kehle zu. Am Freitagmorgen meldete er sich krank und fuhr mit seinem Roller zum Arzt. Der verschrieb ihm Salbe, eine Bandage und meinte, am Montag könne er wieder arbeiten.

„Wer war der Wichser auf dem Balkon?" Die Stimme des Tätowierten war leise, aber der Tonfall ließ Frau Wolters frösteln, die, gehüllt in ihren Bademantel, auf der Couch saß.

„So ein Typ halt. Der hat das schon mal gemacht. Ist aber harmlos."

„Gibt er dir Geld dafür, dass er zuschauen darf?" Der Tätowierte stützte seine Arme links und rechts neben ihrem Kopf auf der Couchlehne ab. „Du kennst ihn doch. Ich will den Namen wissen!" Sein Ton wurde schärfer und er fühlte diese wohlbekannte Wut in sich aufsteigen. Die versuchte er erst gar nicht zu kontrollieren.

Frau Wolters schüttelte den Kopf. „Ich weiß doch nichts. Irgend so ein Typ …"

Die Rechte des Mannes schoss vor und seine Finger umklammerten wie eine Zange den Hals der Frau.

„Der Name!" Als das Gesicht der Frau rot anlief und sie ihre Augen verdrehte, ließ der Druck seiner Finger nach.

Frau Wolters würgte, hustete und rang nach Luft. Sie begann zu weinen.

„Der Name, du Schlampe!"

Schluchzend erzählte sie ihm alles, was sie über den Paketboten wusste. Wortlos drückte der Tätowierte erneut zu. Mit aller Kraft. So lange, bis sich die Frau nicht mehr regte.

Freitagmorgen.

Fred Saitler steckte seinen Kopf in mein Büro. „Anita, wir haben eine Tote. Die Kollegen von der PI Süd haben angerufen. Die Frau wurde wahrscheinlich erwürgt. Der Arzt sowie Bernhard und Herbert sind bereits unterwegs."

„Wo?"

„In der Guerickestraße." Fred nannte mir die Hausnummer.

Ich kannte die Wohnblocks. In denen wohnten nicht gerade die oberen Zehntausend von Regensburg. „Du hältst mit Beate hier die Stellung. Jenny soll mir einen Wagen besorgen. Ich bin in fünf Minuten soweit."

„Klar, Chefin." Fred zischte ab.

Ich seufzte tief. Seit heute Morgen war David Bauer auf einem Lehrgang und ich war die Chefin. Das war nun schon das zweite Mal, dass ich es am ersten Tag als Chefin mit einem Mord zu tun bekam. Aber so war halt der Job! Wenn man morgens zum Dienst kam, wusste man nie, was einen erwartete.

Mein Handy klingelte. Es war Jenny. „Ich habe den Wagen und warte unten auf dich."

Schnell steckte ich noch die Pistole in das Gürtelholster, schnappte mir die Tasche mit allen notwendigen Utensilien und schon war ich unterwegs.

Die Tote lag, nur mit einem weißen Bademantel und einem schwarzen Body bekleidet, auf dem Rücken auf einer aufgeklappten Schlafcouch. Ihr Mund war geöffnet und ich konnte die aufgequollene, blaue Zunge sehen. Ein typischer Hinweis auf den Tod durch Erwürgen oder Strangulation. Die offenen Augen starrten an die Decke der kleinen, einfach eingerichteten Wohnung.

Der Arzt erhob sich gerade von der ersten Untersuchung und Kollege Bündchen begann, Fotos vom Tatort zu machen.

„Alle raus hier!", raunzte er uns an.

Wir gehorchten.

Im Flur fütterte mich Bernhard Graf mit ersten Informationen. „Brigitte Wolters, dreiundfünfzig Jahre alt, arbeitet als Verkäuferin in einem Shop in der Hornstraße. Sie ist Witwe und lebt alleine in dieser Wohnung. Sie bekam regelmäßig, so haben mir die Nachbarn gegenüber erzählt, Besuch von wechselnden Freunden."

„Gut. Bitte ..."

Der Arzt quetschte sich mit seinem schweren Notkoffer an uns vorbei.

„Auf Wiedersehen, Frau Schmöke. Ich kümmere mich um alles Notwendige. Nach der Obduktion bekommen Sie den Bericht sofort auf den Tisch."

Er verschwand in der feuchtkalten Nacht. Doktor Fußmann war ein zuverlässiger und sorgsam arbeitender Gerichtsmediziner.

„Danke, Doc", rief ich ihm nach.

Nach dem Arztbesuch fuhr Schmidt zur Poststelle in der Hornstraße und schickte den Krankenschein an seine Firma. Er hielt sich streng an die Betriebsregeln, um keine Probleme zu bekommen.

Als er nach Hause fuhr und in die kleine Straße einbog, in der er wohnte, sah er das fremde Auto schon von Weitem. Dort stand nie ein SUV und schon gar nicht so ein großer. Er kannte den Wagen nicht, wusste nur, dass er nicht in diese Straße gehörte.

Er bremste abrupt. Das Vorderrad seines Zweirads blockierte, es gab es einen lauten Knall und er lag auf dem Boden. Das Hinterrad des Rollers lief langsam im Standgas und auf den ersten Blick schien sein Gefährt nicht viel abbekommen zu haben. Schmidt sprang auf, was sein Knöchel mit einem scharfen Schmerz quittierte. Hastig brachte er sein Gefährt in die Senkrechte und schwang sich auf die Sitzbank.

Vorne schwang die Fahrertür des SUV auf und ein Mann in Lederjacke sprang heraus. Es war der Tätowierte!

Schmidt gab Gas und wendete mit aufheulendem Motor auf der Straße. Der rechte Rückspiegel verabschiedete sich mit einem Scheppern und auch das Schutzblech schien etwas abbekommen zu haben. Aber die Maschine lief problemlos. Schmidt drehte den Gasgriff bis zum Anschlag und der 125er Motor beschleunigte den Roller.

Hinter sich hörte er den schweren Motor des SUV aufbrüllen und als Schmidt die leicht abfallende Straße hinunterschoss, erlaubte er sich einen schnellen Blick in den verbliebenen linken Rückspiegel. Er erblickte den SUV des Tätowierten und der kam schnell näher.

Schmidts Vorteil war, die Straßen, Wege und Durchfahrten hier in diesem Stadtteil genau zu kennen. Und das rettete ihn vorerst.

Da gab es den schmalen Durchgang mit dem Schild „Privatweg – Betreten nur auf eigene Gefahr", der zwischen zwei älteren Siedlungshäusern hindurchführte, und dahinter den illegalen Übergang über die Bahngleise zur Pilsen-Allee. Schmidt schoss den flachen Bahndamm hinauf, holperte über die Gleise, bog nach rechts ab und schon befand er sich auf dieser neuen Straße, die ihn in wenigen Minuten nach Schwabelweis brachte. Dort wohnte in einem winzigen Gartenhaus, ganz in der Nähe der Donau, ein Kollege, mit dem er ganz gut auskam.

Schmidt wählte dessen Handynummer und fand den Schlüssel wie beschrieben unter dem großen Blumentopf neben der Haustür. In der Küche trank er ein Glas Wasser und schlief dann auf dem zerschlissenen Sofa ein.

Am späten Nachmittag wurde er von seinem Kumpel Dimitri geweckt.

Am frühen Samstagmorgen erhielt der KDD weitere Informationen. Die Frau war tatsächlich erwürgt worden und die Ärzte hatten zwei verschiedene Würgemale an ihrem Hals gefunden. Sie hatte kurz vor ihrem Tod ungeschützten Verkehr gehabt und nun musste man die DNA-Untersuchung des LKA abwarten.

Zum großen Erstaunen der Ermittler gab es keine weiteren Hinweise auf den Täter. Die Nachbarn hatten nichts gehört oder gesehen, nirgendwo waren Aufzeichnungen der Ermordeten über ihre Freunde zu finden und jemand hatte die Fingerabdrücke sorgfältig abgewischt. Nur zwei lange, graue, leicht gewellte Haare waren auf dem Sofa entdeckt worden. Sie schienen nicht von der dunkelblonden Toten zu stammen und befanden sich jetzt auch beim LKA zur Untersuchung.

Zwei Sachen stellten die Ermittler vor Rätsel: Wer hatte den kleinen Tisch auf dem Balkon umgeworfen und einige Scherben der zerbrochenen Blumentöpfe zertreten? Von wem stammten die Schmutzspuren auf dem Balkon?

Hatte es einen Zeugen gegeben? Jemand war anscheinend vom feuchten Weg aus auf den Balkon geklettert und hatte den Tisch mit den Blumentöpfen umgestoßen. Das musste Lärm verursacht haben, was den Unbekannten dazu veranlasste, sofort zu verschwinden. Bei seiner Flucht zertrat er einige rote Scherben zu kleinen Bröseln, von denen ein Techniker winzige Stücke zwischen den Platten des Weges entdeckt hatte.

Natürlich musste das nicht am Abend des Mordes passiert sein. Vielleicht schon einen Tag früher oder erst nach dem Mord? Es war dringend notwendig, die Person zu finden, die auf dem Balkon gewesen war.

Der Inhalt der Wodkaflasche auf dem Tisch erreichte ein bedenklich niedriges Niveau. Dimitri war fassungslos: „Der Kerl bringt dich um, Igor. Du bist tot, wenn du zurück in deine Wohnung gehst."

Sie sprachen Russisch miteinander.

„Ich weiß. Aber was soll ich machen? Ich muss in meine Wohnung. Da habe ich das Geld, meine Papiere, die Uniform. Alles ist da. Wie kann ich am Montag ohne meine Uniform zur Arbeit gehen?" Der Alkohol ließ seine Stimme undeutlich und weinerlich klingen. „Kannst du nicht für mich hingehen und alles rausholen, Dimitri?"

„Du spinnst. Dann bringt er mich um. Und …", Dimitri verteilte den Rest des Wodkas in die beiden Wassergläser, „morgen kommt Ilona. Bis morgen kannst du hier schlafen, aber dann musst du gehen."

„Und wo soll ich hin, Dimitri?"

Der zuckte mit den Schultern. „Geh zur Polizei."

„Die sperren mich ein."

Dimitri überlegte. Er wollte etwas sagen, aber Igors Kopf lag auf seinen Armen und er schnarchte leise. „Der'mo! Scheiße!", fluchte er und zog den Schlafenden auf die Couch.

Am späten Samstagmorgen schnappte sich Igor seinen Roller und fuhr bis zu der Stelle, an der er dem SUV entwischt war. Dort stellte er sein Gefährt hinter einer Hecke ab und nutzte Schleichwege, um bis zum hinteren Ende des Nachbargrundstücks zu gelangen. Vor dem Haus stand der große SUV und darin saß der Tätowierte. Es gab keine Möglichkeit, ungesehen in seine Wohnung zu gelangen. Vorsichtig zog sich Schmidt zurück und machte sich auf den Weg ins DEZ. Er hatte Hunger. Dort konnte er sich von dem Zwanziger, den er in der Tasche hatte, etwas zu essen kaufen, sich aufwärmen und nachdenken. An einem Kiosk entdeckte er die Überschrift auf der ersten Seite einer lokalen Zeitung:

Mord in der Guerickestraße.

Unbekannter ermordet Gelegenheitsprostituierte.

Schmidt kaufte sich die Zeitung. Als er den Artikel gelesen hatte, fasste er einen Entschluss.

Jan fluchte: „Schon wieder ein Wochenende im Arsch!"

JaHe saß auf seinem Schoss und plapperte: „Mama arbeiten?"

Ich nickte und versuchte meine Schuldgefühle zu unterdrücken. „Ich schau bloß nach, ob der KDD etwas Neues weiß. Ich versuche, gegen Mittag, spätestens um zwei, wieder zuhause zu sein."

Jan verdrehte die Augen. „Da glaubst du doch selbst nicht dran."

Ich antwortete ihm nicht und schnappte meine Handtasche. Beide Männer bekamen einen dicken Kuss und schon war ich auf dem Weg in die Bajuwarenstraße.

Jan rief mir nach: „Ich mache dann die Wohnung sauber, bügle die Wäsche und halte dir das Essen warm."

Um 14 Uhr kam ein Anruf vom leitenden Gerichtsmediziner, der uns mitteilte, dass die endgültigen Untersuchungsergebnisse per Mail zu uns unterwegs waren. Ich ließ sie ausdrucken und las sie mir durch. Sie bestätigten die ersten Erkenntnisse.

Um 15 Uhr war ich wieder daheim und nach einem späten Mittagessen schienen meine beiden Männer einigermaßen versöhnt zu sein.

Der zweite, viel wichtigere Anruf erreichte die Kollegen vom KDD am Sonntagmorgen kurz nach neun. Es war ein Kriminaltechniker vom LKA. Die DNA-Spuren waren bekannt.

Um 9.30 Uhr erschien ich im Büro. Jenny Andreesen und Peter Zumricht kamen zwei Minuten später.

Jetzt hatten wir einen Namen: Dieter Sonnemann, genannt Dick.

Sonnemann war der Besitzer eines Bodybuilding-Studios im Regensburger Westen. Bei den Red Bones, einem Motorradclub, übte er das Amt des MAA, des Master at Arms, aus. Und den Posten bekam nur ein Typ, der sich in vielen brutalen Kämpfen ausgezeichnet hatte.

Sonnemann war brandgefährlich! Seine Festnahme bedurfte einer genauen Planung und des Einsatzes eines SEK.

Als ich den Telefonhörer in die Hand nahm, um die anderen Kollegen des K1 anzurufen, klopfte es an der Tür. „Herein."

Ein Mann erschien. Er war mittelgroß, hager und ging leicht gebeugt. Schon von Weitem roch ich seine Ausdünstungen: Schweiß, Bier und noch andere geruchsintensive Sachen. Die Kleidung sah zerknittert und verschmutzt aus. Der Typ gehörte unter die Dusche und seine Sachen gewaschen und desinfiziert. Auch Zähneputzen und Gurgeln mit Mundwasser erschienen mehr als angebracht.

„Frau Hauptkommissarin Schmöke?"
„Die bin ich. Was kann ich für Sie tun?"

Er hüstelte. „Kollege hat mich hochgeschickt. Ich bin Igor Schmidt. Ich habe gesehen den Mörder von Frau. Die Frau heißt Wolters."

Das war eine echte Überraschung! „Kommen Sie doch rein, Herr Schmidt. Nehmen Sie Platz. Erzählen Sie mir, was Sie gesehen haben."

Ich setzte mich auch an den Tisch. Genau diagonal gegenüber, möglichst weit weg von ihm.

Schmidt war ein Glückstreffer, ein geborener Zeuge. Er konnte viele Einzelheiten beschreiben, die nur der Mörder oder ein Zeuge kennen konnte und berichtete von sich aus, wie er den Tisch umgestoßen hatte, die Blumentöpfe in Stücke gesprungen waren und er auf die Scherben getreten war.

Als er seine Aussage unterschrieb, fragte er mich ängstlich: „Muss ich jetzt ins Gefängnis? Weil ich geschaut habe?"

Ich schüttelte den Kopf. „Wir sind die Mordkommission und uns interessiert das nicht. Außerdem müsste Frau Wolters eine Anzeige erstatten und das kann sie jetzt nicht mehr. Ihnen passiert gar nichts, Herr Schmidt."

Der arme Mann atmete tief durch.

Ich rief zwei uniformierte Kollegen an und bat sie, Schmidt ein paar Sachen und eine Unterkunft zu besorgen. Dort konnte er duschen und so lange bleiben, bis wir diesen Sonnemann hinter Gitter gebracht hatten. Für solche Fälle gab es vorbereitete Wohnungen oder wir mieteten ein Zimmer in einer Pension an.

Außerdem, so war ich mir sicher, würden wir Sonnemann schnell in Gewahrsam nehmen.

Es war schon kurz nach zwei, als Dick Sonnemann seinen SUV in die Garage fuhr. Er war stinksauer. Dieser komische Paketmensch hatte es fertiggebracht, ihm zu entwischen. Ein Roller gegen einen SUV mit V8-Motor. Peinlich! Und dann ließ der sich nicht mehr in seiner Bude sehen; zwei Tage umsonst gewartet!

Mit einem Haufen Wut im Bauch knallte er die Fahrertür zu und verließ die Garage. Er schloss weder das Auto noch die Garage ab. Jeder hier kannte ihn und sein Auto. Niemand würde so lebensmüde sein, sich daran zu vergreifen.

Wie aus dem Nichts tauchte urplötzlich dieser große, schlanke Mann vor ihm in der Dunkelheit auf. „Herr Dieter Sonnemann?"

„Wer sollte sonst mein Auto in meine Garage fahren, du Komiker. Wer will das wissen?"

„Wir", antwortete ihm der Mann. „Wir wollen sicher sein, den Richtigen zu erwischen."

Noch ehe Sonnemann reagieren konnte, explodierte ein greller Schmerz in seinem Nacken. Seine Muskulatur verkrampfte und er zog panisch Luft in seine Lungen. Dann ein zweiter höllischer Schmerz und ein weiterer … Schwärze.

Beide Männer mussten zugreifen, um den massigen Sonnemann aufzufangen. Als er auf dem Boden lag, bogen sie seine Arme auf den Rücken. Sie verpassten ihm zuerst eine Spritze in den Oberarm, danach legten sie ihm zwei Paar Wegwerfhandschellen an. Doppelt hält besser! Auch die Füße wurden gefesselt und anschließend wuchteten sie ihn mit vereinten Kräften in den SUV.

Während der eine Mann den Elektroschocker in einer speziellen Tasche in seiner Jacke verstaute, startete der andere den SUV und fuhr los.

Die Suche nach Dieter Sonnemann erbrachte keinen Erfolg. Er war seit dem Zeitpunkt, an dem er Brigitte Wolters ermordet hatte, nicht mehr in seinem Bodybuilding-Studio gewesen. Die Wohnung war unversehrt und seine Garage leer. Auch in seiner Heimatstadt Heidenau in Sachsen konnte sich niemand daran erinnern, ihn in den letzten Monaten gesehen zu haben.

Die Mitglieder der Red Bones schworen Stein und Bein, ihr Master at Arms sei seit einer Woche nicht mehr im Clubhaus gewesen. Dort erfolgte eine Razzia unter Sicherung einer halben Hundertschaft der Bereitschaftspolizei aus Nürnberg, aber der Gesuchte war tatsächlich nicht da. Dafür fand man eine Menge Drogen: Crystal Meth, Heroin, vier Kilo Haschisch und noch ein paar andere nette Sachen, die verboten waren.

Es gab Festnahmen, aber da die Polizei die Sachen keinen konkreten Personen zuordnen konnte, sorgten die Rechtsverdreher der Red Bones dafür, dass die Verhafteten schnell wieder draußen waren. Das war das übliche Spiel, das die Polizisten so verbitterte.

Sonnemann blieb wie vom Erdboden verschluckt, trotz der bundesweiten Fahndung. Er hatte sich wahrscheinlich ins Nicht-EU-Ausland abgesetzt, so nahmen wir an. Die Balkanstaaten und die Türkei erwiesen sich in solchen Fällen als wenig kooperativ. Aber irgendwann würde er in die Bundesrepublik zurückkehren. Und darauf warteten wir.

Seinen Wagen, einen schwarzen Audi Q7, stoppten österreichische Polizisten zehn Tage später auf der A4 kurz hinter der ungarischen Grenze. Alle hinteren Scheiben waren mit schwarzer Folie beklebt worden und im Innenraum hockten, eng aneinandergepresst, zwölf Syrer.

Der Wagen trug nun bulgarische Kennzeichen und der Fahrer zuckte nur mit dem Schultern, als man ihn nach den Fahrzeugpapieren und seinen Auftraggebern fragte.

Ich reichte Urlaub ein, als David Bauer von seinem Lehrgang zurückkam. Jan, JaHe und ich flogen für vierzehn Tage nach Phuket, Thailand.

Dort war das Wetter besser als bei uns. Und JaHe war ganz begeistert davon, im feinen Sand zu spielen und mit seinen Füßchen im warmen Wasser zu plantschen.

Als ich zurückkam und wieder an meinem Schreibtisch Platz nahm, lag die Akte Mordfall Wolters bereits ganz unten im Stapel der aktuellen Fälle. Der Mord an sich war geklärt, nur der Täter war noch auf der Flucht.

„Und dich kriege ich auch noch, Sonnemann", nahm ich mir vor. „Ich lege dir Handschellen an, dann erkläre ich dir deine Rechte und ein halbes

Jahr später stehst du vor Gericht. Du bekommst lebenslänglich und verschwindest in der JVA Straubing. Mindestens für zwanzig Jahre."

Das dachte ich.

Crystal Meth

Während des Kalten Krieges wurden in der Oberpfalz, auch in und um Regensburg, eine größere Anzahl von Atomschutzbunkern gebaut. Die meisten lagen unter öffentlichen Gebäuden: Unter Teilen der Universität, Verwaltungsgebäuden und anderen öffentlichen Einrichtungen und unter Sportanlagen; auch gab und gibt es eine Anzahl von privaten Bunkern unter Häusern und Betriebsgeländen.

Ein Beispiel ist der ehemalige Atomschutzbunker unter dem Sportzentrum in Tegernheim, in dem sich heute ein Schießstand für Großkaliber-Schützenvereine befindet. In einem anderen ehemaligen Bunker werden erfolgreich Champignons gezüchtet.

Die meisten Bunker wurden verschlossen und liegen im tiefen Dunkel. Nur die Liegenschaftsämter besitzen noch Unterlagen über die weitgehend vergessenen Relikte des Kalten Krieges.

Einige der Bunker waren geheim und nur wenige Leute wissen heute von ihrer Existenz. Und dann gab es noch die ganz geheimen Bunker, drei oder vier vielleicht, über die es bei den Liegenschaftsämtern keine Unterlagen gibt und deren Zugänge so versteckt liegen, dass man sie auch beim gezielten Suchen nicht finden wird. Die Pläne für die Zugänge und die Schlüssel für die meterdicken Türen liegen in München und immer nur ein oder zwei hohe Beamte haben Kenntnis davon und damit Zugang zu den Bunkern. Der Referent war einer dieser Beamten.

Als Sonnemann erwachte, benötigte er einen Moment, bis er erkannte, dass es stockdunkel war. Er lag auf einer kühlen, rutschigen Unterlage und starrte zunächst verwirrt in die Dunkelheit, versuchte einen klaren Gedanken zu fassen. Vorsichtig bewegte er seinen Kopf, drehte ihn langsam nach links und rechts, bemühte sich, die Schmerzen in seinem Nacken und im Rücken zu ignorieren. Jede Bewegung schmerzte höllisch.

Nach einer Weile beschloss Sonnemann, sich vorsichtig aufzurichten. Er hatte keine Ahnung, wo er sich befand und woher die Schmerzen kamen.

Der Versuch, sich hinzusetzen, endete abrupt mit der Erkenntnis, dass man ihm die Hände an die Unterlage gefesselt hatte. Ein breites Band, es schien aus Plastik zu bestehen, umschloss eng seine Handgelenke und ließ nur minimalen Platz für Bewegungen. Seine Füße konnte er ebenfalls nicht bewegen, auch diese waren fixiert worden. Er zerrte an den Fesseln, musste aber schnell die Sinnlosigkeit seiner Anstrengungen einsehen. Die Bänder schienen sehr zäh zu sein und sein Zerren führte nur zu zusätzlichen Schmerzen und zu tiefer Übelkeit. Erschöpft und in Schweiß gebadet blieb er bewegungslos liegen und wartete darauf, wieder zu Kräften zu kommen.

Langsam fiel Sonnemann ein, was geschehen war. Er erinnerte sich an den Typen vor der Garage, der ihn nach seinem Namen gefragt hatte. Dann dieser Schmerz in seinem Nacken, der seinen Körper krampfen ließ. Jetzt verstand er: Sie waren zu zweit gewesen. Der eine sprach ihn an und der andere hatte in der Dunkelheit neben der Garage gestanden und war unbemerkt hinter ihn getreten. „Es muss ein Elektroschocker gewesen sein", überlegte er. „Daher die Schmerzen und die Krämpfe."

Sein Herz schlug schnell und laut in diesem dunklen Raum und trotz der kühlen Umgebungstemperatur bemerkte Sonnemann, wie ihm der kalte Schweiß von der Stirn lief und dass die Unterlage, auf der er lag, nassgeschwitzt war.

Sonnemann überkam urplötzlich ungewohnte Angst. Tiefe, bodenlose, nagende Angst; ein Gefühl, für das er früher nur Verachtung übrig gehabt hatte.

„Hallo!", schrie er. „Ihr Arschlöcher zeigt euch!" Und Sonnemann hoffte, dass bald jemand käme.

Es dauerte lange, wie lange konnte Sonnemann nur erahnen, bis jemand von außerhalb das Licht einschaltete. Er schaute sich um. Sein Gefängnis war ein mittelgroßer Raum, gut vier mal vier Meter groß und rund zweieinhalb Meter hoch. Die Wände waren in einem hellen Grau gestrichen und schienen aus Beton zu bestehen. Seine Liege, eine Art von Feldbett, so wie man es bei der Bundeswehr verwendet, stand an der Rückwand, direkt gegenüber einer stabil aussehenden Metalltür; der einzigen, die dieser Raum besaß. Rechts von ihm bemerkte er ein Edelstahl-Waschbecken mit einer fleckigen Einhebel-Garnitur, daneben eine freistehende Toilette, auch aus Edelstahl, und direkt in die Ecke war eine Dusche verbaut worden. Sie besaß einen zehn Zentimeter hohen, gemauerten Rand und einen Plastikvorhang, den man vorziehen konnte.

Die einzige Lampe des Raums bestand aus einer halbkugelförmigen Kuppel, die mit einem festen Drahtgeflecht umgeben war und in der eine schwache Glühbirne brannte.

Mit einem hässlichen, metallischen Geräusch öffnete sich die Eisentür und zwei Männer traten ein.

Sonnemann sah ihnen mit einer Mischung aus Wut und Angst entgegen. Die beiden waren gleich groß, schlank und trugen identische Kleidung: schwarze Jeans, schwarze Rollkragenpullover und schwarze Funktionsjacken. Die knöchelhohen Schnürstiefel waren von der Art, wie sie von Feuerwehrleuten und SEK-Beamten im Einsatz verwendet wurden. Ihre Gesichter waren von Sturmmasken, die Augen- und Mundschlitze besaßen, verdeckt. Einer der beiden stellte neben der Tür einen schwarzen Pilotenkoffer ab.

Der andere trat vor bis zum Feldbett. „Wir werden Ihnen jetzt die Fesseln abnehmen und Ihnen später eine Kette anlegen. Sie bekommen frische Sachen und haben danach fünfzehn Minuten Zeit, sich zu duschen und umzuziehen. Sollten Sie unseren Anweisungen nicht nachkommen, werden wir Gewalt anwenden. Haben Sie das verstanden, Herr Sonnemann?" Die Stimme klang ruhig und beherrscht.

In Sonnemann keimte Wut auf, die sein Denken verdrängte. „Was soll das eigentlich hier, ihr Arschlöcher? Bindet mich sofort los und lasst mich hier raus, ihr Wichser. Ihr werdet mich auf keinen Fall anketten, das verspreche ich euch!"·

Der Zweite öffnete den Koffer, entnahm ihm etwas und trat an das Bett. Sonnemann erkannte einen Cutter.

„Halten Sie still und bewegen Sie Ihre Beine nicht!", befahl der Mann, während er den Cutter ansetzte und die erste Fußfessel durchtrennte. Die beiden mussten Sonnemanns Reaktion erwartet haben. Als dessen Fuß hochschoss und nach dem Gesicht des einen zielte, war der bereits einen Schritt zurückgetreten, während sein Kollege einen Elektroschocker gegen den Oberschenkel des Liegenden drückte. Es knisterte, Sonnemann bäumte sich auf und stieß einen schrillen Schrei aus.

„Ihr Schweine!", brüllte er nach einem Moment.

Während Sonnemann stöhnte und keuchte, blickten die beiden Männer ungerührt, fast interessiert auf ihn herab. Nach einer Minute ließen die Krämpfe langsam nach und der Erste ergriff wieder das Wort. „Mein Kollege schneidet Ihnen jetzt die andere Fessel durch. Sollten Sie Ihre Beine bewegen, Herr Sonnemann, drücke ich den Schocker gegen ihre Hoden. Sie können mir glauben, die Schmerzen, die Sie gerade erfahren haben, sind lächerlich gegenüber denen, die Sie dann fühlen werden. Wenn Sie mich verstanden haben, sagen Sie bitte laut JA." Er ließ den Schocker demonstrativ knistern.

„Ja", antwortete Sonnemann. Sonst nichts.

Die Fesseln an den Händen waren schnell gelöst und Sonnemann blieb vorsichtshalber liegen. „Ich kriege euch schon!", dachte er. „Dann drücke ich den Schocker gegen eure Eier."

Einer der beiden holte eine Plastiktüte mit Sachen aus dem Pilotenkoffer und warf sie vor das Bett. Dann verließen die Männer den Raum und nahmen den Koffer mit. An der Tür drehte sich der mit dem Schocker um.

„Herr Sonnemann. Sie haben fünfzehn, nein zwanzig Minuten, um alles zu erledigen. Danach bekommen Sie etwas zu essen. Trinken können Sie das Wasser aus der Leitung."

In der Tüte befanden sich Unterwäsche, Strümpfe, ein paar Gummilatschen, ein grauer Overall und Toilettenartikel. Nachdem Sonnemann auf der Toilette gewesen war und sich geduscht hatte, trocknete er sich ab.

Das metallische Geräusch ertönte, die Tür wurde geöffnet und die beiden Männer erschienen wieder. Einer trug ein Tablett, der andere hielt den Schocker einsatzbereit in der Hand.

„Sie ziehen die Sachen an, die sich in der Tüte befinden. Ihre anderen Kleidungsstücke lassen Sie auf dem Bett liegen. In deren Taschen befindet sich übrigens nichts mehr. Wir haben auch die eingenähte Klinge im Kragen Ihrer Weste entdeckt."

Das hatte Sonnemann schon festgestellt.

„Sie haben zehn Minuten zum Essen. Dann holen wir Sie ab. Jedes Mal, wenn wir den Raum betreten, stellen Sie sich neben das Bett, Gesicht zur Wand, und stützen sich mit den Händen ab. Wenn Sie unsere Anweisungen nicht befolgen, bestrafen wir Sie. Wenn Sie das verstanden haben, Herr Sonnemann, antworten Sie mit JA."

„Ja, du Arschloch!"

Das Essen bestand aus zwei Scheiben Brot, einem Stück Käse und einem fingerdicken Stück Salami. Erst jetzt bemerkte Sonnemann, wie hungrig er war. Er aß alles auf.

Erneut wurde die Tür geöffnet und die Männer erschienen. Das Knistern des Elektroschockers war nicht zu überhören. „Stellen Sie sich an die Wand. SOFORT!" Die Stimme klang, wie auch zuvor, beherrscht und ruhig.

Sonnemann beschloss, der Anweisung zu folgen, während er fieberhaft überlegte, wie er die beiden überwältigen konnte. Zuerst dem Schocker-Typen die Handkante unter die Nase schlagen und dann dem anderen zwischen die Beine treten. Das hatte er in vielen Kämpfen gegen Mitglieder verfeindeter Motorradclubs oft genug erfolgreich durchgezogen. Er stellte sich an die Wand.

„Versuchen Sie das, was Sie gerade denken, besser nicht, Herr Sonnemann." Die Stimme klang spöttisch.

In Sonnemann stieg die Wut hoch. Er hasste den Typen! Vorsichtig spannte er die Muskulatur an und verlagerte sein Gewicht auf einen Arm.

Als er eine vorbereitende, winzige Bewegung zur Seite machte, bohrte sich der Schocker in seine linke Niere und der Schmerz warf ihn um.

„Ich habe dich gewarnt", meinte der eine, der mit der kühlen Stimme.

Gekrümmt vor Schmerzen und stöhnend saß Sonnemann auf einem Metallstuhl, der fest mit dem Boden verschraubt war. Um seine Fußgelenke trug er Fesseln aus Edelstahl, zwischen denen eine kurze Kette gespannt war, die ihm nur trippelnde Schritte erlaubte. Eine weitere Kette führte zu seinen Händen, um die ebenfalls Handschellen aus Edelstahl gelegt worden waren.

Die beiden Männer saßen ihm gegenüber an einem Tisch; zwischen ihnen befand sich ein weiterer Stuhl.

Das hässliche Knirschen des Metalls kannte Sonnemann bereits. Er drehte seinen Kopf. Ein dritter Mann, deutlich kleiner und korpulenter als die anderen, erschien. Der war, im Gegensatz zu den Sitzenden, ganz in Dunkelblau gekleidet und eine dunkelrote Haube verdeckte sein Gesicht. Schweigend nahm der kleine Dicke auf dem freien Stuhl Platz. Er öffnete eine rote Mappe und las einen Moment in den Unterlagen.

„Sie sind Dieter Robin Sonnemann. Geboren am 26. April 1973 in Heidenau, Sachsen. Geschieden, keine Kinder, Besitzer eines Fitness-Studios. Vorbestraft wegen Körperverletzung, angeklagt wegen Mordes an einem Siebenundzwanzigjährigen aus Duisburg, der ..."

„Ich bin freigesprochen worden. Der Arsch wollte mein Motorrad klauen. Später hat ihm irgendein Typ eins über den Schädel gezogen und ihm das Licht ausgeblasen. Was habe ich damit zu tun?"

„Dazu kommen wir gleich. Bestätigen Sie Ihre persönlichen Angaben, Herr Sonnemann?"

„Ja. Ist aber kein Geheimnis." Sonnemann atmete tief durch. „Wer will das überhaupt wissen?"

„Der Richter will das wissen, Herr Sonnemann."

Erst jetzt bemerkte Sonnemann, dass der Typ eine Brille unter der Haube trug. Es war der, der den Pilotenkoffer getragen hatte.

„Was soll die Scheiße hier überhaupt?", empörte sich Sonnemann. „Man entführt mich, hält mich gefangen, ich werde gefoltert, gefesselt und jetzt soll der Dicke dort ein Richter sein. Machen Sie mich sofort los!", brüllte er jetzt. „Ich werde euch die Bullen und meine Anwälte auf den Hals hetzen!"

„Mäßigen Sie sich. Wir können gut hören, verstehen Sie ausgezeichnet und Ihr Brüllen nützt Ihnen gar nichts. Sie sollten besser zuhören. Es geht um Ihren Kopf, Herr Angeklagter." Die Stimme des Richters blieb sachlich.

Das Wort „Angeklagter" machte Sonnemann fassungslos und er schwieg für einen Moment.

Der Richter übernahm wieder das Wort: „Wir wissen, dass Sie aus Mangel an Beweisen freigesprochen wurden. Die Mitglieder der Red Bones haben Ihnen zu gefälschten Alibis verholfen. Sie wissen, dass Sie den Mord begangen haben, wir wissen es und die Polizei auch."

Sonnemann grinste. „Ich wurde freigesprochen und was Sie wissen, geht mir am Arsch vorbei."

Der Richter nickte. „Wir lassen den Anklagepunkt fallen. Es sei denn, Sie gestehen den Mord heute vor uns."

Sonnemann tippt sich an die Stirn. „Für wie doof haltet ihr mich eigentlich?"

„Angeklagter Sonnemann. Wir klagen Sie an, große Mengen von Methamphetaminen, kurz Crystal Meth genannt, nach Deutschland eingeführt und damit gehandelt zu haben. Wir kennen die Hersteller in Tschechien, wir wissen, wie Sie die Drogen über die Grenze geschmuggelt und welches Unglück Sie damit über viele Familien und junge Leute gebracht haben. Sie handeln mit Anabolika in Ihrem Studio und haben viel Geld damit verdient. Das Geld wurde nicht versteuert und Sie haben es gewaschen, indem Sie zum Beispiel mehrere Häuser im türkischen Teil Zyperns gekauft und bar bezahlt haben."

„Das behaupten Sie", meinte Sonnemann verächtlich. „Was kann ich dafür, dass sich die dummen Kids das Ice reinziehen? Niemand zwingt sie dazu. Sie kommen freiwillig, drücken den Dealern die Scheine in die Hand und sind ganz glücklich, dass Sie die Kristalle bekommen. Es kann sein, dass ich zwei oder drei Mal einem Kid was gegeben habe, kostenlos natürlich. Aber importiert und gehandelt? Dass müssen Sie mir beweisen!" Sonnemann spuckte auf den Boden. „Haben Sie gehört? Beweise will ich sehen und nicht nur dummes Gelaber hören."

Ein leiser Ton erklang. Der Typ mit dem Elektroschocker zog ein kleines Gerät aus der Tasche und schaute darauf. „Wir müssen dringend telefonieren. Wir sollten Herrn Sonnemann eine Pause gönnen."

Der Richter nickte.

Sie brachten Sonnemann zurück in den Raum, in dem er aufgewacht war. Zwischen Toilette und Waschbecken war ein massiver Edelstahlring an der Wand angebracht. Der Brillenträger befestigte mit einem stabilen Schloss ein längeres Stück Kette an diesem Ring, das er mithilfe eines zweiten Schlosses mit der Kette zwischen den Beinen des Gefesselten verband. Währenddessen stand sein Partner daneben und hielt den Elektroschocker einsatzbereit.

„Die Kette ist lang genug, Herr Sonnemann. Sie erreichen die Toilette, das Waschbecken und können sich sogar auf das Bett legen. Wir lassen das Licht brennen. Wenn wir zurückkommen, stellen Sie sich an die Wand, so wie wir es Ihnen gesagt haben."

Die Männer drehten sich um und verließen den Raum.

So sehr sich Sonnemann auch anstrengte, es war unmöglich, den Ring aus der Wand zu drehen oder zu brechen. Er suchte nach einer Verlängerung, einem Hebel, und untersuchte das Bett. Es bestand aus verschweißten Winkeleisen, war mit dem Boden verschraubt und widerstand allen Versuchen, es zu zerlegen oder zu verschieben. Fluchend legte sich der Häftling auf das Bett. Er war erschöpft und jede Faser seines Körpers schmerzte. Schließlich verlangte die Natur ihr Recht und er schlief ein.

Die drei Männer verschlossen den Eingang zum Atomschutzbunker hinter sich, gingen den fast zwanzig Meter langen Gang entlang und erreichten an dessen Ende eine weiß gestrichene Wand. Rechts, in Hüfthöhe, befand sich eine Art Schloss, in das der Vollstrecker einen Schlüssel steckte und ihn drehte. Die komplette Wand verschob sich surrend nach links und ein gut zwei Meter breiter Ausgang tat sich auf. Nun befanden sie sich in einem quadratischen Raum von drei auf drei Meter. Auch hier gab es ein identisches Schloss. Der Schlüssel wurde erneut gedreht und die Wand schloss sich hinter ihnen. Vor ihnen lag eine Tür, zu der der Vollstrecker ebenfalls den Hauptschlüssel besaß und die er aufschloss. Jetzt standen sie vor einer Fahrstuhltür.

Der Detektiv drückte auf einen roten Knopf und der Fahrstuhl kam heruntergefahren. Der Eingang zum Atomschutzbunker lag vier Geschosse unter dem Kellerlevel und man benötigte wieder den Hauptschlüssel, um die unterste Ebene zu erreichen. Im vierten Stock des Bürogebäudes verließen die Männer den Fahrstuhl und betraten einen Raum, der außen mit „Danuvius Consulting, Konferenzraum 1" beschriftet war.

Die Verbindung zum Ministerium in München war schnell hergestellt und der Referent meldete sich unverzüglich.

„Läuft alles wie geplant?", wollte er wissen.

„Es gibt keine Probleme", erklärte der Richter. „Ich sollte dich kontaktieren."

Was der Referent jetzt berichtete, erstaunte die drei Männer doch sehr.

„Sonnemann hat am Donnerstagabend einen Mord begangen. Die DNA-Spuren sind eindeutig, außerdem gibt es einen zuverlässigen Zeugen. Die Einzelheiten kommen gleich per Fax. Das Opfer heißt …" Er berichtete in aller Kürze, was in Regensburg geschehen war.

Das Fax sprang an und spuckte eine Anzahl von Blättern aus.

Sonnemann saß wieder angekettet auf dem Stuhl, dieses Mal waren seine Arme hinter dem Rücken gefesselt. Die Männer hatten ihn aus dem Schlaf gerissen und ihn an der Kette in den Raum gezerrt.

Der Richter las einen Stapel Papier durch, dann starrte er den vor ihm Sitzenden durch die Schlitze seiner Haube an.

Es herrschte eine fast gespenstische Stille in dem Raum, die nur gelegentlich vom leisen Klirren der Kette unterbrochen wurde. Sonnemann ahnte, dass etwas Entscheidendes passiert war, und registrierte plötzlich den unangenehmen Druck in seiner Blase.

„Ich muss pinkeln!"

„Sie hätten eben auf das Klo gehen können", meinte der Brillenträger lakonisch.

„Angeklagter. Sie haben am Donnerstagabend, gegen zwanzig Uhr, Frau Brigitte Wolters, dreiundfünfzig Jahre alt, von Beruf Verkäuferin, in deren Wohnung in der Guerickestraße in Regensburg ermordet. Die DNA-Spuren sind eindeutig, außerdem gibt es einen Zeugen, der detaillierte und glaubhafte Angaben gemacht hat."

Sonnemann fuhr hoch. „Was hat dieser Spanner gesagt? Er kann doch gar nichts gesehen haben. Nur dass ich diese Schlampe gefickt habe. Danach ist er blitzschnell verschwunden …"

Plötzlich hielt Sonnemann inne. Er wurde bleich im Gesicht und sank zurück auf den Stuhl. Jetzt wurde ihm wurde klar, was er da gesagt hatte.

„Das Gericht hat das Geständnis des Angeklagten zur Kenntnis genommen. Bitte erheben Sie sich alle zur Urteilsverkündung!"

Die beiden Männer im Schwarz verließen ihre Plätze und stellten sich hinter den Stuhl des Angeklagten. Sonnemann bemerkte ein leises, metallisches Geräusch und registrierte, wie die Kette zwischen seinen Füßen gespannt wurde. Ein fester Zug und er würde nach vorne fallen. Gleichzeitig spürte er den Druck des Elektroschockers in seiner linken Seite.

„Das Gericht verurteilt den Angeklagten Dieter Robin Sonnemann zum Tode. Er wird so sterben, wie viele seiner Opfer gestorben sind: durch Crystal Meth. Ein Einspruch gegen das Urteil oder eine Revision sind nicht möglich. Das Urteil wird sofort vollstreckt. Bitte walten Sie Ihres Amtes, meine Herren!"

Noch ehe Sonnemann reagieren oder auch nur ein Wort sagen konnte, lag er schon auf dem Boden. Einer der Männer kniete auf seinem Rücken und drückte beide Arme an der Kette nach oben und machte so jede Bewegung seines Oberkörpers unmöglich. Als der Liegende anfing, mit den Füßen zu zappeln und versuchte, um sich zu treten, bohrten sich die Elektroden erst in seinen linken und dann in seinen rechten Oberschenkel. Die Schmerzen und die Krämpfe, die die 500.000-Volt-Stromstöße verursachten, ließen ihn für einen Moment das Bewusstsein verlieren.

Als Sonnemann erwachte, kniete der eine Mann immer noch auf seinem Rücken.

„Sie tun mir weh", stöhnte Sonnemann. „Sie reißen mir die Arme aus den Gelenken. Bitte!"

„Das wird gleich erledigt sein und Ihre Schmerzen werden aufhören." Der Zweite hockte vor ihm und hielt ihm eine Spritze vor die Nase. „Fünf Gramm Crystal Meth, aufgelöst in Alkohol", erklärte er.

„Scheiße!", schrie Sonnemann. „Damit bringt ihr mich um!"

„Das ist der Zweck der Sache", war die Antwort des Detektivs. Sein Knie drückte den Kopf auf den Boden, dann senkte er die Nadel in die Halsvene und presste den Kolben der Spritze nach unten. Bis zum Anschlag.

Sonnemann zuckte noch einmal, dann streckte sich sein Körper und kurz darauf war er tot.

Am Abend führte der Richter ein Telefongespräch:
Richter: Wir haben den Job erledigt.
Referent: Habt ihr alles aufgeräumt, alle Spuren beseitigt, den Raum desinfiziert?
Richter: Sicher. Die beiden sind Profis.

Referent:	Was habt ihr mit der Leiche gemacht?
Richter:	Entsorgt. Im Wald versteckt. Sollte jemand darüber stolpern, findet man nur ein Skelett. Die Spritze liegt dort und das Gift kann man nachweisen. Ein typischer Selbstmord.
Referent:	Gut so. Falls es Probleme gibt, erwarte ich deinen Anruf.
Richter:	Wir sehen uns nächste Woche.
Referent:	Übliche Zeit, üblicher Ort.

Beide trennten gleichzeitig die gesicherte Verbindung.

Ich hatte Wichtigeres zu tun, als mich um die Suche nach diesem Sonnemann zu kümmern. Wir hatten einen Doppelmord in einer Asylantenunterkunft im Landkreis Cham, drei Fälle von schwerer Brandstiftung in leerstehenden Häusern, die man als Unterkunft ausbauen wollte und mehrere schwere Fälle von Körperverletzung. Als Kollegen eine illegale Demonstration auflösen wollten, wurden sie mit Molotow-Cocktails beworfen. Einer dieser Brandsätze flog in einen Mannschaftwagen, in dem sich fünf Polizisten ausruhten. Sie lagen nun alle im Klinikum Nürnberg-Süd, einer Spezialklinik für Verletzte mit schweren Brandwunden.

Obwohl David Bauer wieder von seinem Lehrgang zurück war und nur Herbert Bündchen Urlaub genommen hatte, wir arbeiteten quasi in Vollbesetzung, wussten wir vor lauter Arbeit nicht, was wir zuerst tun sollten.

Das Telefon klingelte und ich hob ab. „Schmöke."

Es war der Dienststellenleiter aus Furth im Wald. „Hauptkommissar Eberroither. Frau Kollegin, es wurde ein Toter gefunden. Ein Jäger ist über die Leiche gestolpert. Wir haben Papiere in der Kleidung entdeckt. Demnach handelt es sich um einen Dieter Robin Sonnemann aus Regensburg, wohnhaft in der …"

Ich kramte die Akte Sonnemann hervor und machte mich mit Fred Saitler und Bernhard Graf auf den Weg nach Furth im Wald.

Die Leiche befand sich in einem schlechten Zustand: teilweise skelettiert, von Tieren angenagt, voller Maden und Fliegenlarven. Ein Unterschenkel fehlte vollkommen und konnte auch nach tagelangem Suchen nicht gefunden werden.

Die Untersuchung der Gerichtsmediziner ergab, dass Sonnemann an einer hohen Dosis Methamphetamin, sprich Crystal Meth, gestorben war. Die Spritze lag unweit der Leiche und die Analyse der Reste des Inhalts ergab, dass sich mindestens 4,5 Gramm der Droge, aufgelöst in Alkohol, in der Spritze befunden haben mussten.

Das war eine absolut tödliche Dosis!

Ich las den Bericht der Obduktion noch einmal genau durch. Der Tote war tatsächlich Sonnemann, das ergaben eindeutig die DNA-Spuren. Und auch die Todesursache war unstrittig: Tod durch eine Überdosis Methamphetamin, mit hoher Wahrscheinlichkeit intravenös gespritzt. Aber ein Satz ließ mir keine Ruhe:

... an den Knochen beider Handgelenke und dem rechten Fußgelenk wurden Spuren von nicht identifizierbaren Einwirkungen gefunden. Ähnliche Verletzungen können zum Beispiel durch Fesseln oder den Einsatz von Handschellen entstehen. Eine genaue Ursache lässt sich nicht mehr feststellen ...

Ich nahm mir vor, darüber mit David zu reden.

Zwei Stunden später klopfte es an der Tür und auf mein „Herein" betrat ein großer, gutaussehender Mann mit einer ausgesprochen sportlichen Figur mein Büro.

Er zog einen Ausweis aus seiner Jackentasche. „Kriminalrat Kunzmann vom LKA. Es geht um den Tod des Dieter Robin Sonnemann. Das LKA übernimmt den Fall. Wir fahnden nach den Hintermännern und den Produzenten von Crystal Meth und arbeiten eng mit den tschechischen Kollegen zusammen. Hier ist die Anweisung aus dem Innenministerium." Er legte mir ein Blatt Papier auf den Schreibtisch.

So etwas Ähnliches hatte ich schon einmal gesehen:

… die weiteren Ermittlungen werden an das LKA und den Staatsschutz übertragen …

… alle Unterlagen sind dem LKA zu übergeben …

… zusätzliche Ermittlungen der KPI Regensburg sind nicht vorgesehen …

Wieder übernahm das LKA einen Fall, an dessen Lösung wir arbeiteten.

Am Abend sprach ich mit Jan darüber. Sein Rat war eindeutig: „Anita, lass die Finger davon. Wenn LKA und Staatsschutz die Ermittlungen übernehmen, seid ihr aus dem Schneider. Da hängt mehr dran, als du ahnst." Jan hatte sicher recht. Wie meistens. Aber mich ließ die Sache nicht los. Am Montagmorgen versuchte ich, den Mordfall Brigitte Wolters im Intranet aufzurufen. Als sich die Datei aufbaute, wurde sie plötzlich gesperrt und der Hinweis „Zugriff nicht möglich – fehlende Berechtigung" erschien auf dem Bildschirm.

Die in München waren schon gründlich, musste ich neidlos anerkennen.

Am Nachmittag rief die Sekretärin des Direktors an. Ich müsse mich sofort beim Chef melden. Ich ahnte schon, was kommen würde.

Der Direktor bot mir Platz und Kaffee an, den ich dankend ablehnte. Er kam schnell zur Sache. „Frau Schmöke. Ich habe vorhin einen Anruf aus dem Ministerium erhalten. Trotz der eindeutigen Anweisungen durch den Kollegen vom LKA haben Sie, wahrscheinlich aus Versehen, versucht, eine für Sie gesperrte Datei aufzurufen."

Der Direktor war ein Meister darin, jemandem eine goldene Brücke zu bauen.

„Selbstverständlich", antwortete ich. „Selbstverständlich war es ein Versehen, Herr Direktor."

Er nickte zufrieden. „Ich gehe davon aus, Anita", privat nannte er mich bei meinem Vornamen, „dass Sie sich nicht mehr vertun werden."

„Nein." Ich schüttelte meinen Kopf. „Auf keinen Fall. Wir haben ja genug zu tun. Wir sind froh, dass wir den Fall abgeben konnten."

Mit einem sanften Lächeln und einem festen Handschlag wurde ich verabschiedet. Als ich zur Tür hinauswollte, sagte der Direktor leise: „Wenn Sie den Anordnungen des LKA noch einmal nicht folgen, Frau Hauptkommissarin, muss ich Sie von Ihrem Posten ablösen. Das ist eine Anweisung von ganz oben."

Ich drehte mich noch einmal um. Der Direktor stand hinter seinem Schreibtisch, stützte die Hände auf der Tischplatte ab und blickte mich an. Er sah ziemlich unglücklich aus.

Nachdem wir JaHe gemeinsam zu Bett gebracht hatten, erzählte ich Jan beim Abendessen von den Ereignissen des Tages.

Der schüttelte nur den Kopf. „Warum hörst du nicht auf mich?", wollte er wissen.

„Du hast ja recht, Schatz." Ich tat zerknirscht.

Aber zufrieden war ich mit der Situation nicht. Und so leicht ließ ich mich auch nicht von der Suche nach der Wahrheit abhalten. Ich würde Augen und Ohren offenhalten.

Norbert

Es war schon verdammt mühsam, bei dem Schneematsch überhaupt ein Fahrrad zu schieben. Mit der einen Hand musste Norbert den Kasten Bier festhalten, den er auf dem Gepäckträger seines alten, verrosteten Drahtesels mit einem Stück Schnur festgebunden hatte, und mit der anderen Hand schob er das Rad. Und das ohne Handschuhe, bei Minusgraden. Seine Hände waren eiskalt und er konnte den Lenker kaum noch halten. Norbert war froh, dass er jetzt zuhause war. Noch um diese Ecke und dann stand er vor seiner Haustür.

Direkt neben sich hörte er das schleifende, matschende Geräusch, das ein Auto verursachte, wenn ein Fahrer vergeblich versuchte, bei diesen Straßenverhältnissen kontrolliert zu bremsen. Es ertönte ein dumpfes Wupp und ein blechernes Knirschen, als sich ein Mercedes direkt neben ihm in einem Schneehaufen, den die Regensburger Räumdienste an dieser Straßenecke so hübsch drapiert hatten, festfuhr.

Norbert beobachtete interessiert, wie der Fahrer versuchte, rückwärts aus dem Schneehaufen zu fahren. Aber die Hinterräder drehten durch und schnell sah der Fahrer ein, dass er keine Chance besaß, dort ohne Hilfe wieder rauszukommen. Er stieg aus.

„Haben Sie keine Winterreifen?", wollte Norbert wissen.

„Doch, doch", antwortete ihm der Mann. „Die sind sogar neu, aber der Mercedes ist mit seinem Hinterradantrieb nicht für diese Straßenverhältnisse geschaffen. Was mache ich jetzt bloß?"

Der Fahrer, ein älterer, rundlicher Herr mit Hut, schien ein freundlicher, umgänglicher Mensch zu sein. Norbert hätte jetzt geflucht und wütend gegen das Auto getreten, aber der Fahrer zuckte nur mit den Schultern und schaute sich interessiert seine Schuhe an, in die der Schneematsch schon eingedrungen war. Er trug bei diesem Wetter einen dunklen Anzug, einen dünnen Mantel, schwarze Halbschuhe und einen altmodischen Hut.

„Sie brauchen Splitt unter den Antriebsrädern, und dann mit ganz viel Gefühl rausfahren", antwortete ihm Norbert.

„Woher den Splitt nehmen und nicht stehlen?"

Der Mann schaute sich um. Nirgendwo war eine der Splittkisten zu sehen, die im Winter in Regensburg aufgestellt wurden. Hier in dieser Gegend gab es keine Splittkisten. Sie wurden entweder geklaut, zerstört oder die Leute entsorgten ihren Abfall darin. Die Friedrich-Ebert-Straße im Regensburger Westen war eben nicht die beste Wohngegend.

Norbert tat der Mann leid. „Wir haben im Hausflur zwei Eimer mit Streumaterial stehen. Ich hole einen her. Bin in zwei Minuten wieder zurück."

Norbert hielt sein Versprechen. Nach kurzer Zeit schleppte er einen Eimer heran, der mit dem Streumaterial gefüllt war. Er warf mit einer kleinen Schaufel die Steinchen hinter die Räder des Mercedes und vergaß auch die Vorderräder nicht.

Der Mann im Anzug stieg in seinen Wagen, gab vorsichtig Gas und schon war er zurück auf der Straße.

„Was kostet das?", wollte er wissen.

„Nichts", meinte Norbert. „Wenn ich mal mit dem Radl im Schneehaufen festhänge, kommen Sie und ziehen mich raus."

Der Mann lachte, hupte einmal und fuhr davon.

Norbert saß in seiner winzigen Bude und öffnete trübsinnig seine zweite Flasche Bier. Er war ein Ganove. Ein ganz kleiner nur, aber das würde ihm am nächsten Tag nicht viel helfen. Es ging um einen unbedeutenden, kleinen Ladendiebstahl, eigentlich nicht der Rede wert. Aber der Ladendetektiv hatte ihn erwischt, dazu kam der Verstoß gegen das bestehende Hausverbot und dann gab es da noch die offene Bewährung. Die verfiel jetzt. Dieses Mal würde ihn der Richter in die Augustenburg schicken. Da half alles nichts. Mindestens ein Jahr lang würde er hinter Gittern verschwinden.

Am nächsten Morgen wurde sein Fall als zweiter aufgerufen.

„Strafsache gegen Matscher Norbert wg. Eigentumsdelikten, Aktenzeichen …", war neben der Tür zum Sitzungszimmer als Aushang angebracht. Aber das interessierte Norbert nur peripher. Sein Pflichtanwalt war noch nicht da und das machte ihn nervös.

Endlich kam der mit fliegender Robe herangeeilt und beide stürzten in den Sitzungssaal.

Der Richter, seine beiden Beisitzer und die Staatsanwältin schauten die Hereinkommenden über ihre Brillengläser hinweg strafend und missbilligend an, sagten aber nichts.

Norbert und sein Anwalt setzten sich auf die Armesünderbank und endlich wagte der Angeklagte einen Blick auf Dr. Brümmer, den Richter, zu werfen. Der galt unter Eingeweihten als harter Hund.

Dr. Brümmer lächelte Norbert an. Er war der freundliche, ältere Herr, den er am Tag zuvor mit Splitt versorgt hatte.

Der Prozess verlief zügig. Die Staatsanwältin zählte die Karriere des Norbert Matscher auf: Ladendiebstahl, Unterschlagung von Büchern, Leistungserschleichung in RVV-Bussen, Beleidigung, Betrug (nur ein kleiner, nicht der Rede wert, befand Norbert), Trunkenheit im Straßenverkehr (mit dem Rad!) usw.

Unter Berücksichtigung der Bewährungsstrafe beantragte die Staatsanwaltschaft einen vierzehnmonatigen Aufenthalt in der Augustenburg.

Norbert hatte es geahnt: Das bedeutete ein Jahr.

Sein Pflichtanwalt, dieser Rechtsverdreher, beantragte der Form halber neun Monate auf Bewährung, was aussichtslos war. Den interessierte das Urteil überhaupt nicht, denn er dachte nur an die acht anderen Fälle, die er an diesem Tag noch vor sich hatte und an das Geld, das ihm der Staat als Pflichtverteidiger zahlen würde.

Das Gericht zog sich zur Beratung zurück. Dann rief der Richter den Staatsanwalt zu sich, was ungewöhnlich war, und Norbert ahnte Schlimmes. Dem Richter waren die vierzehn Monate zu wenig.

Alle erhoben sich zur Urteilsverkündung und der Richter verlas das Urteil: „Im Namen des Volkes verurteilt das Gericht den Angeklagten Norbert Matscher zu zweihundertvierzig Sozialstunden in einem Altenheim ..."

Die Begründung war, der Angeklagte müsse lernen regelmäßig zu arbeiten und Verantwortung zu übernehmen.

Norberts Kinnlade sank nach unten. Er sollte arbeiten. Sechs Wochen lang. Jeden Morgen noch vor neun aufstehen und dann acht Stunden ohne Pause malochen. Wahrscheinlich durfte er im Altenheim weder ein Bier trinken noch eine Zigarette rauchen. Das konnte er nicht.

Norbert war sprachlos über dieses extrem harte Urteil. Das hätte er nicht erwartet.

Mittlerweile erhoben sich alle Anwesenden und auch Norbert wollte hinausgehen, als Dr. Brümmer ihn zu sich rief. „Kommen Sie bitte zu mir, Herr Matscher."

Der Richter nahm seine Brille ab und schaute von seinem erhöhten Sitz aus ernst und gewichtig auf Norbert runter.

„Merken Sie sich gut, was ich Ihnen sage, Herr Matscher!", ermahnte er ihn. „Sie werden im Luisenheim arbeiten. Meine Mutter, sie ist zweiundneunzig, lebt dort, und wenn ich nur eine Klage über Sie höre, bekommen sie zwei Jahre und zwei Monate von mir. Sie landen dann in Straubing und nicht hier bei uns in der Augustenburg."

Bei dem Wort Straubing brach Norbert der Schweiß aus. Da saßen die ganz harten, gefährlichen Jungs und die würden sich ihre Späßchen mit ihm machen. Dessen war er sich sicher.

„Nein, Herr Vorsitzender", versprach Norbert. „Ich werde Ihre Mutter pflegen, als wenn es meine eigene wäre, Herr Vorsitzender."

„Das möchte ich Ihnen auch raten, Herr Matscher!"

Am Montagmorgen meldete sich Norbert im Luisenheim. Er war sozusagen pünktlich, nur etwa dreißig Minuten zu spät. Das galt als pünktlich, so befand er.

Der ganz in Weiß gekleidete Oberpfleger stellte sich als Klaus vor. Er war ein Berg von einem Mann: einsneunzig groß, voller Muskeln, besaß Tätowierungen auf beiden Armen und eine glatt polierte Glatze.

„Dr. Brümmer hat mich angerufen und mich über dich informiert", sagte er und tippte Norbert mit seinem Zeigefinger auf die Brust. „Du bist gleich am ersten Tag zu spät. Du bist nicht richtig gewaschen, deine Haare sind fettig und du stinkst nach Bier. So geht das hier nicht, mein Freund!"

Er schnappte sich mit beiden Händen Norberts Jacke und zog ihn zu sich heran. „In den sechs Wochen, die du hier bleiben wirst, arbeitest du für mich. Das ist mit dem Gericht und der Heimleitung so ausgemacht worden. In dieser Woche lernst du alles hier kennen, danach bist du nur auf meiner Station."

„Klar", antwortete ihm Norbert verzweifelt.

„Wenn du noch einmal zu spät kommst, trete ich dir so in deinen faltigen Arsch, dass dir die Zähne rausfallen. Hast du mich verstanden?" Klaus zog Norbert so weit in die Höhe, dass er jetzt die Bodenhaftung verlor, und dann ließ er ihn zurückplumpsen.

Norbert nickte verschüchtert. „Das habe ich verstanden, Klaus."

„Das ist ja schlimmer als im Gefängnis", dachte er panisch. „Ich muss aufs Klo."

Immer, wenn es unangenehm wurde, bekam Norbert Durchfall.

„Du gehst jetzt duschen, du bekommst frische Unterwäsche und Dienstbekleidung und dann geht es zum Friseur. Heute Abend arbeitest du dann drei Stunden nach."

Norbert ging erst aufs Klo, anschließend unter die Dusche. Er wusch sich gründlich, zog die frische Kleidung an und dann verpasste ihm der Friseur, der im Keller des Luisenheims einen winzigen Salon sein Eigen nannte, eine pflegeleichte Kurzhaarfrisur.

Und die Zähne putzen musste Norbert, zu seiner Missbilligung, auch noch.

Der Arbeitstag war echt brutal: Essen austeilen, die Zimmer durchlüften, Rollstuhlfahrer in den Speiseraum schieben, Tische decken und abräumen und sabbernden, schlürfenden, schmatzenden Alten beim Essen zusehen. Norbert schüttelte sich, ohne sich darüber Gedanken zu machen, dass seine Tischmanieren keinesfalls besser waren.

Am Nachmittag führte eine Auszubildende Norbert im Haus herum. Karola, Karola mit K, wie sie betonte, war ein dickliches Mädchen mit Brille und dünnen, hellen Haaren.

Norbert fand sie ganz nett. Er hatte schon lange keine Freundin mehr gehabt.

Das Heim bestand aus einem dreistöckigen Gebäude mit einem kleinen Anbau und einem großen Garten hinter dem Haus. Im Erdgeschoss befanden sich die Räume der Verwaltung, die Küche, der große Speisesaal und zwei Sozialräume. Im ersten Stock lagen die Mehrbettzimmer, in denen die „Kassenpatienten" ihren Lebensabend verbrachten. Im zweiten Stock gab es Einzelzimmer für Heimbewohner mit einer guten Pension. Im dritten Stock besaßen zehn Auserwählte kleine Apartments. Diese waren für Leute gedacht, die sich viertausendneunhundert Euro Zuzahlung im Monat leisten konnten.

Dort lag Klaus' Revier. Als Pflegedienstleiter kümmerte er sich ausschließlich um die wohlhabenden Heimbewohner im dritten Stock.

Es war schon 20 Uhr, als Norbert endlich Feierabend machen durfte.

„Du wohnst in der Friedrich-Ebert-Straße?", fragte Klaus.

Norbert nickte. Sagen konnte er nichts mehr, dazu war er zu platt. Er hatte den ganzen Tag gearbeitet. Zum ersten Mal in seinem Leben.

„Ich nehme dich mit. Morgen früh stehst du um sieben Uhr zehn vor dem Haus. Wenn du nicht da bist, komme ich hoch, trete die Tür ein und du nimmst den superschnellen Weg nach unten, nämlich durch das Fenster.

Wenn du nach Bier stinkst, gurgelst du hier mit Toilettenreiniger. Klar?"
Klaus leckte über seine Lippen wie ein Löwe, der sich ein Gazellenfilet vornahm.

„Ich bin pünktlich, Klaus", versprach Nobert. Und er war pünktlich am nächsten Morgen.

Klaus fuhr zu Norberts Erstaunen einen Porsche.

Die erste Woche verging schnell und Norbert arbeitete zum ersten Mal in seinem Leben regelmäßig. Er stellte fest, dass die Arbeit auch ihre positiven Seiten hatte. Er bekam drei Mahlzeiten und zwei große Flaschen Limo am Tag. Am Nachmittag konnte er mit einigen rüstigen, alten Herren in einem Raum im Untergeschoss, in dem man auch rauchen durfte, Karten spielen, und er gewann, zu seiner eigenen Überraschung, insgesamt acht Euro in drei Tagen.

In der zweiten Woche nahm ihn Klaus zum ersten Mal mit in den dritten Stock. Dort war alles vornehmer: Im Gang lagen Teppiche und die Türen zu den Apartments waren verschlossen und man musste eine Klingel drücken, wenn man hineinwollte. Klaus besaß natürlich einen Generalschlüssel.

Am Dienstag lernte Norbert Frau Dr. Ilona Brümmer kennen, die Mutter des Richters. Sie war eine richtige Dame: Elegant gekleidet, frisch frisiert und stets trug sie einen Goldring mit einem dicken Stein und ihre Halsketten wechselte sie täglich. Frau Dr. Brümmer war geistig sehr rege, nur mit dem Gehen klappte es nicht mehr so gut.

Im Laufe dieser Woche traf Norbert auch die restlichen Bewohner der obersten Etage und die waren ganz begeistert von dem netten, jungen Mann.

„Ich werde dir hier feste Aufgaben zuteilen", sagte Klaus freundlich, aber Norbert konnte das unausgesprochene „… aber wenn du nicht …" aus dessen Tonfall heraushören.

Er drückte ihm ein Blatt Papier in die Hand, auf dem alle Tätigkeiten nach Zeit und Apartment aufgelistet waren. „Du kannst doch lesen, oder?", fragte er misstrauisch.

„Ja. Einigermaßen, Klaus. Bloß mit den Fremdwörtern habe ich so meine Probleme."

„Zum Beispiel?"

Norbert las das Papier durch und man merkte an seinem angestrengten Gesichtsausdruck, dass er jedes Wort buchstabieren musste.

„Zockteil. Das Wort kenne ich nicht." Norbert wurde rot im Gesicht.

Klaus lachte. „Ein Cocktail ist eine Mischung aus verschiedenen Flüssigkeiten. Die Bewohner hier oben bekommen zweimal am Tag von mir einen Vitamincocktail, den du ihnen bringen musst."

„Ach so. Das werde ich tun. Immer um zehn und um achtzehn Uhr?"

„Richtig", sagte Klaus.

Das Büro von Klaus lag gegenüber dem Apartment, in dem Frau Dr. Brümmer lebte. Dort stand ein Kühlschrank, in dem sich eine große Flasche mit einer gelblichen Flüssigkeit befand. Sie sah aus wie heller Orangensaft.

In den nächsten beiden Wochen brachte er den Bewohnern der Apartments, so wie Klaus es angeordnet hatte, zweimal am Tag ein Schnapsglas, gefüllt mit diesem Vitamincocktail.

Die alten Leute warteten immer schon ganz ungeduldig darauf und kippten die Flüssigkeit wie einen Schnaps runter.

„Jetzt geht es mir besser", sagte Frau Dr. Brümmer jedes Mal, wenn ihr Norbert das Stamperl einschüttete und sie es mit einem einzigen Schluck getrunken hatte. „Ich warte schon immer darauf, dass Sie mir die Vitamine bringen, junger Mann."

„Sind Ihnen die Vitamine so wichtig, Frau Dr. Brümmer?", wollte Norbert wissen. Ihm kam es merkwürdig vor, dass den alten Leuten immer die

Hände zitterten und sie sich nach dem Genuss des Cocktails sichtlich entspannten.

„Aber junger Mann! Natürlich sind Vitamine für uns alte Leute wichtig. Wir brauchen sie und wir sind alle so froh, dass uns Klaus jeden Tag damit versorgt."

Norbert reichte der alten Dame den Arm und führte sie vom Tisch zu ihrem Fernsehsessel hinüber.

„Wenn die Vitamine bloß nicht so teuer wären", seufzte Frau Dr. Brümmer.

Norbert stutzte. „Müssen Sie die extra bezahlen?"

„Aber sicherlich, junger Mann."

Das kam ihm doch merkwürdig vor. „Was kosten die Vitamine denn?", wollte er wissen.

„Dreihundertdreißig Euro im Monat", flüsterte die alte Dame, während sie sich mühsam in ihrem Sessel niederließ.

Das gab Norbert zu denken.

Klaus saß in seinem Büro bei der Papierarbeit, als Norbert die halbvolle Flasche zurückbrachte.

„Kann ich eben aufs Klo gehen?", bat ihn Norbert.

Klaus machte eine bestätigende Handbewegung. „Bitte."

Auf dem Klo nahm Norbert sein Handy heraus und aktivierte den Taschenrechner. Er tippte ein: 330 x 10 x 12 = 39.600. Klaus verdiente fast vierzigtausend Euro im Jahr durch den Verkauf des Vitaminsafts. (Das Wort Cocktail konnte er sich nicht merken.)

Kein Wunder, dass er einen Porsche fahren konnte.

Im Laufe der Woche befragte Norbert alle Bewohner des dritten Stocks unauffällig, wie viel sie für den Vitaminsaft zahlen mussten. Sechs Bewohner zahlten dreihundertdreißig Euro im Monat, zwei Herren fünfhundert Euro und die beiden wohlhabendsten Damen, eine Bankierswitwe und eine Besitzerin mehrerer Luxushotels, zahlten jeden Monat unglaubliche eintausend Euro.

Das waren mehr als vierzigtausend Euro. Mit solch großen Zahlen hatte Norbert noch nie gerechnet.

Als die Flasche fast leer war, probierte Norbert vorsichtig ein halbes Stamperl von dem Saft. Er schmeckte nach Alkohol, leicht süßlich und besaß ein Orangenaroma. Die Wirkung trat fast augenblicklich ein. Norbert fühlte sich plötzlich richtig toll, so leicht und fröhlich und der Tag war gerettet. Er pfiff ein Liedchen und nahm die Arbeit wieder auf.

Abends, auf dem Nachhauseweg, fühlte er sich plötzlich schlapp und ausgelaugt und bekam Kopfschmerzen. Jetzt verstand er, was mit dem Saft los war. Er wirkte wie ein dicker Joint: Erst erschien alles leicht und lustig, dann kam der Kater.

Klaus mixte irgendein Rauschmittel in den Saft.

Am nächsten Morgen war Klaus krank. Er hatte Durchfall und Fieber und saß mit gequältem Gesicht hinter seinem Schreibtisch.

Als Nobert um zehn Uhr die Cocktails verteilt hatte, meinte Klaus: „Hör zu. Die Cocktails gehen zur Neige. Ich werde dir jetzt zeigen, wie man sie zubereitet. Ich muss aber erst aufs Klo."

Er rannte hinaus.

Später gingen beide runter in den Keller. Ein Abstellraum war mit einem Sicherheitsschloss versehen, für das nur Klaus den Schlüssel besaß.

Der Raum war winzig. Klaus verschloss die Tür hinter ihnen und sagte ganz beiläufig: „Wenn du mit jemandem darüber redest, was ich dir jetzt zeige, mache ich dich alle."

Norbert glaubte es ihm.

In einem Schrank befanden sich ein Fünf-Liter-Kanister mit einer gelblichen Flüssigkeit, ein zweiter Kanister, auf dem ein Zettel mit der Aufschrift „Ethanol 80 %" klebte, eine Kiste mit Orangensaft und mehrere leere Flaschen. Daneben sah Norbert noch ein paar Gerätschaften, deren Verwendungszweck sich ihm nicht sofort erschloss.

„Pass genau auf!", befahl Klaus.

Er entnahm einer Zigarrenschachtel einen Teelöffel voller kleiner Brocken, die wie Baumharz ausschauten. Die wog er auf einer Waage ab. „Es müssen genau zehn Gramm sein", erklärte er.

Die Brocken kamen in einen großen Topf.

„Darauf schüttest du einen Liter von der Flüssigkeit aus diesem Kanister und kochst es dort auf dem Herd einmal auf." Klaus machte es vor.

„Was ist das?", wollte Norbert wissen und zeigte auf den Kanister.

„Polysorbat 80. Es löst die in den Brocken befindlichen Wirkstoffe."

„Aha", meinte Norbert.

„Nach einer halben Stunde verteilst du die Flüssigkeit durch ein Sieb gleichmäßig in zwei von diesen großen Flaschen. Aber exakt aufteilen! Dann kommen ein halber Liter Orangensaft und ein halber Liter Ethanol ..."

„Ethanol?", fragte Norbert.

„Das ist Schnaps. Schnaps ohne Geschmack. Also ein halber Liter Ethanol kommt zum Schluss in jede Flasche und fertig ist der Vitamincocktail."

Klaus krümmte sich. „Ich muss aufs Klo. Mach du weiter hier!"

Er rannte los.

Norbert mixte den Cocktail zusammen. Es war eigentlich ganz einfach.

Nachdem er die Zutaten in die Flaschen gefüllt hatte, blickte er in die Zigarrenschachtel. Er roch daran und wusste sofort, was es war: Haschisch.

Draußen auf dem Flur näherten sich Schritte dem Abstellraum. Schnell stellte Norbert die Schachtel zurück. Als Klaus den Raum betrat, wischte Norbert gerade die Flaschen trocken.

„Bin fertig," sagte er.

Am nächsten Tag war Klaus krank – richtig krank. Man hatte ihn in ein Krankenhaus einliefern müssen.

Norbert ging pflichtbewusst seiner Arbeit nach. Er machte Betten, leerte die Papierkörbe aus, brachte Frau Dr. Brümmer runter zum Friseur, begleitete einen der drei alten Herren zum Zahnarzt und er verteilte zweimal am Tag den Vitamincocktail.

Am Freitag rief ihn Klaus an, der mit einer Virusgrippe im Krankenhaus bei den Barmherzigen Brüdern lag.

„Wenn du mit jemandem über den Cocktail redest, schneide ich dir den Hals durch und werfe dich in die Donau!", drohte er Norbert. „Mach deine Arbeit, halt dein Maul und es wird dein Schaden nicht sein. Kapiert?"

„Sicher, Klaus. Wem sollte ich denn etwas erzählen? Keine Angst. Ich mache nur meine Arbeit."

Am Nachmittag bat er Frau Dr. Brümmer um die Telefonnummer ihres Sohns.

Als Klaus Jeschorek am darauffolgenden Dienstag wieder zur Arbeit erschien, warteten schon drei Kriminalbeamte auf ihn.

Sie zeigten ihm den Haftbefehl und durchsuchten sein Büro und die Abstellkammer im Keller. Dann wurde er abgeführt, während die Spurensicherung alles auf den Kopf stellte.

Norbert hatte sich im Friseursalon versteckt und machte sich vor Angst fast in die Hose.

Dr. Brümmer, der Richter, und Norbert, der kleine Ganove, trafen sich im Museumscafé im Historischen Museum.

„Ich muss Ihnen danken, Herr Matscher. Sie haben viel für meine Mutter getan. Der Drogenentzug bereitet ihr Probleme, aber sie wird es schaffen. Dieser Jeschorek hatte schon arrangiert, dass sie ihr Testament ändert und ihn als Haupterben einsetzt. Das hat er übrigens bei allen Heimbewohnern des dritten Stocks vorgehabt. Fünf alte Leute waren von ihm schon zu diesem Schritt gezwungen worden, mit der Drohung, sie würden keinen Vitamincocktail mehr bekommen. Zwei der Männer sind gestorben, wie sie ja wissen, aber wir konnten in den Fällen die Testamentsänderungen rückgängig machen. Gut, dass Sie so ehrlich waren, Herr Matscher."

„Danke, Herr Vorsitzender. Aber welche Strafe bekommt denn der Klaus von Ihnen?", wollte Norbert wissen.

„Ich bin leider nicht für ihn zuständig. Aber ich kenne den Kollegen, der den Prozess leiten wird, ganz gut", flüsterte der Richter. „Ich vermute, er bekommt die Höchststrafe."

„Wie viel?", fragte Norbert leise.

Wortlos öffnete und schloss der Richter dreimal seine rechte Hand.

Beide Männer grinsten sich an. Verschwörer unter sich.

Norbert hat eine feste Anstellung als Pflegehelfer im Luisenheim bekommen. Karola und er sind seit einiger Zeit befreundet und wollen sich bald eine gemeinsame Wohnung nehmen.

Das Penthaus

Das neue Penthaus lag gleich gegenüber, auf der anderen Seite der Wahlenstraße. Es war möbliert zu vermieten, das wusste Bernd Schrödl, aber zweitausendneunhundert Euro Kaltmiete im Monat waren einfach zu viel für ihn. Das Büro, in dem er arbeitete, war deutlich kleiner und das Fenster, durch das er zum Penthaus hinüberschauen konnte, besaß eine Standardgröße: einhundertvierzig mal einhundert. Das konnte mit der raumhohen und vier Meter breiten Glasfront des Penthauses nicht mithalten. Die beiden anderen Fenster seines Büros erlaubten einen Blick auf einen tristen Hinterhof, auf dem bei schönem Wetter ältere Damen standen und sich unterhielten. Am letzten Freitag im September schleppte ein Mann einige Kisten hoch in das Penthaus. Jemand hatte es gemietet.

Bernd Schrödl schaute auf seine Uhr: gleich halb sechs. Sie war immer pünktlich. In zwei Minuten würde die Tür aufgehen und die Frau ihr Penthaus betreten. Das Ritual war stets gleich. Sie zog Mantel oder Jacke und den Rock aus und legte die Sachen ordentlich über die Rückenlehne des Sofas. Danach kam die Bluse dran oder, wenn es draußen etwas kälter war, der Rollkragenpulli.

Sie trug nur weiße oder cremefarbene Unterwäsche, wobei das profane Wort „Unterwäsche" dem was sie trug in keiner Weise gerecht wurde. Es waren Spitzen mit einem Hauch von Satin, elegant und verführerisch. Nachdem Schrödl sein Fernglas mit ins Büro genommen hatte, konnte er sich die Dessous genauer betrachten und schließlich identifizieren. Google wusste einfach alles. Die Marke hieß Lise Charmel und war mit das Teuerste, was eine Frau direkt auf dem Körper tragen konnte.

Nachdem die Schöne sich ausgezogen hatte, streckte sie sich immer erst ausgiebig und danach löste sie ihre Frisur. Das lange, dunkle, gelockte Haar reichte ihr fast bis zum Po und die Frau war sich sehr wohl bewusst, wie perfekt ihre Wäsche farblich zu dem Bronzeton ihrer Haut und den dunklen Haaren passte.

Anschließend verschwand sie im Bad. Wenn sie nach zwanzig Minuten in das Wohnzimmer zurückkehrte, trug sie einen weißen Bademantel und immer lief sie barfuß. Sie setzte sich dann auf die Couch, legte ihre Füße auf den Beistelltisch und las ihre Post, manchmal blätterte sie in einem Magazin oder sie telefonierte. An sich waren das ganz harmlose Tätigkeiten, aber für Schrödl waren sie das Erotischste, was er sich denken konnte. Sie bewegte ein Bein und genehmigte ihm einen kurzen Blick auf die sorgfältige Intimrasur zwischen ihren Schenkeln. Oder sie rückte den Bademantel zurecht und für einen Moment lugte eine Seite ihres prachtvollen Busens aus dem Weiß hervor. Regelmäßig erregte das Schrödl so, dass er sich umgehend in der Toilette seines Büros erleichtern musste.

Was für eine prachtvolle Frau! Seit drei Wochen ging das nun schon so und der junge Architekt konnte es am Sonntag gar nicht abwarten, wieder am Montag in seinem Büro „lange arbeiten" zu müssen, wie er es seiner Frau Sabrina erklärt hatte.

„Du Armer!", war ihre Antwort gewesen und er sah ihr an, dass sie ihn tatsächlich bemitleidete.

Der ACA – Arbeitskreis Creative Architekten Ammer, Marx, Schrödl und Zimmer – bestand seit zehn Jahren und der Anfang war hart für alle gewesen. Die vier jungen Mitglieder des Teams kannten sich seit ihrem gemeinsamen Studium an der TH in Aachen. Peter Zimmer hatte zwar sein Architekturstudium abgebrochen und war zum Studiengang Technische Informatik gewechselt, aber das hatte ihrer Freundschaft keinen Abbruch getan. Ganz im Gegenteil: Er sorgte dafür, dass der ACA funktionierte.

Franz Ammer saß in Reutlingen, Fabian Marx in Ulm, Bernd Schrödl in Regensburg und Peter Zimmer genügte der erste Stock in seinem Elternhaus in Deggendorf, in dem er sich ein Büro, eine kleine IT-Werkstatt und einen klimatisierten Serverraum eingerichtet hatte.

Die Freunde trafen sich persönlich nur zwei- oder dreimal im Jahr. Aber sie waren ununterbrochen über das Internet miteinander verbunden. Jeder von ihnen konnte auf drei Flachbildschirmen sehen, was die anderen gerade in ihren Büros unternahmen und auf mehreren 34-Zoll-Monitoren der neusten Generation in Echtzeit mitverfolgen, wer was konstruierte.

Peter Zimmer war der Angestellte der drei jungen Architekten und sorgte dafür, dass die Videokonferenzen klappten, die Programme stabil liefen und alles doppelt gesichert und abgespeichert wurde.

In den ersten drei Jahren waren die Aufträge nur spärlich eingegangen und ACA überlebte nur, weil alle Ehefrauen mitarbeiteten und Peter sich als freier IT-Berater ein Zubrot verdiente. Was genau er machte, wussten seine Freunde nicht.

Der erste große Auftrag, die Renovierung und der Ausbau eines Hallenbads in einer unterfränkischen Kleinstadt, brachte so viel Geld in die Firmenkasse, dass sie am Jahresende mit einem Gewinn abschließen konnten. Von da an ging es bergauf.

Zurzeit planten und entwarfen die drei jungen Architekten ein neues Fußballstadion. Für den Rohbau war Franz zuständig, Fabian kümmerte sich um die Technik und Bernd um den Rest, also den Ausbau und die Landschaftsplanungen außerhalb des Stadions. Sie arbeiteten gleichzeitig an den Plänen, so als säßen sie in nebeneinanderliegenden Büroräumen. Dass das alles funktionierte, das war Peters Aufgabe.

Wenn alles klappte, würde in diesem Jahr erstmalig mehr als eine Million Gewinn in den Büchern stehen.

An diesem Dienstag wurde alles anders.

Die Tür öffnete sich, die schöne Fremde kam herein und sie entkleidete sich wie gewohnt. Heute trug sie winzige cremefarbene Dessous, die mehr zeigten als sie verbargen. Anders als sonst ließ sie das Haar hochgesteckt, bevor sie ins Bad verschwand.

Wie eine Ewigkeit kamen Schrödl die zwanzig Minuten vor, bis die Frau wieder auftauchte. Der Bademantel war neu, deutlich kürzer als der andere und nicht weiß, sondern cremefarben – so wie die Unterwäsche, die sie vorher getragen hatte.

Während Schrödl das Fernglas vor seine Augen presste, registrierte er seine zunehmende Erregung.

Plötzlich blieb die Unbekannte stehen, drehte sich zu Schrödls Fenster um und schaute zu ihm rüber. Er riss das Fernglas von seinen Augen, sein Puls schnellte hoch und er merkte, wie ihm das Blut in den Kopf schoss.

„Mist, jetzt hat sie mich erwischt", dachte er. „Was nun?"

Ihre Augen trafen sich über die Straße hinweg und Schrödl glaubte, ein Lächeln über das Gesicht der Frau huschen zu sehen. Dem ersten Impuls, sich umzudrehen und wegzugehen, widerstand er. Zu sehr fesselten ihn die dunklen Augen dort hinter der großen Glasfront.

„Was macht sie jetzt?", überlegte er. „Ruft sie die Polizei, lässt sie die Jalousien runter oder …"

Ihre Reaktion überraschte Schrödl, als sie, Daumen und kleiner Finger gespreizt, ihm das Symbol für Telefonieren zeigte. Er winkte ihr zu, rannte zu seinem Schreibtisch hinüber, griff ein Blatt Papier, einen Edding und schrieb die Telefonnummer seines Büros in großen Zahlen auf das Blatt. Das drückte er von innen gegen die Scheibe seines Fensters.

Sie nickte.

Kurz darauf klingelte das Telefon.

„Ja?" Schrödl wusste nicht, was er sagen sollte. „ACA Regensburg, Bernd Schrödl", hätte wohl kaum gepasst.

„Machen Sie das schon lange?", wollte die Schöne wissen. „Gentlemen tun so etwas nicht."

Ihre Stimme besaß einen Klang, der dazu führte, dass sich Schrödls Härchen auf seinen Unterarmen aufstellten und ihm ein kalter Schauer über den Rücken lief. Ein leichter Akzent ließ ihre Stimme exotisch wirken und

Schrödl wusste in dem Augenblick, dass er die Rätselhafte kennenlernen wollte, nein musste.

„Nein. Also ja, doch. Ich bin eben kein Gentleman", war Schrödls Antwort.

„Etwas Dümmeres hätte ich wohl nicht sagen können", schalt er sich später selbst.

Zwei Tage später klingelte Schrödl, bewaffnet mit einem Strauß dunkelroter Rosen, an der Tür des Penthauses. Diese wurde sofort geöffnet; sie hatte auf ihn gewartet.

„Da sind Sie ja. Kommen Sie herein. Ich heiße Rebecca. Und wie heißen Sie?"

„Schrödl. Bernd Schrödl. Also Bernd", stammelte er.

„Ich habe uns ein paar Häppchen vorbereitet. Und Champagner trinken Sie sicher auch?", fragte Rebecca, als sie zu der Essecke hinübergingen.

Auf dem kleinen Tisch brannten drei Kerzen und der Champagnerkühler, in dem eine Flasche Dom Pérignon stand, schwitzte. Der Inhalt musste eiskalt sein.

Schrödl schloss die Tür hinter sich und folgte ihr.

Zwei Stunden und eine Flasche Schampus später landeten sie in ihrem Schlafzimmer.

Drei Tage später war Schrödl klar, dass er dieser Frau verfallen war und sie besitzen musste. Für immer.

Er wusste kaum etwas von ihr. Nur, dass sie im Libanon geboren war, Rebecca hieß, als Model arbeitete und sie sich von Kharim, ihrem Ex-Freund, vor ein paar Wochen getrennt hatte.

Die Planungen für das Stadion befanden sich in der Endphase und so konnte Schrödl seiner Frau glaubhaft machen, dass er jeden Abend bis 22 Uhr arbeiten musste. Außerdem hatte Sabrina einen Freund, den dritten in den letzten zwei Jahren, wie er durch Zufall herausgefunden hatte. Aber das interessierte ihn wenig.

Rebecca und Bernd trafen und liebten sich montags bis freitags an jedem Abend. Am Wochenende war Rebecca unterwegs zu Foto-Shootings und die Schrödls spielten das glückliche Ehepaar, gingen aus oder empfingen Gäste.

An einem Dienstagabend lagen Rebecca und Bernd engumschlungen auf dem Bett in ihrem Schlafzimmer.

„Schenkst du mir dein Polo-Shirt?", wollte sie wissen. „Mir gefällt die Farbe."

Bernd trug ein weinrotes Shirt von Lacoste mit langen Ärmeln.

„Klar", sagte er und hob das Shirt vom Boden auf.

Sie setzte sich auf und zog es sofort an. Fasziniert schaute ihr Bernd zu, wie sie in sein Shirt schlüpfte.

„Danke! Jetzt habe ich wenigstens deinen Geruch, wenn du nicht da bist, mein Schatz." Sie gab ihm einen Kuss.

Am nächsten Tag war Rebecca spurlos verschwunden. Sie meldete sich nicht am Telefon und ließ nichts mehr von sich hören.

Die Hausverwaltung ließ nach ein paar Tagen das Penthaus öffnen und einige wenige Sachen in zwei Umzugsboxen verstauen, die im Keller gelagert wurden.

Neue Mieter zogen ein: ein Ehepaar mittleren Alters. Die Frau ließ grundsätzlich die Jalousien runter, wenn es Abend wurde.

Schrödl war verzweifelt.

Eine Woche verging, das Wetter war echt mies und der Herbstwind schüttelte das Laub von den Bäumen. Als Schrödl morgens ins Büro kam und alle Computer hochfuhr, klingelte das Telefon.

„ACA, Bernd Schrödl."

„Sie sind der Architekt", stellte der Mann fest. „Ich muss sofort geschäftlich mit Ihnen reden. Heute noch. Heute Morgen." Die Stimme des Mannes klang hart und besaß einen merkwürdigen Akzent, aber er sprach ein fehlerfreies Deutsch.

„Es tut mir leid, Herr …"

„Al-Ahrimi."

„Es tut mir leid, Herr Al-Ahrimi. Wir planen keine Privathäuser, sondern sind auf öffentliche Aufträge spezialisiert. Außerdem sind wir für die nächsten sechs Monate ausgebucht. Ich glaube nicht, dass wir für Sie arbeiten können."

„Sie, nur Sie, werden geschäftlich mit mir zusammenarbeiten, das versichere ich Ihnen, Herr Schrödl. Ich werde Ihnen etwas über Rebecca erzählen. In dreißig Minuten bin ich bei Ihnen." Der Mann legte auf.

Schrödl merkte, wie ihm die Farbe aus dem Gesicht wich. Während er das Telefon zurück in die Ladeschale stellte, musste er sich setzen, weil ihm schwindelig wurde. „Scheiße!", dachte er. Er wusste nicht, was dieser Al-Ahrimi von ihm wollte, aber er ahnte, dass große Probleme auf ihn zukamen.

„Scheiße, große Oberscheiße!"

Seine Kollegen waren überrascht, als Schrödl sich krankmeldete und die Computer runterfuhr.

Eine Viertelstunde später klingelte es unten am Eingang. Schrödl drückte auf den Türöffner. Es folgte der Gong, der anzeigte, dass jemand vor der Bürotür auf den Klingelknopf gedrückt hatte.

Schrödl öffnete. Vor ihm stand ein schlanker, drahtiger Mann, knapp einen Kopf größer als Schrödl es war. Er trug eine dunkle Hose und eine beige Lederjacke, darunter einen dunkelbraunen Rollkragenpulli. Die Kleidung sah teuer aus. Seine schwarzen, dichten Haare und die leicht gebräunte Hautfarbe ließen auf eine Herkunft aus dem Orient schließen.

„Ich heiße Kharim Al-Ahrimi." Der Mann übersah Schrödls ausgestreckte Hand, ging an dem erstaunten Architekten vorbei zu dessen Arbeitstisch und setzte sich in den Ledersessel, ohne dazu gebeten worden zu sein.

„Sie sollten sich besser auch setzen, Herr Schrödl", meinte er.

Es blieb Schrödl nichts anderes übrig, als sich einen der für Besucher vorgesehenen Stühle zu holen. Noch bevor Schrödl richtig saß, holte Al-Ahrimi wortlos ein Bild aus seiner Jackentasche und legte es auf den Tisch.

Schrödl schielte darauf und was er sah, verursachte ihm umgehend große Übelkeit.

„Das war Rebecca. Du hast meine Freundin gefickt und jetzt ist sie tot. Sie trägt dein Lacoste-Shirt und hat dein Sperma in sich. Wenn ich es will, bist du im Arsch, Mann."

Plötzlich rauschte es in Schrödls Kopf, er versuchte noch tief Luft zu holen, alles drehte sich und mit einem satten Plumps fiel er vom Stuhl.

„Du hältst nicht viel aus", meinte Al-Ahrimi und erhob sich. Auf der Fensterbank stand eine Gießkanne mit Blumenwasser und dieses weckte Schrödl wieder auf.

„Schau dir das genau an, Mann!" Al-Ahrimis Finger tippte auf das Bild.

Schrödl saß wieder auf dem Stuhl und versuchte seines Entsetzens Herr zu werden. Es war eindeutig Rebecca, das erkannte er, obwohl die Qualität des Bildes nicht besonders gut war. Sie lag im Gras, ihre offenen Augen starrten in den Himmel und der Schnitt im Hals verlief von einem Ohr bis zum anderen. Die Wunde war blutverkrustet und links und rechts neben ihrem Kopf schimmerten handtellergroße, rote Blutlachen. Sie trug immer noch das weinrote Lacoste-Shirt, ansonsten nichts.

„Das war ich nicht!" Mehr brachte Schrödl nicht heraus.

„Erzähl das mal den Bullen. Sie trägt dein Shirt und deine DNA findet man massenhaft an und in ihr. Du bekommst lebenslänglich, Mann."

„Warum soll ich das getan haben?", keuchte Schrödl.

„Weil sie schwanger war. Von dir. Und das Kind ist jetzt auch tot. Du hattest Angst um deine Ehe und deine Firma. Das bedeutet, dass eine besondere Schwere der Schuld festgestellt wird. Du kommst nie wieder raus, Mann. Lebenslänglich in München oder in Straubing."

Schrödl fiel zum zweiten Mal an diesem Tag in Ohnmacht und wieder weckte ihn Wasser aus der Gießkanne auf.

„Setz dich und bleib endlich sitzen, du Memme." Al-Ahrimi packte Schrödl am Jacket, zog ihn hoch und schubste ihn auf den Stuhl. „Ich kann und werde dir helfen. Kommen wir also zum Geschäft."

„Welches Geschäft?", stammelte Schrödl.

„Ich lasse sie verschwinden. Für immer. Du zahlst für meine Dienste einen angemessenen Preis und bist alle Sorgen los. Wie gefällt dir das?"

Schrödl sagte nichts, zuckte nur hilflos mit den Schultern. Über seine Wangen kullerten Tränen und er knetete seine Hände so stark, dass die Gelenke knackten.

Al-Ahrimi wartete einen Moment. „Das ist ganz einfach. Du gibst mir vierhunderttausend für meine Arbeit und hunderttausend als Ersatz für Spesen und Helfer. Das macht eine halbe Million. Das dürfte für einen erfolgreichen Jungarchitekten wie dich eine Kleinigkeit sein. Ich bekomme bis zum, sagen wir mal, kommenden Montag das Geld und du bist mich und die Leiche für alle Zeiten los. Das ist doch ein faires Geschäft. Findest du nicht auch?"

Wieder fiel Schrödl vom Stuhl. Zwei schallende Ohrfeigen weckten ihn diesmal auf und zum zweiten Mal hob ihn Al-Ahrimi hoch und verfrachtete den völlig verstörten Mann wieder auf den Stuhl.

Nach einem Moment der Stille schob Al-Ahrimi das Bild zu Schrödl rüber. „Das ist dein Exemplar, Mann. Fürs Familienalbum."

„Kann ich Ihre Handynummer haben?", war das Einzige, was Schrödl rausbekam.

Sein Gegenüber überlegte einen Moment. Dann nahm er das Bild, drehte es um und schrieb mit einem von Schrödls wasserfesten Stiften die Nummer auf die Rückseite. „Hier, für alle Fälle. Montag bekomme ich das Geld oder die Polizei findet die Leiche. Eine schöne Woche noch."

Mit den Worten verschwand der Besucher.

Es dauerte fast bis zum Mittag, bis Bernd Schrödl wieder einigermaßen klare Gedanken fassen konnte. Er rief Peter Zimmer an und erzählte ihm die Geschichte. Der wusste immer einen guten Rat.

Sein Freund hörte schweigend zu und fragte nur einmal, ob er das Bild wirklich bekommen habe.

Schrödl bejahte.

„Komm sofort her. Bring das Bild und den Stift mit, mit dem dieser Al-Ahrimi geschrieben hat. Pack ihn ganz vorne an und steck ihn in eine Plastiktüte. Ich warte auf dich."

Eine knappe Stunde später stoppte Schrödl seinen Golf vor Peters Garage in Deggendorf.

„Erzähl mir die ganze Sache noch einmal." Peter goss Kaffee in zwei Tassen und fügte Milch und Zucker hinzu. Er hörte zu, ohne Bernds Bericht zu unterbrechen.

„Zeig mir bitte das Bild", bat er ihn dann.

Bernd gab es ihm.

Bevor er das Bild berührte, streifte Peter dünne Handschuhe über. Vorsichtig nahm er es an den Ecken, ging zum Fenster und betrachtete es minutenlang, wobei er das Bild abwechselnd in alle Richtungen kippte. Anschließend klappte er den Deckel eines voluminösen Multifunktionsdruckers hoch und legte es, mit der Rückseite nach oben, auf die Glasplatte, so als wolle er es einscannen. Der Deckel wurde wieder geschlossen und Peter drückte eine Taste. Der 32-Zoll-Bildschirm erwachte zum Leben, als der Computer ein Programm startete.

Bernd beobachtete wortlos das Tun seines Freundes.

Auf dem Bildschirm war das Bild zu sehen und darunter erschien ein HTML Farben-Chart. Peter markierte mit der Maus einen Punkt auf dem Bild und in einem weißen Feld zeigte das Programm eine Nummer an: FF0002.

Der Vorgang wurde wiederholt, wobei jetzt die Maus einen Punkt auf der Wunde am Hals anklickte. Es erschien der Code 8A0810.

Peter nickte und murmelte: „Das habe ich mir doch gleich gedacht." Ein zweites Programm wurde gestartet, das das Bild einscannte und anschließend dreidimensional von der Seite her zeigte.

„Man verarscht dich, Bernd", meinte er. „Das Bild ist ein Fake. Die wollen dich abzocken."

„Wieso?" Mehr brachte Bernd nicht heraus.

„Ganz einfach." Peter rief wieder das erste Programm auf. „In HTML hat jede Farbe einen genau definierten Code. Das Blut auf der Halswunde ist 8A0810, also eine Art Braun. So ungefähr schaut geronnenes Blut nach ein paar Stunden aus. Die Blutlachen neben dem Kopf haben den Code FF0010, also Hellrot. So ungefähr sieht frisches Blut aus. Wenn das Blut der Wunde geronnen und alt ist, woher kommt dann das frische Blut neben dem Kopf? Man hat die Frau künstlerisch schön im Gras drapiert und Kunstblut neben den Kopf gegossen."

Nun folgte das zweite Programm. „Dieses Programm kann Höhen und Tiefen eines Bildes berechnen und aus einer zweidimensionalen Fläche eine dreidimensionale Struktur erstellen. Die Wunde müsste eigentlich ein Loch sein, aber sie trägt auf. Sie ist gut fünf Millimeter dicker als die Umgebung. Man hat hier mit hoher Wahrscheinlichkeit Materialien verwendet, mit denen man Leute in Erste-Hilfe-Kursen schminken kann, um bestimmte Verletzungen zu imitieren. Glaub mir, Bernd, die Frau ist putzmunter und wartet mit ihrem Kollegen darauf, dass du das Geld zahlst."

„Das gibt es doch nicht!" Bernd war fassungslos.

„Doch", Peter lächelte. „Das gibt es wohl. Du bist bestimmt nicht der Einzige, der auf die beiden reingefallen ist. Und niemand geht zur Polizei. Keiner will lebenslänglich in den Knast. Ach so. Gib mir die Handynummer von dem Typen."

„Die steht hinten auf dem Bild."

Während ein zweiter Computer hochgefahren wurde, drehte Peter das Bild um und rief gleichzeitig eine Telefonnummer an. Er wies sich mit einem Kennwort aus, verlangte eine ZMÜ, was immer das auch sein mochte, und notierte sich etwas auf einem Zettel.

Völlig verständnislos beobachtete Bernd das Geschehen.

Ein paar Befehle wurden über die Tastatur des zweiten Rechners eingegeben und dann drehte Peter den Bildschirm zu Bernd um. „Dieser Al-Ahrimi hält sich in Ingolstadt auf. Er hat heute schon dreimal die gleiche Handynummer angerufen. Ab jetzt werden alle Gespräche aufgezeichnet, die er in den nächsten sieben Tagen führen wird."

„Was machst du da eigentlich? Und was ist eine ZMÜ?"

„Ich darf es dir eigentlich nicht sagen, Bernd. Aber ich arbeite seit Ende des Studiums als verdeckter Ermittler für das Bayerische Landesamt für Verfassungsschutz. Meine Tätigkeit bei euch ist mein Deckmantel. Und ZMÜ bedeutet Zulassung für eine mobile Überwachung, die ..."

Ein typischer Handy-Klingelton erklang. Peter klickte mit der Maus ein Feld an. Nach dreimaligem Läuten antwortete eine Frauenstimme: „Ja?"

Diese Stimme erkannte Bernd sofort. Es war eindeutig Rebecca.

„Wo bist du gewesen?"

„Al-Ahrimi?", fragte Peter.

Bernd nickte.

„Beim Friseur, im Nagelstudio und Shoppen. Hast du die Wohnung?"

„Aber selbstverständlich. Sie passt genau. Das Haus liegt neben dem Verwaltungsgebäude und er kann von seinem Büro aus direkt in dein Wohnzimmer schauen. Und der Typ ist millionenschwer."

„Du bist ein Perfektionist, mein Schatz." Sie lachte. Ein Lachen, das Bernd gut kannte. „Wir sehen uns am Abend, Kharim."

„So ein Biest!" Bernd war richtig empört.

„So ein Dummkopf", kommentierte Peter. „Sag mal, du hattest doch einen Klassenkameraden, der zur Polizei gegangen ist und in Regensburg bei der Kripo arbeitet. Wie heißt der noch einmal?"

„Überreiter. Gerd Überreiter."

„Gut", sagte Peter. „Ich kontaktiere die Polizei in Regensburg und du machst genau das, was ich dir sage."

„Okay, Peter." Bernd schöpfte wieder etwas Hoffnung.

„Also, du machst Folgendes …" Peter erklärte es ihm genau.

Am Freitag rief Schrödl Al-Ahrimi an. „Ich habe das Geld zusammen. Am Montagmorgen hole ich es von der Bank ab. Sie können es in meinem Büro abholen."

„Welche Bank?"

„Commerzbank. Am Bismarckplatz."

„Du holst das Geld und fährst mit dem Auto von der Bank zu deinem Parkplatz im Hof des Hauses. Ich melde mich."

Am Montagmorgen betrat Schrödl um Punkt neun die Filiale der Commerzbank. Er trug eine Laptop-Tasche unter dem Arm, die deutlich dicker war, als er nach dreißig Minuten die Bank wieder verließ. Er stieg in sein Auto, rollte durch die Gesandtenstraße, über den Neupfarrplatz, fuhr am Dom vorbei und bog in die Wahlenstraße ein. Dort schloss er die Durchfahrt auf und steuerte den Golf auf den gemieteten Parkplatz. Plötzlich stand Al-Ahrimi hinter ihm. Er befahl: „Gib mir die Tasche mit dem Geld!"

Schrödl tat, was der Erpresser verlangte.

Der Mann mit den schwarzen Haaren ging zügig durch die Innenstadt bis zum Parkplatz am Petersweg. Mehrfach sah er sich um, aber niemand schien ihm zu folgen.

Als Al-Ahrimi in seinen Mercedes stieg, legte er die Tasche auf den Beifahrersitz, schloss die Fahrertür und schnallte sich an.

In diesem Augenblick explodierte mit einem hellen Knall eine Gaspatrone, die sich in der Tasche befand, und hüllte den Wagen von innen in eine rote Farbwolke.

Es dauerte ein paar Sekunden, bis sich der Roteingefärbte hustend und keuchend aus dem Wagen fallen ließ. Das fanden die beiden Männer in den Overalls, die wie aus dem Nichts neben dem Mercedes aufgetaucht waren, ganz praktisch. Sie bogen ihm die Hände auf den Rücken und schon klickten die Handschellen.

„Kriminalpolizei, Kriminaloberkommissar Überreiter. Ich verhafte Sie wegen Erpressung, Körperverletzung und anderer Delikte. Alles, was Sie sagen, Herr Al-Ahrimi …"

Genau zwei Stunden später klingelte es an der Wohnungstür im dritten Stock eines Wohnblocks, der genau neben dem Verwaltungsgebäude einer mittelständischen Firma aus dem Automotive-Bereich lag.

Die Frau öffnete und Bernd Schrödl lächelte sie an. „Ich freue mich, dich wiederzusehen, Rebecca."

„Was machst du denn hier, Bernd?" Ihre Stimme klang völlig fassungslos.

Zwei Männer traten aus dem Flur in die Wohnung. „Es ist schön, dass Sie zugegeben haben, Herrn Schrödl zu kennen, Frau Al-Ahrimi. Das wird unsere Arbeit erleichtern. Wir sind von der Kripo Ingolstadt und Sie sind verhaftet, Frau Al-Ahrimi."

Bernd Schrödl hatte sich schon umgedreht und ging die Treppe hinunter, während sich oben die Handschellen um schmale Gelenke schlossen. Seine Schritte wirkten schwer und zögerlich.

„Ich habe dich geliebt, Rebecca", dachte er. „Aber das ist jetzt vorbei."

Als er die Eingangstür erreichte, atmete er ein paar Mal tief durch. Dann trat er raus in den Sonnenschein. Es war ein wundervoller Herbsttag.

„Heute Abend werde ich mit Sabrina sprechen. Wir haben viel miteinander zu bereden, sehr viel zu bereden", nahm sich Bernd Schrödl vor.

Du hättest besser auf deine Frau aufpassen sollen!

Sie blicken sich in die Augen und es ist um sie geschehen. Amore a prima vista nennen es die Italiener. Aber auch die deutsche Übersetzung Liebe auf den ersten Blick beschreibt die Situation genau. Man stellt sich das sehr romantisch vor: Ein Mann und eine Frau schauen sich an und haben nur noch Augen füreinander. Sie vergessen alles um sich herum und sind nur noch für den anderen da. Alle Freunde lächeln und freuen sich. „Die hat es aber erwischt", sagen sie. Oder: „Muss Liebe schön sein!"

Fabijan kam nach den Pfingstferien 1994 in die Klasse und zog ein Gesicht, als wäre sein Urlaub völlig verregnet gewesen.

„Ist was?", wollte Lucas wissen.

„Ja, es ist was." Fabijans Stimme klang verbissen und er schaute zur Seite.

„Und was ist?"

„Muss ich dir alles sagen? Bist du meine Mama?"

So kannte ihn Lucas gar nicht. Fabijan war schließlich sein bester Freund und sie redeten normalerweise über alles.

Der Lehrer kam in die Klasse. „Morgen zusammen. Aufwachen - die Ferien sind vorbei! Setzt euch und holt den Dürrenmatt raus. Auf Seite zweiundsiebzig waren wir, soweit ich mich erinnere."

Die Klasse las Die Physiker. Die meisten Schülerinnen und Schüler fanden den Text ätzend.

In der Pause setzte sich Fabijan zu seinem Freund auf die provisorische Bank, ganz hinten bei den Bäumen. „Tut mir leid, Lucas. Aber ich habe ein echtes Problem am Hals." Die Hände zwischen den Knien verschränkt, schaute er auf den Boden, so als schäme er sich.

„Ich höre."

Ich habe der Sandra ein Kind gemacht." Jetzt war es raus. Fabijan atmete tief durch.

„Du hast die Sandra Bernsteig flachgelegt?"

Fabijan nickte. „Vor den Osterferien. Bei ihr auf der Party. Du bist nicht dabei gewesen."

„Und sie ist schwanger?"

„Ja. Habe ich doch gesagt."

Das musste Lucas erst einmal verdauen.

Die Jungen saßen da und jeder starrte vor sich auf den Boden. Zwei Zehntklässler, wie sie gegensätzlicher nicht hätten sein können: Der Deutsche, ein blonder, schlanker, drahtiger Junge, sechzehn Jahre alt und der Kroate, der schon siebzehn war, ein gutes Stück größer, ein dunkler, kräftiger, junger Mann.

Plötzlich blickte Lucas seinen Freund an. „Woher weißt du, dass du der Vater bist?", wollte er wissen. „Die ist doch mit jedem ins Bett gestiegen."

Sandra galt bei den älteren Jungen als das schärfste Mädchen des Goethe-Gymnasiums. Sie war in ihrer körperlichen Entwicklung deutlich weiter als ihre Mitschülerinnen, trug die engsten Jeans, immer Pullis mit tiefen Ausschnitten und kam als Einzige in Stöckelschuhen zur Schule. Vor allem die Jungen aus der Oberstufe waren hinter ihr her.

„Das meinst du", war Fabijans Antwort. Er drehte sich zu seinem Freund um und machte eine hilflos wirkende Armbewegung. „Alles nur dumme Sprüche. Sie war noch Jungfrau und für mich war es auch das erste Mal. Und sie ist sofort schwanger geworden."

„Und jetzt?"

Fabijan zuckte mit den Schultern. „Mein Alter hat mir kräftig in den Arsch getreten und gesagt, er wird das erledigen."

Ante Bobic, Fabijans Vater, löste das Problem auf seine Weise. Er war der Wirt des Dubrovnik, eines Balkanrestaurants am Rande der Regensburger Altstadt.

Zwei Wochen später verschwand sein Sohn in einem Internat in Zagreb und Sandra Bernsteig erhielt, als Yvonne geboren wurde, jeden Monat einen großzügigen Scheck.

Bobic' Rechtsanwalt setzte einen Vertrag auf: Fabijan Bobic erkannte das Kind als sein leibliches an und im Gegenzug verzichtete Sandra Bernsteig auf Kontakte zur Familie Bobic. Auch das Jugendamt war zufrieden, denn der Unterhaltspflicht wurde nachgekommen und es gab keine Probleme. Lucas schrieb seinem Freund noch zwei- oder dreimal, aber er bekam nie eine Antwort. Nach dem Abitur ging er zur Polizei und, als er Oberkommissar wurde, heiratete er Lea Mayerling, die auch das Goethe-Gymnasium besucht hatte.

In der Regensburger *Metro* trifft man öfter Bekannte als in einer Kneipe. Vor dem Stand mit den italienischen Weinen standen sie sich plötzlich gegenüber. Fabijan war einsneunzig groß, kräftig und trug seine schwarzen, gelockten Haare kragenlang. Neben ihm stand eine junge, hübsche Frau, die erstaunt zusah, als sich ihr Vater und der Fremde, ein schlanker, blonder Typ mit wachen, blauen Augen, einen Moment anstarrten, um sich dann urplötzlich um den Hals zu fallen und auf die Schultern zu klopfen.

„Lucas Lechner. Lass dich ansehen, Lucas! Mein Gott, wir haben uns ja ewig nicht mehr gesehen. Das muss ja fast zwanzig Jahre her sein. Das ist Yvonne, meine Tochter. Sie wird bald neunzehn." Er legte den Arm um die junge Frau.

„Es ist genau neunzehn Jahre her, Fabijan." Lucas deutete eine leichte Verbeugung an und reichte der jungen Frau die Hand. „Ich freue mich, Sie kennenzulernen, Yvonne."

Ein Hauch von Röte überzog ihr Gesicht. „Sie können ruhig du zu mir sagen."

„Prima, Yvonne. Und ich bin der Lucas."

Er wandte sich an Fabijan: „Seit wann bist du denn wieder in Regensburg?"

„Seit vier Jahren. Aber weißt du was, Lucas", meinte Fabijan. „Wir sind fast fertig mit dem Einkauf. Treffen wir uns doch in einer Stunde beim Haubensack im Café. Ich bringe schnell Yvonne und unsere Einkäufe heim und dann werde ich dort noch zwei Bäumchen kaufen. Wir trinken etwas und reden über die alten Zeiten."

„Alles klar", meinte Lucas. „Muss aber eben noch meine Frau anrufen und ihr sagen, dass ich später komme."

„Du bist verheiratet?"

„Ja, seit drei Jahren. Sie heißt Lea. Lea Mayerling. Die war eine Klasse unter uns."

Fabijan überlegte. „War das so eine hübsche, zierliche Blonde mit Pferdeschwanz und hellblauen Augen?"

„Richtig", sagte Lucas. „Sie sieht heute noch genauso aus. Du würdest sie sofort wiedererkennen. Sie ist etwas größer als mit vierzehn, aber immer noch schlank und den blonden Pferdeschwanz hat sie auch noch."

Die beiden Freunde bestellten sich Kaffee und Kuchen und genehmigten sich dazu einen großen Cognac.

„Was machst du eigentlich?", wollte Fabijan wissen.

„Ich bin bei der Polizei. Bei den Grünen. Fahre Streife, schlichte häuslichen Streit und schreibe Tickets für Falschparker. Nichts Dramatisches. Und was machst du?"

„Ich besitze das Lokal meines Vaters und habe es gut verpachtet. Außerdem bin ich im Tourismusgewerbe tätig. Ich verkaufe Urlaubsreisen, die auf die Bewohner des Balkans zugeschnitten sind. Wenn Serben nach Ägypten reisen wollen oder Kroaten auf die Kanaren, habe ich die passenden Angebote. Meine Filialen laufen wirklich gut."

„Aha." Lucas schien beeindruckt zu sein. „Scheinst gut zu verdienen. Er deutete auf Fabijans Breitling.

Der lachte nur. „Aber weißt du was?", meinte Fabijan plötzlich, „ich habe in Grass gebaut. Am Samstag ist die Einweihungsfeier. Ich lade euch ein. Yvonne und ich würden uns riesig freuen."

„Und was sagt deine Frau dazu, wenn wir einfach kommen?"

„Ich bin nicht verheiratet. Als Yvonnes Mutter vor zwei Jahren bei einem Unfall ums Leben kam, habe ich meine Tochter zu mir geholt. Am Wochenende übernimmt sie die Aufgaben der Gastgeberin."

„Am Samstag habe ich um siebzehn Uhr Dienstschluss. Ist neunzehn Uhr okay?", wollte Lucas wissen.

„Das ist okay. Wir freuen uns auf euch."

Fabijan zahlte wie selbstverständlich die Rechnung.

Für Lucas war das recht praktisch: Lea trank keinen Alkohol und wenn sie ausgingen, fuhr sie immer, sodass Lucas etwas trinken konnte, ohne befürchten zu müssen, dass ihn die Kollegen anhielten und er ins Röhrchen blasen musste.

Eine der Anordnungen des neuen Polizeipräsidenten war eindeutig gewesen: „Ich verlange mehr Alkoholkontrollen, meine Herren!"

Das Haus lag im Neubaugebiet in Grass. Es stand auf dem letzten Grundstück, ganz hinten, am Ende der Straße. Der schicke Bungalow besaß ein Pultdach mit einer durchgehenden Fensterfront nach Süden hin. Der toscanarote Anstrich und die Gestaltung des Vorgartens ließen auf einen mediterranen Geschmack des Besitzers schließen.

Mit einem großen Blumenstrauß und einer Flasche Wein bewaffnet, gingen Lea und Lucas am Haus entlang in den hinteren Teil des Gartens. Von dort hörten sie leise Musik, Reden und Gelächter. Auf dem Rasen war ein Zelt aufgebaut worden, auf einem großen Grill brutzelten leckere Sachen und zwei Männer stachen gerade ein Fass Bier an. Die Party war schon im vollen Gang.

„Ach, da seid ihr ja. Schön, dass ihr euch Zeit genommen habt."

Fabijan und Yvonne begrüßten ihre Besucher, es gab Küsschen links und rechts.

„Kommt mit, wir stellen euch den anderen Gästen vor." Yvonne hakte sich bei Lucas ein und zog ihn mit sich.

Wäre er bei seiner Frau geblieben oder hätte er sich in dem Augenblick nur umgedreht – vielleicht wäre dann alles anders gekommen.

Sie blickten sich in die Augen und es war um sie geschehen. Amore a prima vista nennen es die Italiener. Aber auch die deutsche Übersetzung Liebe auf den ersten Blick beschreibt die Situation genau.

Er hüstelte und starrte ihr in die Augen. Dieses Blau!

„Du bist also die kleine Lea aus der Neunten."

„Und du bist der große Fabijan aus der Zehnten."

„Und du bist noch hübscher als früher, Lea."

„Du bist ein richtiger Mann geworden, Fabijan."

„Ist Lucas kein richtiger Mann?"

Lea wurde rot im Gesicht. Sie antwortete ihm nicht auf diese Frage.

Zwei Wochen später packte Lea ihre Sachen und zog bei Fabijan ein. „Ich liebe ihn", war ihre einfache und ehrliche Begründung.

Lucas versuchte erst gar nicht, sie aufzuhalten.

Eine Woche später, nach langem Überlegen, rief er Fabijan an „Wie konntest du das nur tun? Wir waren doch Freunde."

Die Antwort war kurz und prägnant. „Du hättest besser auf deine Frau aufpassen sollen!" Fabijan lachte und legte auf.

Der Streifenwagen, ein VW-Bus, stand auf der Höhe des Uniklinikums. Auf der Franz-Josef-Strauß-Allee traten die Autofahrer in den Nachtstunden gerne zu stark aufs Gaspedal und auch Fahrer, die Alkohol getrunken hatten, nutzten die Straße, um vom Osten der Stadt in den Westen zu kommen.

Oberkommissar Lechner wusste sofort, wem der Wagen gehörte, den er an diesem Samstagabend, kurz vor Mitternacht, mit der Kelle zum Anhalten aufforderte. Es fahren nicht viele BMW M5 in Rot in Regensburg umher. Und nur ein M5 hat das Kennzeichen R-FB111.

„Guten Abend", sagte der Polizist höflich, aber bestimmt, als die Scheibe auf der Fahrerseite runtersurrte. Er tippte an seine Schirmmütze. „Verkehrskontrolle. Bitte den Motor abstellen und den Schlüssel auf das Armaturenbrett legen. Dann möchte ich die Papiere sehen.

Fabijan starrte in an. „Was soll denn das Theater, Lucas?" Seine Stimme klang aggressiv und sein Atem roch nach Wein. Auf dem Beifahrersitz saß Lea und sie blickte starr geradeaus.

„Mein Name ist Lechner. Oberkommissar Lechner. Es gibt keinen Grund, mich zu duzen. Bekomme ich jetzt die Papiere?"

Bobic zögerte einen Augenblick, dann zog er sie aus der Innentasche seiner Lederjacke und reichte sie durch das Fenster.

Der Oberkommissar wandte sich an seinen Kollegen, einen Polizeioberwachtmeister türkischer Herkunft, der sein dreimonatiges Berufspraktikum bei der PI Süd absolvierte. „Bitte überprüfen, Elyas. Halterfeststellung. Sind Steuern und Versicherungen gezahlt? Liegt gegen den Fahrer etwas vor?"

Der Oberwachtmeister stieg in den Streifenwagen und bediente das Funkgerät.

„Jetzt hätte ich gerne den Verbandskasten, das Warndreieck und die Betriebserlaubnis für die Felgen und die Reifen."

„Soll das ein Witz sein, Lucas?"

„Mein Name ist Lechner, für Sie Herr Lechner, und ich mache keine Witze. Sie haben gehört, was ich sehen möchte."

Fluchend stieg Bobic aus und öffnete den Kofferraumdeckel. „Da sind der Verbandskasten und das Warndreieck."

Der Oberkommissar überprüfte alles ganz genau. Es gab nichts zu beanstanden „Jetzt bitte die BE für Felgen und Reifen. Die sind nicht im Schein eingetragen, Herr Bobic."

„Die Betriebserlaubnis habe ich nicht dabei. Ich fahre morgen zum Minoritenweg und zeige sie dort vor." Bobic kochte fast vor Wut.

„Das ist eine Ordnungswidrigkeit. Das macht fünfzehn Euro."

Oberwachtmeister Elyas Ebil kam zurück. „Alles ist in Ordnung."

„Schreib ein Ticket. Fünfzehn Euro wegen fehlender BE."

„Mach ich sofort." Der Oberwachtmeister schwirrte wieder ab in den Bus.

Bobic zog drei Fünf-Euro-Scheine aus der Geldbörse. „Kann ich jetzt endlich weiterfahren?"

„Einen Moment bitte. Der Kollege kommt gleich mit der Quittung." Der Oberwachtmeister kam, reichte die Quittung durch das Fenster und erhielt die fünfzehn Euro.

„So", meinte der Oberkommissar. „Sie riechen nach Alkohol. Sind Sie mit einem Atemalkoholtest einverstanden?"

Das war nun Fabijan Bobic doch zu viel. „So ein Blödsinn! Ich habe beim Essen einen Viertelliter Wein getrunken. Mehr nicht. Und jetzt soll ich blasen? Das ist Willkür!"

„Entweder blasen Sie freiwillig oder Sie kommen mit zur Wache, wo Ihnen ein Arzt eine Blutprobe entnimmt. Also?"

„Leck mich doch, du Feuchtfurzer!", brüllte Bobic seinen ehemaligen Freund an. Er stieg wieder ein, wollte den Autoschlüssel greifen, doch Lechner war schneller und nahm diesen mit einem raschen Griff vom Armaturenbrett.

Jetzt sah Bobic rot. Mit einem Ruck stieß er die Fahrertür auf, knallte sie Lechner gegen den Bauch und stieg wieder aus. Der Polizist sprang einen Schritt zurück und sein Kollege hörte ihn kurz keuchen. Eine Autotür ist eben ziemlich hart.

Als Bobic nach Lechners linker Hand griff, in der dieser den Schlüssel hielt, reichte es dem Oberkommissar. Es war es gewohnt, beschimpft zu werden: Grüne Sau, Bullenschwein, Arschloch und Wichser waren Bezeichnungen, die ihn völlig kaltließen. Aber auf den tätlichen Angriff und den Feuchtfurzer reagierte er mit zwei harten Haken. Einen gegen die Leber und den anderen gegen das Kinn seines Kontrahenten. Der kippte um und schlug auch noch mit dem Hinterkopf auf dem Boden auf.

Ein klassischer KO.

Oberkommissar Lechner hörte seine Ex kreischen, während ihn der Oberwachtmeister in den Bus drängte. „Setzen Sie sich einfach hin, Herr Oberkommissar", flüsterte er, „ich regle das schon." Er hatte bereits sein Handy in der Hand und wählte die 112.

Als sich der Krankenwagen mit Blaulicht vom Klinikum her näherte, saß Lechner teilnahmslos im Bus und stierte auf den Boden, während Lea weinend neben dem stöhnenden Fabijan kniete und ihm immer wieder übers Gesicht strich.

Der wachte gerade wieder auf, griff sich verwirrt an den Hinterkopf und nach einem Moment des Überlegens stöhnte er: „Ich mach dich fertig!"

Wenn Vorgesetzte ihre Macht demonstrieren wollen, bleiben sie sitzen und lassen ihre Untergebenen stehen. So hielt es auch der Polizeipräsident.

„Wie konnten Sie so dumm sein und den Mann schlagen? Und das noch vor Zeugen. Sie haben sich benommen wie ein Anfänger, Herr Lechner." Der Präsident knallte die aktuelle Ausgabe der größten deutschen Boulevard-Zeitung auf den Tisch. „Schauen Sie sich das an!"

Lechner kannte die Überschrift:

Gehörnter Kommissar verprügelt im Dienst seinen Nebenbuhler

Bei der Regensburger Polizei herrschen raue Sitten …

Darunter prangte in DIN-A5-Größe sein Bild. In Uniform.

Lechner schaute zu Boden. Er schämte sich und wusste, dass jeder Erklärungsversuch nutzlos sein würde. Das war es mit der Karriere.

„Der Anwalt dieses Herrn Bobic ist heute Morgen in meinem Büro gewesen. Er hat angekündigt, Sie wegen Körperverletzung zu verklagen. Außerdem hat er gegen Sie eine Dienstaufsichtsbeschwerde eingereicht. Da kommt einiges auf Sie zu, Herr Kollege."

Der Präsident atmete tief durch, zog an seinem Hemdkragen und stöhnte. Dann goss er sich Kaffee aus einer Thermoskanne in eine Tasse. „Sie wissen, was das für Sie bedeutet, Herr Lechner?"

Der Oberkommissar nickte.

„Ich spreche ein Verbot des Führens der Dienstgeschäfte gegen Sie aus und schicke Sie in den Zwangsurlaub. Wenn die Staatsanwaltschaft ein Verfahren gegen Sie eröffnet, folgt ein Disziplinarverfahren durch das Polizeipräsidium der Oberpfalz. Sie halten sich in der Stadt auf. Wenn Sie verreisen wollen, müssen Sie ihre Dienststelle informieren. Haben Sie das mitbekommen, Herr Oberkommissar?"

Lechner nickte. Dann sagte er: „Ja, Herr Präsident." Das waren seine ersten Worte seit dem „Guten Morgen" vor einer halben Stunde.

Jetzt schlug der oberste Polizist der Oberpfalz versöhnliche Töne an. „Sie bekommen Ihr Gehalt weiter gezahlt. Nehmen Sie sich den besten Anwalt, den Sie bekommen können. Ich werde versuchen, Ihr Hinterteil zu retten. Aber versprechen kann ich es Ihnen nicht. Auf Wiedersehen."

Lucas Lechner drehte sich um und verließ wortlos das Büro des Polizeipräsidenten.

Es klingelte an der Wohnungstür. Lucas schaltete den Fernseher aus. Bei EuroSport lief das Damenländerspiel Senegal gegen Südafrika. Es war ein Qualifikationsspiel für die Damen-Fußball-Weltmeisterschaft im kommenden Jahr. Eigentlich interessierte ihn das nicht die Bohne, aber morgens um neun Uhr lief nichts Besseres. Entweder Fußball oder das ZDF-Frühstücksfernsehen.

„So weit bin ich gekommen vor lauter Langeweile", dachte er und öffnete die Wohnungstür.

Yvonne stand draußen. „Kann ich mit dir sprechen, Lucas?" Als er zögerte, meinte sie: „Bitte! Es ist wichtig, Lucas."

„Komm rein."

„Mein Vater ist ein Schwein." Die beiden saßen am Esstisch und tranken Pfefferminztee.

„Wieso?"

„Ich verabscheue ihn dafür, was er mit dir gemacht hat. Man nimmt einem Freund keine Frau weg."

„Aber dazu gehören immer zwei. Lea hätte nein sagen können."

Yvonne zögerte. „Er schmückt sich mit Frauen. Bis zu meinem siebzehnten Lebensjahr hat er sich nicht um mich gekümmert. Als meine Mutter starb, hat er mich gezwungen, in sein Haus zu ziehen, damit er nicht mehr die Wohnung zahlen musste. Wenn ich ihm nicht gehorchte, würde er sofort alle Zahlungen einstellen, hatte er erklärt. Mich stellt er überall als seine innig geliebte Tochter vor. Er will mich zum Arbeiten zwingen. Such dir eine Lehrstelle, arbeite und verdiene dein eigenes Geld. Das ist seine Meinung. Aber ich möchte studieren, habe ihn bekniet, habe gebettelt und hatte ihn fast so weit. Aber seitdem Lea im Haus ist, bin ich abgemeldet und er besteht darauf, dass ich arbeiten gehe."

„Und wie soll ich dir jetzt helfen, Yvonne?"

„Gar nicht, Lucas. Aber ich weiß genau, womit er sein Geld verdient."

„Er besitzt Reisebüros."

„Es sind ganz spezielle Reisebüros, Lucas. Er schleust Asylanten aus dem Balkan nach Deutschland ein. Von jedem dieser armen Menschen nimmt er viel Geld. Was die dann in Deutschland machen, ist ihm egal. Er bringt sie über die Grenze und die werden dann irgendwo an einem Autobahnparkplatz rausgeworfen."

Die Geschichte hatte Lechners Interesse geweckt. „Was weißt du genau?", wollte er wissen.

„Ganz viel. Ich lese heimlich seine Mails, die auf Englisch geschrieben sind. Er ahnt nicht, dass ich seine Kennwörter herausgefunden habe."

Lucas dachte einen Moment nach. Sollte er über seinen Schatten springen?

„Ich bestelle uns zwei Pizzen und im Schrank steht noch eine Flasche Rotwein. Du erzählst mir beim Essen alles ganz genau."

Yvonne überlegte nicht lange. „Gerne. Ich habe Hunger. Ich nehme eine Pizza mit Schinken und Champignons."

Sie redeten über alles Mögliche, gingen am Nachmittag spazieren und verbrachten den Abend miteinander.

Kurz vor Mitternacht rief Lucas ein Taxi, das Yvonne nach Hause brachte. Beim Abschied küssten sie sich auf die Wangen.

Lucas sah dem Taxi nach, das in der Dunkelheit verschwand. „Sie ist ein verdammt hübsches Mädchen", dachte er. „Aber sie ist achtzehn Jahre jünger als du."

Am nächsten Morgen telefonierte er mit einem Kollegen. Am Nachmittag musste er sich im Präsidium melden.

Der junge Mann sah ärmlich und halb verhungert aus. Er trug eine Baseball-Cap, eine Brille mit einem dicken, altmodischen Gestell und er hatte sich seit Tagen nicht rasiert. Die billigen, zerknitterten Jeans und die ausgebleichte Baumwolljacke hätten einer Wäsche bedurft. Seit einiger Zeit stand er an der Črnomerec, einer Straßenbahnhaltestelle an der Ilica ul., der längsten Straße Zagrebs, und schaute sich ratlos um. Die Leute, die an ihm vorbeigingen, blickten ihn missmutig an. Immer diese Ausländer. Was wollen die hier in Zagreb? Sie stehlen und betteln – das steht doch jeden Tag in den Zeitungen.

Die meisten Zagreber hatten nichts zu verschenken, denn es ging ihnen selbst nicht gut. Die hohe Arbeitslosigkeit in Kroatien und die stagnierenden Einkommen bei ständig steigenden Preisen machten es den Bewohnern der Hauptstadt nicht leicht. Jeder musste schauen, wie er durchkam.

„Paulaner Pizza Bar?", fragte der Mann. Erst ganz leise, dann immer lauter.

Schließlich erbarmte sich eine Frau, deutete auf die andere Seite der Ilica ul. und sagte: „Tamo. Dort drüben." Dann schob sie ihn in die richtige Richtung.

Der junge Mann lächelte freundlich und bedankte sich: „Sağ olun."

Die Frau zuckte mit den Schultern und eilte weiter. Sie verstand kein Türkisch.

In der Bar saß, direkt gegenüber der Eingangstür, ein kräftiger, hochgewachsener Kroate mit dunklen, gegelten, nackenlangen Haaren, der alle Eintretenden von oben bis unten musterte. Auf dem Tisch, an dem er es sich bequem gemacht hatte, standen eine große Tasse Kaffee und ein Sliwowitz.

Er winkte den jungen Mann zu sich, der sich ängstlich umblickte. „Do you speak English?"

„Yes, sir. I do."

"Where do want to go to? Germany?"

Der junge Mann nickte überschwänglich. „Kann auch etwas Deutsch sprechen. Und Türkçe natürlich."

„Sit down." Der Kroate zeigte auf einen freien Stuhl und wechselte in die deutsche Sprache. „Woher kommst du?"

„Suriye. Ich bin Suriya Türke aus Homs."

„Also syrischer Turkmene. Daher sprichst du Türkisch."

„Ja. Aber Arabisch sehr schlecht."

„Wie heißt du?"

„Yusuf. Yusuf ibn Ma'ruf aus Homs."

„Wie bist du hergekommen?"

Yusuf musste nicht lange überlegen. Er wechselte ins Englische: „Die türkischen Grenzsoldaten haben mich über die Grenze gelassen, weil ich Türkisch sprechen kann, und mich in ein Flüchtlingslager direkt hinter der Grenze gebracht. Vor dort bin ich mit dem Bus bis Istanbul gefahren. Dort ..."

„Wo genau?"

„Üsküdar am östlichen Ufer. Es war eine LKW-Werkstatt. Dort hat uns ein Türke ..."

„Wie hieß der?"

„Der Mann war dick. Wir mussten ihn Bay Orhan Pamuk nennen."

„Weiter!"

„... in den Westteil Istanbuls gebracht. Von dort sind wir in einem Container über die Grenze nach Bulgarien gekommen. In Plovdiv haben wir an einer Raststätte einen Tag Pause gemacht und sind dann im Bus durch Serbien bis hier nach Kroatien gefahren. Der Fahrer hat mir dann gesagt, ich soll heute hierherkommen."

„Was haben die Grenzsoldaten in Serbien und Kroatien mit euch gemacht?"

„Nichts. Sie haben Geld vom Fahrer bekommen."

Die Reiseroute und der Name stimmten. Yusuf musste alles mitgemacht haben, sonst hätte er nicht alles so präzise schildern können.

Der Kroate beschloss, ihm zu vertrauen. „Für fünftausend Euro bringe ich dich nach Frankfurt. Das ist der beste Platz für Syrier in Deutschland."

Yusuf ließ den Kopf sinken. „Habe nur viertausend. Mehr hat Familie nicht." Er sprach wieder Deutsch.

Der Kroate überlegte. „Gut. Viertausend bis Deutschland. Direkt hinter der Grenze steigst du aus. Klar?"

„Wann fahren?"

„Heute Abend. Dort an der Straßenbahnhaltestelle steigst du in einen weißen Mercedes Sprinter. Du kennst das Auto?"

Wieder ein eifriges Nicken. „Auto für Transport. Wie groß Kasten."

Der Kroate musste lachen. „Gute Erklärung." Er streckte die Hand aus und legte sie auf den Tisch. „Das Geld!"

Yusuf griff vorne in seine Hose und nestelte dort herum. Er schien innen eine Börse angebracht zu haben. Schließlich zog er eine Rolle mit schmutzigen Zweihundert-Euro-Scheinen heraus. Es sah aus wie viertausend Euro.

Der Kroate steckte die Rolle in die Hosentasche, ohne sie zu zählen.

„Um dreiundzwanzig Uhr. Sei pünktlich, sonst bleibst du hier. Und geh jetzt."

Ein Mann mit Frau und Kind erschien und blickte sich suchend um. Der Kroate winkte die junge Familie zu sich, während Yusuf mit gesenktem Kopf das Lokal verließ.

Die anderen Gäste kümmerte das alles nicht. Sollten sie sich einmischen, wenn ein Landsmann Geschäfte machte? Außerdem gab er regelmäßig eine Runde aus.

Der letzte Teil der langen Reise begann pünktlich. Der Fahrer verlud Yusuf, die junge Familie, sechs Iraker und fünf dunkelhäutige Männer, die irgendwo aus Afrika kamen, in den Kastenwagen. Alte, dreckige Matratzen dienten als Sitzgelegenheit und ein Eimer musste als Toilettenersatz herhalten. Jeder bekam zwei große Flaschen Wasser und ein Stangenweißbrot. Das musste bis Deutschland reichen.

Die slowenische Grenze bei Marcelj und die österreichische bei Spielfeld waren kein Problem. Der Einreise nach Deutschland, die musste geplant werden.

Am Nachmittag gab es eine längere Pause bei Micheldorf in Österreich. Der Sprinter parkte in einem kleinen Waldstück und die Insassen durften sich die Füße vertreten. Bei Anbruch der Dunkelheit fuhren sie weiter.

Kurz nach zweiundzwanzig Uhr verließ der Sprinter bei Ried im Innkreis die Autobahn. Unter der Autobahnbrücke standen ein zweiter, identischer Kastenwagen und ein großes Wohnmobil mit Frankfurter Kennzeichen, das von einer Frau gesteuert wurde.

Der Kastenwagen wurde leergeräumt und alle Sachen kamen in den Stauraum des Wohnmobils, während sich die Flüchtlinge in diesem auf den Boden legen mussten. Die beiden Sprinter fuhren im Abstand von fünf Minuten los und direkt dahinter folgte das Wohnmobil, in dem die Menschen in quälender Enge angstvoll und still verharrten.

Die Beamten, die auf der deutschen Seite die Fahrzeuge beobachteten, fielen auf den Trick rein. Sie stoppten beide Mercedes Sprinter und kontrollierten die Fahrzeuge, während das Wohnmobil unbehelligt auf der A3 in Richtung Regensburg fuhr.

Bobic folgte dem Wohnmobil in seinem BMW M5. Vor der Ausfahrt Aicha vorm Wald überholte er es und lotste es von der Autobahn. Unten, an der Staatsstraße, musste Yusuf aussteigen.

„Da hinten sind Häuser. Da ist auch ein Gasthof. Geh rein und sag ASYL. Verstanden? ASYL!"

Yusuf nickte. „I know. ASYL."

Es regnete in Strömen und der arme Kerl war schon nach kurzer Zeit nass bis auf die Knochen. Er steckte die Hände in die Hosentaschen, zog seine Schultern hoch und verschwand in der Dunkelheit.

„Geht es noch oder bist du zu müde?", fragte Bobic dann Lea.

Die hielt den Daumen hoch. „Etwas müde, doch das ist kein Problem. In einer Stunde haben wir es ja geschafft." Sie wendete und fuhr zurück auf die Autobahn. Bobic folgte ihr im gebührenden Abstand.

Als Yusuf die beiden Fahrzeuge in Richtung Autobahn verschwinden sah, holte er ein Handy aus der Innentasche seiner Jacke und wählte eine Nummer. „Sie haben mich rausgeworfen und fahren weiter. Holt mich ab."

Zwei Minuten später stoppte ein unauffälliger Audi A4 neben ihm und er stieg ein. Der Fahrer des Audi schloss schnell zu dem BMW und dem Wohnmobil auf, hielt dann genügend Abstand und sorgte dafür, dass sich immer zwei oder drei andere Fahrzeuge zwischen ihm und den Verfolgten befanden.

Ein zweiter Polizeiwagen befand sich einen Kilometer hinter ihnen.

Die Schlinge zog sich langsam zu.

Lea war müder als sie gedacht und zugegeben hatte. Als der Holzlaster vor ihr abbremste, um auf einen Parkplatz abzubiegen, reagierte sie zu spät. Ein Langholz bohrte sich ganz weit links durch die Windschutzscheibe und streifte Leas Kopf. Das Wohnmobil schlingerte und löste sich schließlich von dem Baumstamm. Es brach nach rechts aus, raste die Böschung hinunter, durchbrach Büsche und den Wildschutzzaun, geriet auf ein Feld, wo es sich in der feuchten Erde festfuhr und schließlich langsam auf die rechte Seite kippte.

Lea hörte das panische Schreien der Leute nicht mehr, die im Wohnbereich des Fahrzeugs durcheinandergewirbelt wurden. Sie war zu dem Zeitpunkt schon tot.

Bobic sah mit Entsetzen, was vor ihm passierte. Das konnte niemand überleben! Wie sollte er da helfen? Voller Panik dachte er an die mehr als eine halbe Million, die er in seinem Haus in einem Safe liegen hatte. Er musste das Geld holen und sofort zurück nach Kroatien.

Bobic gab Vollgas und beschleunigte den BMW M5 auf über zweihundertfünfzig.

Der Fahrer des A4 legte eine Vollbremsung hin und kam auf dem Seitenstreifen direkt neben der Unfallstelle zum Stehen. Sein Kollege stellte das Blaulicht aufs Dach und alarmierte die Zentrale, während Yusuf aus dem Auto sprang und zu dem umgekippten Wohnmobil hinüberlief, aus dem das entsetzte Schreien der Menschen zu hören war.

Als Bobic in der Einfahrt seines Hauses zum Stehen kam und aus dem M5 sprang, überwältigte ihn eine SEK-Einheit, die bereits auf ihn gewartet hatte.

Der Prozess fand in zweiter Instanz vor dem Landgericht Regensburg statt. Die Hauptzeugen waren der Polizeimeister Elyas Ebil, der sich als syrischer Türke Yusuf nach Deutschland hatte schleusen lassen, und Yvonne Bernsteig, die Tochter des Angeklagten.

Das Gericht verurteilte Bobic wegen gewerbsmäßigen Einschleusens von Ausländern und anderen Straftaten zu einer Freiheitsstrafe von vier Jahren und sechs Monaten. Es besaß keinen deutschen Pass und man würde ihn nach der Hälfte der Strafe nach Kroatien abschieben.

Am Ende des Prozesses gelang es Lechner, Bobic etwas zuzuflüstern: „Du hättest besser auf deine Tochter aufpassen sollen!"

Yvonne und Lucas verließen gemeinsam das Gericht. Händchen haltend – so wie es Frischverliebte tun.

Lucas Lechner ist wieder im Dienst. Er hatte ein paar Federn lassen müssen: Man hatte ihm eine empfindliche Disziplinarstrafe verpasst und in einem Zivilprozess zu einer Geldstrafe verurteilt. Aber er durfte weiter Polizist bleiben.

Barek

Als jemand an der Eingangstür klingelte, ermahnte Elfie die zehn Kinder: „Seid schön brav. Ich muss eben nachsehen, wer draußen geklingelt hat." Die vier Mädchen und sechs Jungen nickten oder blickten nur kurz auf und widmeten sich weiter dem, womit sie sich gerade beschäftigten: Tierbilder farbig ausmalen oder mit Holzklötzen eine Burg bauen. Drei Mädchen hockten im rosa Zelt und spielten mit Puppen. Ein Junge, Patrick, lag auf einer Decke unter dem Tisch, nuckelte an seinem Daumen und schien zu schlafen. Ein viertes Mädchen, Raquel, sie war an diesem Morgen zum ersten Mal in der Kita, saß schüchtern auf einem Stuhl am Tisch und schaute den anderen Kindern zu.

Es waren durchweg liebe und wohlerzogene Kinder im Alter von fünf Jahren, die die Mondgruppe in der Kindertagesstätte im Frankfurter Stadtteil Rödelheim besuchten.

Die Erzieherin Elfie Lorcher war erst vor wenigen Tagen aus Offenbach in die Kita Rödelheim gewechselt und befand sich noch in der Einarbeitungsphase.

Bevor sie hinausging, blickte sie auf die Uhr: kurz vor elf.

Draußen, vor der Eingangstür, stand ein kleiner, schlanker Mann in formeller Kleidung, den Elfie auf fünfunddreißig bis maximal vierzig schätzte. Es kam selten vor, dass Väter, die ihre Kinder abholten, in Anzug und Krawatte erschienen. Das dunkle, gewellte Haar, die braunen Augen und seine leicht getönte Hautfarbe ließen darauf schließen, dass er kein Einheimischer war.

„Ja, bitte?", fragte Elfie.

Mit einer angedeuteten Verbeugung stellte sich der Mann vor: „Hassan Barek. Ich bin der Vater von Raquel. Sie ist heute das erste Mal bei Ihnen in der Kindertagesstätte. Meine Frau hat vor einer Stunde einen Unfall gehabt und liegt jetzt im Krankenhaus. Ich möchte unsere Tochter abholen, damit sie ihre Mutter besuchen kann."

Sein Deutsch war einwandfrei und besaß aber, so glaubte Elfie heraus-zuhören, einen leichten Akzent.

„Ich hoffe, es ist nicht Schlimmes, Herr Barek."

„Sie ist auf der Treppe gestürzt und hat sich den linken Oberschenkel mehrfach gebrochen. Der Bruch muss genagelt werden und die Ärzte mei-nen, sie wird einige Tage im Krankenhaus bleiben müssen."

„Oh, das tut mir leid. Einen Moment, ich hole Ihre Tochter, Herr Barek. Sie dürfen ruhig reinkommen."

Barek betrat den Vorraum, in dem die Sachen der Kinder an Haken hingen. Die Kleidung der Mondgruppe hing links und zu jedem Haken gehörte ein Bild. So konnte jedes Kind sich seinen Haken leicht merken. Darunter stan-den, in einem flachen Regal, sauber aufgereiht die Schuhe.

„Papi, Papi!", rief Raquel, als sie ihren Vater sah, und flog regelrecht in seine Arme.

Er hob sie hoch, drehte sich mit ihr einmal im Kreis und küsste sie links und rechts auf die Wangen. „Mein Schatz. Mein lieber, kleiner Raquel-Schatz."

Die Erzieherin hatte das mit Wohlwollen beobachtet. Vater und Tochter schienen sich sehr zu mögen.

„Wir müssen beide zur Mama. Sie ist hingefallen und hat sich wehgetan. Sollen wir sie zusammen trösten?"

Raquel nickte. „Ja, Papa. Fahren wir jetzt sofort zur Mama?"

„Sofort, mein Schatz. Wo sind denn deine Sachen?"

„Dort wo der Frosch ist, Papa." Raquel zeigte ihrem Vater den Haken.

Der zog seiner Tochter Jacke und Schuhe an, nahm den kleinen, rosa Rucksack und verabschiedete sich von der Erzieherin. „Danke. Raquel kommt morgen in der Früh wieder zu Ihnen in die Gruppe. Ist acht Uhr in Ordnung?"

„Sicherlich", antwortete Elfie und winkte den beiden nach, die in einen glänzenden, neu aussehenden Mercedes stiegen.

Raquel winkte noch einmal zurück.

Als Raquels Mutter ihre Tochter um 14.30 Uhr abholen wollte, saßen ihr Ex-Mann und das Mädchen bereits hoch über den Wolken in einer Maschine der Tunisair und befanden sich auf dem Weg zum Carthage International Airport, der nordöstlich der tunesischen Hauptstadt liegt.

R. Bergmann, Ermittlungen stand auf dem Klingelschild. Nach einem Moment des Zögerns drückte Annette Barek den Klingelknopf. Der Türöffner summte sofort und sie nahm den Aufzug in den vierten Stock des älteren Bürohauses, das am Rande der Frankfurter Innenstadt lag. Rumpelnd setzte sich das altersschwache Gefährt in Bewegung und hielt schließlich im vierten Stock. Die Eingangstür zur Detektei lag genau gegenüber der Fahrstuhltür.

Klingel drücken und eintreten stand auf einem Pappschild, das in Augenhöhe auf der Tür klebte. In einem kleinen Vorraum befand sich an der linken Seite eine kleine Garderobe aus dem IKEA-Katalog, an der ein dunkler Ledermantel und ein großer, zusammengerollter Regenschirm hingen. Rechts stand ein Bücherregal an der Wand, das mit Büchern und Stapeln von Zeitschriften vollgestopft war. Annette registrierte die vielen französischen Buchtitel und mehrere Wörterbücher für Englisch, Französisch und Spanisch. Gegenüber der Eingangstür gab es zwei Türen; auf der linken klebte das Schild *Büro* und auf der rechten stand *Bad*. Beide Türen hätten dringend eines Anstrichs bedurft.

Die Bürotür öffnete sich und Rudolf Bergmann, den seine Freunde nur Rolo nannten, schaute seine Besucherin verblüfft an. Die erkannte ihn sofort, obwohl sie sich seit fünfzehn Jahren nicht mehr gesehen hatten. Einsfünfundachtzig groß, breitschultrig, anstatt des Kurzhaarschnitts trug er jetzt einen blonden Pferdeschwanz und immer noch den Soul Patch, den kleinen Unterlippenbart, der schon früher sein Markenzeichen gewesen war. Er hatte etwas zugenommen, war nicht mehr so hager wie früher, aber Annette fand, dass es ihm gut stand.

Beide sagten einen Moment nichts. Bergmann fasste sich als Erster.

„Sieh mal an, die Annette Zissmann. Du hast mir also die Mail mit der Unterschrift A. Barek geschickt. Auf dich wäre ich nie gekommen."

„Hallo Rolo. Hast du Zeit für mich? Ich benötige deine Hilfe."

Statt einer Antwort hielt er die Tür weit auf und machte eine einladende Bewegung mit dem linken Arm.

Neben dem Schreibtisch, auf dem peinliche Ordnung herrschte, und einem kleinen Tisch mit drei Sesseln befanden sich noch zwei graue Stahlschränke und ein halbhoher Tresor in Bergmanns Büro. An der Wand hingen ein großer Jahreskalender, beschriftet mit kryptischen Zeichen und zwei Urkunden: Ein Zertifikat der ZAD, der Zentralstelle für die Ausbildung im Detektivgewerbe, und eine, die bestätigte, dass Herr Rudolf Bergmann die Ausbildung zur zertifizierten Fachkraft Detektiv (IHK) erfolgreich abgeschlossen hat.

Bergmann warf die Kaffeemaschine an und stellte zwei Tassen auf den Tisch, bevor er sich zu Annette setzte.

„Schieß los, Annette. Ich bin ganz Ohr."

Die Geschichte war eigentlich ganz einfach. Vor acht Jahren hatte Annette Hassan Barek kennen gelernt, einen Marokaner, der als Banker bei der Deutschen Bank in Frankfurt arbeitete. Sie verliebte sich in den höflichen, gebildeten Mann und sie heirateten nach einem halben Jahr. Barek erwies sich als toleranter, weltoffener Muslim, dem es nichts ausmachte, zusammen mit ihrer Familie am Weihnachtsgottesdienst in einer katholischen Kirche teilzunehmen.

Annette lernte im Gegenzug seine Familie in Marokko kennen und war beeindruckt von deren Gastfreundschaft und Reichtum.

All das änderte sich plötzlich, als Raquel geboren wurde. Auf einmal sollte Annette ihre Arbeitsstelle kündigen, Kleidung tragen, die Beine und Arme bedeckte und schließlich verbot ihr Barek, ins Fitness-Studio zu gehen und auch die Damenabende mit ihren Freundinnen sollte sie aufgeben.

Annette ließ sich das nicht gefallen. Das Paar stritt sich immer öfter und schließlich war es vor einem Monat zur Scheidung gekommen.

Unglücklicherweise hatten beide Elternteile das Sorgerecht und das habe Barek ausgenutzt, um die gemeinsame Tochter aus dem Kindergarten zu entführen, berichtete Annette. Ausgemacht seien zwei Wochenenden im Monat, die Raquel bei ihrem Vater verbringen sollte, und drei komplette Wochen in den Sommerferien. Die Aktion vor zwei Tagen sei nicht abgesprochen gewesen und außerdem könne sie Barek, der sich mittlerweile selbstständig gemacht habe, weder in der Firma noch in seinem Haus und auch nicht unter seiner Handynummer erreichen.

„Ich gehe davon aus, dass er Raquel nach Marokko zu seiner Familie gebracht hat. Ich habe darum gestern bei beim 11. Polizeirevier in Rödelheim Anzeige wegen Entführung eines Kindes erstattet. Aber der Polizist meinte, die Polizei hätte nur wenige Möglichkeiten, Vater und Tochter zu finden. Ich solle einen Ermittler einschalten. Und da habe ich an dich gedacht, Rolo." Mit diesen Worten schloss Annette Barek ihren Bericht.

Bergmann hatte ihr schweigend zugehört und sich eine Menge Notizen auf einem Block gemacht. „Und ich soll Raquel jetzt suchen und sie zurückbringen?"

„Darum bitte ich dich, Rolo."

Nach einem Moment des Überlegens veränderte sich sein Gesichtsausdruck. „Warum hast du mich eigentlich damals so Knall auf Fall sitzenlassen, Annette? Wir waren seit einem halben Jahr zusammen, wir liebten uns und hatten die Nacht miteinander verbracht. Plötzlich liegt am Nachmittag dieser Brief in meinem Briefkasten, in dem du mir schreibst, dass du mit mir Schluss machst. Nur weil ich zur Polizei gegangen bin?"

„Mein Vater war Polizist und ich habe seinen Beruf gehasst. Und dann stellte ich mir vor, dass du mal genauso zynisch wirst wie er. Das konnte ich nicht ertragen. Das war der Grund, Rolo. Es gab keinen anderen."

Er lächelte. „Du hast recht gehabt. Ich habe allerdings zehn Jahre gebraucht, um zu merken, was der Beruf aus mir macht. Vor fünf Jahren bin ich ausgestiegen. Noch einen Kaffee?"

„Ja, bitte."

„Kommen wir zum Geschäft. Ich lebe von dieser Arbeit und du musst, wie jeder Klient, diese Papiere ausfüllen." Rolo erhob sich und entnahm einem Aktenordner einige Formulare. „Mein Tagessatz beträgt in Deutschland dreihundert Euro, in der EU vierhundert, wenn ich zum Beispiel nach Marokko muss, fünfhundert. Dazu kommen alle Spesen und die Steuern. Pro Kilometer stelle ich sechzig Cent in Rechnung. Die Anzahlung beträgt fünftausend, bar oder per Überweisung."

„Ist in Ordnung, Rolo. Ich kann mir das leisten." Annette öffnete ihre Handtasche und zog einen weißen Briefumschlag heraus. „Hier sind achttausend. Ich benötige keine Quittung."

„Doch, die bekommst du. Und noch eins. Jeder von uns beiden kann jederzeit den Vertrag kündigen. Ich stelle dann zwei zusätzliche Tagessätze in Rechnung und übergebe dir alle Unterlagen."

„Alles klar, Rolo."

Nachdem der Vertrag ausgefüllt worden war und Annette die Quittung erhalten hatte, meinte Rolo: „Ich benötige folgende Unterlagen und Informationen von dir: Bilder von deiner Tochter und von deinem Ex, Adressen, Telefonnummern ..."

Zum Schluss unterschrieb Annette Barek eine Erklärung in deutscher, englischer und französischer Sprache, dass er im Namen und im Auftrag von Annette Barek ermittelte.

„Ruf mich nicht an, außer dein Ex meldet sich oder die Tochter kommt zurück. Ich bin der, der sich melden wird." Er überreichte ihr ein kleines Gerät von der Größe einer Zigarettenschachtel. „Hier ist ein Aufnahmegerät für dein Telefon zu Hause. Du steckst es zwischen Telefondose und Telefon ...", er erklärte ihr den Zusammenbau, „und dann nimmt es alle Telefongespräche auf. Der Akku hält zirka zwei Wochen, dann kannst du es mit diesem Kabel an der Steckdose anschließen und es wieder aufladen."

„Das ist ja einfach. Wie ein Anrufbeantworter", sagte Annette.

Anschließend ließ sich Rolo Annettes Handy geben und programmierte ein weiteres Gerät von gleicher Größe. „Ich habe beide Geräte per Bluetooth miteinander verbunden. Jeder Anruf wird automatisch aufgezeichnet, wenn das Gerät nicht weiter als zwei bis drei Meter von deinem Handy entfernt ist. Du kannst es mit dem gleichen Kabel aufladen. Trag es bitte immer in deiner Handtasche bei dir."

Anschließend fuhren beide zum Einwohnermeldeamt und ließen die Unterschrift der Frau und eine Kopie ihres Passes beglaubigen.

Dort verabschiedete sich Annette und Rolo fuhr zurück in sein Büro.

Als Erstes rief Bergmann das 11. Polizeirevier an. Dort kannte er alle leitenden Polizeibeamten und ein guter Bekannter aus alten Tagen bestätigte ihm den Eingang der Anzeige.

Am Nachmittag fuhr er zum zuständigen Registergericht in Frankfurt und ließ sich einen Auszug aus dem Handelsregister geben. Hassan Bareks Firma hieß HB Finanzdienstleistungen Frankfurt (HBFF) und sie bestand seit drei Jahren. Auf Nachfrage teilte ihm die IHK Frankfurt mit, dass alle Beiträge pünktlich bezahlt wurden und auch die Schufa-Auskünfte waren positiv.

Dies alles bedeutete, dass es der Firma finanziell gutging.

Anschließend nahm sich der Ermittler den Internetauftritt der Firma vor. Interessant war der Hinweis auf dem Menüpunkt Home:

Während unseres Betriebsurlaubs vom 08. bis zum 31. Mai
können keine neuen Beratungstermine vergeben werden.
Alle bestehenden Aufträge werden vertragsgemäß weitergeführt.

Der Kalender zeigte den 13. Mai an. Barek hatte das Kind am Elften aus dem Kindergarten abgeholt und bereits drei Tage vorher den Betriebsurlaub begonnen. Welche Firma, die Investmentberatungen anbot, konnte sich leisten, mehr als drei Wochen lang keinen Kunden mehr zu beraten oder neu anzunehmen? Barek schien alles genau geplant zu haben und scheinbar hatte er vor, HBFF zu schließen.

Rolo Bergmann beschloss, der Firma einen Besuch abzustatten. Zuvor überwies er von seinem Privatkonto einen Euro auf das Firmenkonto, das auf der Homepage angegeben war.

Die Räume von HBFF lagen im dritten Stock eines zehnstöckigen Hauses aus den Achtzigern im Frankfurter Westend, am Rande des Bankenviertels. Als Bergmann aus dem Aufzug trat, verließ gerade eine Frau mittleren Alters das Büro und wollte die Tür hinter sich abschließen.

Als sie Bergmann sah, fragte sie: „Möchten Sie zu HBFF?"

„Richtig", sagte er. „Mein Name ist Bergmann. Herr Barek hat mir bei einem Geschäftsessen angeboten, sich um mein Vermögen zu kümmern. Kann ich ihn sprechen?"

Die Frau schüttelte den Kopf. „Herr Barek ist in Urlaub und ich weiß nicht, wann er wiederkommt." Sie wirkte sehr bedrückt.

„Können Sie mir vielleicht ein paar Informationen geben, Frau ..."

„Mecken. Inga Mecken."

„Also Frau Mecken. Ich lade Sie zum Essen ein und Sie erzählen mir, wie Herr Barek die Kundengelder anlegt. Was macht er zum Beispiel mit meinen Hunderttausend? Ich setze Sie hinterher zu Hause ab."

„Das darf ich doch nicht!" Frau Mecken schüttelte den Kopf. „Es ist mir untersagt ..." Sie überlegte einen Augenblick. „Ach, es ist doch egal. Herr Barek hat mir zum 31. Mai gekündigt. Ich habe noch Resturlaub und morgen ist mein letzter Arbeitstag."

„Wie wär es mit einem guten Italiener?", schlug Bergmann vor.

„Gerne", sagte Frau Mecken. „Aber wenn ich einen Wein trinke, müssen Sie mich tatsächlich heimbringen. Dann kann ich nicht mehr mit dem Bus fahren."

Nach dem ersten Viertel Rotwein wurde Frau Mecken gesprächig.

Am Abend schrieb Bergmann seinen Tagesbericht.

1. Erkenntnisse:

1.1 Die Entführung war gezielt für den Tag geplant, als Raquel zum ersten Mal die neue Kita besuchte. Beweis: Dauer des Betriebsurlaubs

1.2 Die Firma scheint finanziell gesund zu sein.

1.3 Der Sekretärin, Frau Mecken, wurde zum 31. Mai gekündigt.

1.4 Die Büroräume wurden zum 31. Mai gekündigt.

2. Vermutungen:

2.1 Barek hat sich mit der Tochter ins Ausland begeben, vermutlich nach Marokko.

2.2 Die Uhrzeit spielt sicherlich eine Rolle. Wenn er einen Flug genommen hat, ist er vor 14:30 Uhr geflogen, damit die Mutter keine Chance hatte, die beiden auf dem Flughafen suchen zu lassen.

3. Nächste Schritte:

3.1 Fahrt zum Frankfurter Flughafen. Feststellen, ob, wann und wohin B. und R. geflogen sind.

3.2 hinterherfliegen

Bevor Bergmann am nächsten Morgen zum Flughafen rausfuhr, checkte er sein Bankkonto. Der Betrag von einem Euro war zurückgebucht worden: *Empfängerkonto geschlossen/inaktiv* war die Angabe. „Bingo!", dachte er. „Barek schließt alles in Deutschland und verschwindet ins Ausland."

Am Flughafen Frankfurt ließ sich Bergmann an der Information die Abflüge nach Nordafrika geben. Er ging davon aus, dass Barek nicht in einem EU-Land zwischenlanden, sondern möglichst schnell und direkt Marokko erreichen wollte.

Royal Air Maroc flog jeden Tag um 17.45 Uhr, Air Algérie im 15.30 Uhr und Tunisair um 14.25 Uhr.

Flug TU745 war also schon in der Luft gewesen, als Annette ihre Tochter abholen wollte. Das passte. Und von Tunis nach Marokko gingen an jedem Tag mehrere Flüge, außerdem konnte Barek eine Nacht in einem Flughafenhotel bleiben, ohne befürchten zu müssen, dass ihn die Polizei verhaftete.

Nach kurzem Überlegen lief Bergmann rüber zum Ticketschalter von Tunisair. Dort dem Angestellten die Wahrheit zu sagen, hielt er für den besten Weg.

Er wies sich aus, legte die Legitimation vor und bat um die Information, ob Hassan Barek und seine Tochter vor drei Tagen mit der Maschine um 14.25 Uhr nach Tunis geflogen waren.

„Aus Gründen des Datenschutzes darf ich Ihnen diese Information nicht geben." Der junge Mann am Schalter blieb hart.

In der Nähe standen zwei Beamte der Bundespolizei und beobachteten den Betrieb auf Deutschlands größtem Flughafen. Bergmann ging zu ihnen hinüber und schilderte sein Problem. „Ich bin mal ein Kollege gewesen", fügte er zum Schluss noch hinzu.

Der Ältere, ein Oberkommissar, sah sich noch einmal Bergmanns Papiere an. „Hat die Mutter Anzeige erstattet?"

„Ja, auf dem Revier in Rödelheim. Ich habe die Nummer auf dem Handy gespeichert." Bergmann nahm sein Handy, wählte und reichte es dem Oberkommissar. Der unterhielt sich mit dem Schichtleiter in Rödelheim.

„Der Kollege hat Ihre Angaben bestätigt. Er sagte, Sie seien tatsächlich Polizist gewesen und meinte, Sie wären sehr seriös. Schauen wir mal, ob ich Ihnen nicht helfen kann."

Die Bundespolizisten sprachen eine Weile mit dem Angestellten am Schalter, während Bergman höflich im gebührenden Abstand wartete. Dann drehte sich ein Polizist um und zeigte auf den Schalter.

„Danke!", rief ihm Bergmann zu.

Dem jungen Mann war der Zwiespalt zwischen Pflichterfüllung und Hilfsbereitschaft deutlich anzusehen. Bergmann beschloss, es auf die elegante Weise zu lösen. „Ich weiß, dass Sie mir die gewünschte Auskunft nicht geben dürfen und ich habe Verständnis dafür. Aber würden Sie es in meinem Fall für sinnvoll halten, wenn ich morgen nach Tunis fliege?"

Jetzt lachte der Angestellte von Tunisair plötzlich. „Ich kann Ihnen wirklich empfehlen, nach Tunis zu fliegen. Da gibt es viel zu untersuchen und Sie können eine Menge unternehmen."

Bergmann zückte seine Kreditkarte. „Einen Flug nach Tunis bitte. Morgen um 14.25 Uhr.

„Das ist kein Problem", antwortete der junge Mann. „Wir haben noch Plätze frei."

Der A320 setzte am nächsten Tag pünktlich um 15.50 Uhr auf dem Flugplatz der algerischen Hauptstadt auf.

Dort verhalfen Bergmann sein fließendes Französisch und ein zusammengefalteter Einhundert-Euro-Schein zu den gewünschten Informationen. Hassan und Raquel Barek waren tatsächlich am Tag nach ihrer Ankunft um 8 Uhr morgens mit Tunisair nach Casablanca geflogen, Ankunft dort um 10.40 Uhr.

„In Casablanca war ich noch nicht", dachte sich Bergmann und buchte den gleichen Flug. Die Nacht verbrachte er im Ibis-Hotel in der Nähe des Flughafens. Ein gut gewürztes Abendessen und eine Flasche tunesischen Rotweins, der wirklich trinkbar war, ließen ihn ausgezeichnet schlafen.

Zuvor hatte er Annette Barek eine Mail geschrieben, sie über die Ermittlungen informiert und um einige Informationen gebeten.

Diese erhielt er am nächsten Morgen kurz vor dem Abflug.

Als Bergmann auf dem Mohammed V International Airport Casablanca aus dem Flugzeug stieg, erwarteten ihn fast vierzig Grad auf dem Flugplatz und er sehnte sich nach einem eiskalten Bier. Aber dafür war er zu früh am falschen Ort. Die Einreiseformalitäten verliefen zügig und vor dem Flughafen wurde er von einer Horde von Männern in den typischen Djellabas überrannt, die ihm Hotels, Taxis, Jungfrauen und Antiquitäten anpriesen.

Er entschied sich für einen neu aussehenden Peugeot, der an dem offiziellen Taxistand auf Kunden wartete.

„Fahren Sie mich zu dieser Adresse!"

Der Fahrer, ein junger Mann, erhielt den Zettel und nickte. „Die kenne ich. Ist nicht weit von hier." Sein Französisch war so gut wie das eines echten Franzosen.

Der große Gebäudekomplex, in dem die Familie von Hassan Barek wohnte, war von einer hohen Mauer umgeben und lag am Rande des Forêt de Bouskoura, einem Eukalyptuswald südlich von Casablanca. Hinter den Gebäuden befanden sich ausgedehnte landwirtschaftliche Flächen und eine Ziegelei, in der die typischen lehmfarbenen Ziegel produziert wurden.

„Soll ich oder soll ich nicht?", dachte sich Bergmann, als er gegenüber dem Anwesen das Taxi anhalten ließ. Wenn er klingelte, würde die Familie wissen, dass er Barek auf der Spur war. Sich ein Auto zu leihen und hier tagelang das Haus zu beobachten, war auch nicht ratsam. Wenn hier ein Europäer in einem Auto saß, würde sich das schnell herumsprechen.

„Einbrechen? Nachts über die Mauer steigen?", überlegte er. Er kannte die marokkanischen Gesetze nicht, aber es würde sicherlich kein Hahn nach ihm krähen, wenn man ihn in der Wüste verschwinden lassen würde.

„Schnell, Monsieur. Schnell. Steigen Sie aus und gehen Sie ins Gebüsch pinkeln. Schnell!" Der Taxifahrer riss Bergmann aus seinen Gedanken. „Da kommt jemand. Er hat eine Waffe."

Bergmann stieg aus, machte ein paar Schritte in Richtung Gebüsch. Er musste tatsächlich Wasser lassen und hörte, wie der Taxifahrer mit einem Mann auf Arabisch palaverte. Verstehen konnte er kein Wort, aber der Ton des Mannes war wenig freundlich.

Als Bergmann sich umdrehte, stand ein Mann im grünen Drillich neben der Fahrertür und blickte ihn böse an. In der Armbeuge hielt er eine doppelläufige Schrotflinte. Er machte eine Bewegung mit der Flinte und deutete dem Deutschen an, er solle ins Auto steigen.

„Verschwindet!", befahl der Bewaffnete auf Französisch.

Was die beiden auch umgehend taten.

„Der Mann war ein Wächter. Er hat gesagt, wir dürfen hier nicht parken. Wenn wir wiederkommen, ruft der General die Polizei an und lässt uns verhaften."

Einer von Bareks Verwandten war also General. Damit hatte sich die Überlegung, über die Mauer zu steigen, für Bergmann erledigt. Er musste die Sache auf eine andere Art und Weise angehen.

„Warum sprechen Sie so gut Französisch?", fragte er den Taxifahrer.

„Ich habe in Frankreich studiert und in Archäologie promoviert. Aber meine Aufenthaltsgenehmigung wurde nicht verlängert und hier finde ich keine passende Arbeit. Als Taxifahrer verdiene ich sowieso mehr als ein Archäologe."

„Wollen Sie zusätzliches Geld verdienen?", wollte Bergmann wissen.

„Sagen wir mal fünfhundert Euro."

Der Taxifahrer legte eine Vollbremsung hin. „Das verdiene ich normalerweise in vier Monaten", sagte er. „Wie viele Kamele soll ich für Sie stehlen?"

Bergmann musste laut lachen. „Keine Kamele. Ich brauche eine Information. Und zwar folgende ..." Er erzählte dem promovierten Taxifahrer nur das Notwendigste, aber das genügte, um ein breites Lächeln auf dessen Gesicht zu zaubern.

„Jetzt bringen Sie mich in ein Vier-Sterne-Hotel in der Nähe des Flughafens. Dort warte ich auf Sie."

„Kein Problem. Aber ich benötige zwei oder drei Tage. Muss viel fragen. Abends rufe ich Sie an."

Den ganzen Nachmittag verbrachte Bergmann am Pool des Hotels. Dort lernte er eine Engländerin kennen, an der Bar kam man sich schnell näher und die Nacht verbrachten sie gemeinsam. Die Dame war ziemlich anstrengend und Bergmann war froh, als sie am Nachmittag abreiste.

Am Abend rief Said, der Taxifahrer, an. „Ich weiß alles", jubelte er. „Alles."
Said erschien schon um sieben Uhr in der Früh und Bergmann lud ihn
zum Frühstück ein. Was der ihm erzählte, war erstaunlich.

„Der Mann und das Mädchen sind eine Nacht in diesem Hotel geblieben.
Hier, wo Sie auch wohnen, Monsieur. Am nächsten Tag sind sie wieder
zum Flughafen gefahren und nach Tanger geflogen. Der gleiche Fahrer,
der sie hierher gebracht hat, hat sie morgens wieder abgeholt. Er ist ein
Freund von mir und weiß, dass der Mann Hassan Barek hieß. Und …", Said
schwoll die Brust vor lauter Stolz, „Barek und das Mädchen sind in Tanger
in ein Auto von TEL, von Tanger Exclusive Limousines, gestiegen. Der Bruder meines Freund arbeitet dort und wir kennen den Namen des Fahrers.
Was sagen Sie jetzt, Monsieur?"

Said bekam die versprochenen fünfhundert Euro und einen extra Hunderter für seinen Freund.

Nach dem Frühstück packte Bergmann seine Sachen, zahlte die Rechnung
und ließ sich von Said zum Airport bringen. Eine Stunde später saß er in
einer klapprigen Turboprop-Maschine, die nach einem unruhigen Flug auf
dem Aéroport Tanger-Boukhalef landete.

Da ihm der Name des Fahrers, der Barek und seine Tochter gefahren hatte, bekannt war, war es für Bergmann ein Leichtes, den Mann zu finden.

Al-Jasa stand auf dem Namensschild, das der Fahrer des Limo-Service
an seiner grauen Uniform trug. Sein Wagen war ein blankgeputzter, wei-
ßer Mercedes der E-Klasse, das neueste Modell. Er sei frei, so bestätigte er
auf Anfrage.

„Fahren Sie mich ins Tanger Continental. Wissen Sie, wo das ist?"

„Natürlich", sagte der Fahrer. Es hörte sich an, als sei er beleidigt. „Ich
fahre hier seit zwanzig Jahren, Monsieur."

„Pardon." Bergmann hielt ihm einen Hundert-Euro-Schein und die Bilder von Barek und Raquel unter die Nase. „Vor ein paar Tagen haben Sie
die beiden gefahren. Wohin, Monsieur Al-Jasa?"

Der Fahrer warf einen kurzen Blick auf die Fotos, dann verschwand der Hunderter wie weggezaubert. „Zum Hafen, Monsieur. Der Mann wollte mit seiner Tochter auf die Fähre nach Tarifa."

Tarifa liegt in Spanien.

Bergmann verbrachte eine Nacht im Tanger Continental, einem Hotel, das schon deutlich bessere Zeiten gesehen hatte.

Am Abend buchte er einen Platz auf der Zehn-Uhr-Fähre und eineinhalb Stunden später setzte er in Tarifa seinen Fuß wieder auf europäischen Boden. Die Einreiseformalitäten für EU-Bürger erwiesen sich als unproblematisch; nach guten fünfzehn Minuten hatte er Zoll und Grenzpolizei passiert.

Vor dem Hafen warteten Taxis auf Kunden und Bergmann nahm sich das erste in der Reihe. Sein Spanisch war passabel und er fragte den Taxifahrer nach einem guten Hotel.

„Das Hotel Punta Sur ist das beste hier, Senior."

„Bringen Sie mich dorthin." Er musste dringend nachdenken und Annette anrufen.

Noch vor Mittag saß Bergmann am Pool und ließ sich einen kalten, trockenen Weißwein schmecken. Schließlich angelte er sich sein Handy und rief Annette an. Die meldete sich sofort und er berichtete ihr, was er herausgefunden hatte.

„Was machst du jetzt, Rolo?", wollte sie wissen.

„Noch keine Ahnung. Am Nachmittag schaue ich mich um und rede mit ein paar Leuten. Vielleicht …" Plötzlich schoss ein Gedanke durch seinen Kopf. „Sag mal, Annette. Hat Barek Verwandte in Spanien?"

„Nicht, dass ich wüsste. Aber …" Annette machte eine Pause und Bergmann meinte, sie förmlich überlegen zu hören. „Aber er hat Verwandte in Deutschland. Irgendwo in Bayern ist eine seiner Schwestern verheiratet. Soweit ich mich erinnere in München oder Nürnberg."

„Jetzt macht die Sache einen Sinn, Annette. Ich rufe dich morgen um die gleiche Zeit wieder an."

„Welchen Sinn?", wollte sie noch fragen, aber da hatte er schon aufgelegt.

Bergmann schnappte seine Sachen und verzog sich in den Schatten der überdachten Frühstücksterrasse. Er öffnete die Mappe mit den Unterlagen und sah sich alles noch einmal genau durch. Ihm wurde klar, welchen Sinn diese Irrfahrt hatte. Die Polizei würde sehr schnell herausfinden, dass Vater und Tochter nach Tunesien geflogen waren. Dort verloren sich ihre Spuren und die deutsche Polizei hatte kaum eine Chance, Informationen über seine Weiterreise zu bekommen. Es war zwar bekannt, dass Barek aus Casablanca stammte, aber ihn dort aufzustöbern, zumal ein Verwandter General war, erschien unmöglich. Und niemand würde auf die Idee kommen, dass die beiden weiter nach Tanger geflogen waren, die Fähre genommen hatten und zurück nach Europa gefahren waren, um über Tarifa wieder in Richtung Deutschland zu reisen.

„Aber wie kommst du nach Deutschland?", überlegte Bergmann. „Obwohl du deine Tochter entgegen der Absprache mitgenommen hast, wird deswegen kein Richter einen Haftbefehl ausstellen. Die Polizei wird die Akte nach drei oder vier Wochen mit dem Vermerk unbekannt verzogen schließen und niemand kümmert sich mehr um diesen Fall. Nur die Mutter, die weint sich die Augen aus. Und du sitzt irgendwo in Süddeutschland, betreibst weiter deine Geschäfte und erziehst deine Tochter nach deinen Vorstellungen."

Bergmann schüttete den Rest Wein ins Glas und rief den Ober zu sich. Der brachte ihm ein paar Tapas und die nächste Karaffe Weißwein.

„Fliegen wirst du nicht, weil dann dein Pass eingescannt wird. Du nimmst den Zug, läufst aber Gefahr, kurz vor der deutschen Grenze von der Bundespolizei kontrolliert zu werden, weil die nach illegal einreisenden Asylanten sucht. Also nimmst du ein Auto. Aber nicht ab hier, denn das ist zu weit. Du kombinierst Zug und Leihwagen."

Bergmann schaltete seinen Laptop ein und arbeitete sich durch das Gewirr der europäischen Zugverbindungen.

Eigentlich war es ganz einfach: von Tarifa nach Madrid, weiter nach Barcelona, von dort aus ab der französischen Grenze mit dem TGV nach Paris. In Paris steigt man um und nimmt den Zug über Saarbrücken und Stuttgart nach München.

Barek stieg aber wahrscheinlich in Metz aus und ließ sich aus Saarbrücken von einem großen Autovermieter einen vorher bestellten Leihwagen mit deutschen Kennzeichen vor den Bahnhof stellen. So reiste er mit seiner Tochter, ohne kontrolliert zu werden, nach Deutschland ein und hatte seine Spur perfekt verwischt.

„Denkt er zumindest", sagte Bergmann zu sich selbst. Auf einmal kam ihm eine Idee. „Schaden kann der Anruf nicht", dachte er.

„Ja bitte?", sagte eine Frauenstimme.

„Frau Inga Mecken?", wollte der Anrufer wissen. „Bergmann hier. Ich bin der, der Sie in der letzten Woche zum Essen beim Italiener eingeladen hat. Sicher erinnern Sie sich."

„Aber natürlich, Herr Bergmann. Es war ein schöner Abend. Aber woher wissen Sie, dass ich in der Firma bin?"

„Ich dachte mir das. Eigentlich hätten Sie ja Urlaub. Und trotzdem sind Sie im Büro?"

„Herr Barek hat mich angerufen. Er verlegt die Firma nach Bayern und ich sorge dafür, dass die Möbel verladen werden und alles abgewickelt wird. Ich bekomme ein zusätzliches Monatsgehalt dafür."

„Ach so", meinte Bergmann. „Sicherlich wird die Firma nach München verlegt."

„Nein. Nach Regensburg. Ist eine schöne Stadt. Ich bin schon einmal dort gewesen."

Nach ein paar freundlichen Worten des Danks legte Bergmann auf. Er war noch nie in Regensburg gewesen und befand, es sei an der Zeit, sich die Stadt an der Donau mal näher anzusehen.

Danach rief er Annette noch einmal an und bat sie um einen Gefallen. Die genauen Anweisungen, die sie erhielt, erstaunten sie doch sehr. Der zweite Anruf galt Hermine Mundt, seiner Sekretärin, die sich halbtags um die Finanzen, Steuern und ähnlich langweilige Sachen kümmerte.

Über das Internet buchte Bergmann einen Iberia-Flug von Málaga nach München. Am Airport Franz-Josef-Strauß reservierte er sich bei Hertz einen VW Golf mit Automatikgetriebe.

Nach einigen Recherchen entschied er sich für das Sorat Insel-Hotel in Regensburg. Die Nähe zur Altstadt, die Bilder und die guten Bewertungen von zufriedenen Kunden veranlassten ihn, dort zu buchen.

Da der Flug schon morgens um sieben Uhr ging, checkte er aus und ließ sich von einem Taxi zum Flughafen Málaga bringen, wo er sich in einem Flughafenhotel ein Zimmer nahm.

Am nächsten Morgen landete er kurz vor zehn Uhr in München. Vierzig Minuten später rollte er auf der Autobahn in Richtung Regensburg.

Während es in München nieselte, empfing die Hauptstadt der Oberpfalz Bergmann mit strahlendem Sonnenschein und einem tiefblauen Himmel, über den ein paar kleine Schäfchenwolken zogen. Sein Navi führte ihn, vorbei an der Mai-Dult, sicher zum Hotel.

Als er eincheckte, übergab ihm der Empfangschef ein Päckchen. „Das ist vorhin von einem Kurier für Sie abgegeben worden."

„Danke. Darauf habe ich schon gewartet." Ein Zehner wechselte seinen Besitzer.

Jetzt fühlte sich Bergmann sicherer. Annette hatte sich mit seiner Sekretärin getroffen, die den Schlüssel zum Waffenschrank verwaltete, und beide hatten die Waffe mit Patronen und Holster unauffällig verpackt und per Eilkurier ans Sorat geschickt. Der Waffenschein kam in die Brieftasche und die Waffe, eine kleine, handliche Walther PPS, in das Gürtelholster. Er hatte zwar beruflich noch nie mit der Waffe schießen müssen, aber man konnte ja nie wissen.

Das Hotel gefiel ihm ausgesprochen gut. Bergmann saß auf der Terrasse des Restaurants, trank einen großen Milchkaffee und überlegte seine nächsten Schritte. Wie schon vermutet, war der Name Barek nicht im Regensburger Telefonverzeichnis zu finden. Bareks Schwester war verheiratet und trug sicherlich den Nachnamen ihres Ehemanns.

Wenn Barek die Firma nach Regensburg verlegte, musste er sich in Frankfurt aus dem Handelsregister austragen und in Regensburg neu eintragen. Das ließ sich überprüfen. Bergmann öffnete seinen Laptop und rief eine Seite auf, die kommerziell Auskünfte aus Handelsregistern gab. Das ging schneller, als zum Gericht zu fahren.

Tatsächlich stellte sich heraus, dass HBFF zum 31. Mai in Frankfurt gelöscht und mit Wirkung zum 01. Juni eine Firma mit Namen Ratisbona Finanzdienstleistungen Regensburg, RFR, eingetragen worden war. Alleiniger Inhaber und Geschäftsführer war ein Barek Hassan, wohnhaft in Lappersdorf. Die Adresse war angegeben.

Im Internet fand Bergmann die gesuchten Informationen über Lappersdorf und vor allem interessierten ihn die Adressen der Lappersdorfer Kitas. Er öffnete Google Maps und suchte die Kindertagesstätte, die Bareks Adresse am nächsten gelegen war.

Am nächsten Morgen parkte Bergmann bereits vor halb sieben schräg gegenüber der Kita und beobachtete, wie die Betreuerinnen erschienen und ab sieben Uhr die Karawane der SUVs und Luxuslimousinen die kleinen Prinzessinnen und Prinzen ausspuckte. Hassan Barek bremste um zwanzig nach sieben direkt vor dem Eingang und brachte Raquel bis zur Tür. Als der Marokkaner zurück zu seinem Wagen ging, schien es Bergmann, als habe Barek das Münchner Kennzeichen seines Wagens registriert und dann prüfend zu ihm hinübergeschaut. Ahnte er etwas?

Bergmann folgte dem Mercedes, der am Stadtpark in der Tiefgarage eines neuen Bürogebäudes verschwand.

Im Internetauftritt der Firma RFR wurden folgende Bürozeiten angegeben:

Montag – Freitag 08:00 Uhr bis 12:00 Uhr und 14:00 Uhr bis 18:00 Uhr

Die Kita in Lappersdorf schloss um 17 Uhr. So ging Bergmann davon aus, dass Barek seine Tochter in der Mittagspause abholen und zu seiner Schwester bringen würde. Er beschloss, Barek mittags zu folgen und zu überprüfen, was der in der Mittagspause tat.

In der Zwischenzeit rief er Annette an, berichtete ihr von seinen Ermittlungsergebnissen und schlug ihr vor, die Polizei einzuschalten. Annette lehnte das schlichtweg ab und bestand darauf, sich mit Barek zu einigen. Sie fürchtete um das Wohlergehen ihrer Tochter. Bergmann solle ihren Ex weiter beobachten und sie am Bahnhof Regensburg abholen. Sie würde den ICE am Nachmittag des folgenden Tages nehmen und am frühen Abend ankommen.

Tatsächlich verließ der Mercedes um halb eins die Tiefgarage und, wie Bergmann vermutete hatte, fuhr Barek zur Kita nach Lappersdorf. Er beobachtete, wie der Mann seine Tochter in den Kindersitz setzte und folgte dem Wagen bis zur Rilkestraße, wo Barek in der Einfahrt des Hauses parkte, in dem er jetzt wohnte.

Raquel sprang aus dem Auto und lief zum Nachbarhaus hinüber. Dort wartete bereits eine Frau in der Eingangstür auf das Mädchen. Sie ähnelte Hassan Barek.

„Komm her, mein Schatz", rief sie.

„Hallo, Tante Fahime", antwortete das Kind und folgte Bareks Schwester in das Haus.

Als Bergmann wieder zu Barek hinüberblickte, sah er, wie der demonstrativ grinste. Aber da war es schon zu spät. Die hinteren Türen des Golfs wurden aufgerissen, blitzschnell sprangen zwei Männer in den Wagen und im gleichen Augenblick flog eine Schlinge von hinten über Bergmanns Kopf, der gegen die Nackenlehne gezogen wurde.

„Du fährst los, Mann. Aber langsam und so, wie ich es dir sage! Und lass schön beide Hände am Steuer!" Seinem Akzent nach war der Mann ein Ausländer mit arabischer Muttersprache.

„Ich hätte ein zweitüriges Auto mieten sollen", war der nutzlose Gedanke, der Bergmann durch den Kopf ging.

Der Mann hinter ihm hielt die Schlinge immer auf Zug und Bergmann merkte, wie ihm der dünne, scharfe Draht die Haut des Halses aufscheuerte und etwas warm und nass hinunterlief. Der zweite Mann lotste ihn über ein paar Feldwege auf eine Straße, auf der sie einen Ort namens Hainsacker durchquerten. Gut einen Kilometer nach dem Ort wurde ihm plötzlich befohlen, nach rechts in einen Waldweg abzubiegen.

Bergmann sah beim Abbremsen in den Rückspiegel und bemerkte einen Mercedes, der ihnen folgte. Er war der gleiche Typ, den auch Barek fuhr.

Der Wagen rumpelte über den unebenen Waldweg und schließlich, nach einer Biegung, war von der Straße nichts mehr zu sehen.

„Anhalten!", befahl der, der die Schlinge hielt. „Motor ausschalten!"

Schlagartig wurde Bergmann klar, dass man vorhatte, ihn zu töten. Wie zur Bestätigung wurde die Schlinge enger gezogen und der Mann hinter ihm sagte ganz beiläufig: „Du bist zu neugierig. Du warst schon in Casablanca zu neugierig und hier bist du es auch. Der Wächter hat uns eine genaue Beschreibung übermittelt und auch dieser dumme Taxifahrer hat uns erzählt, was du wissen wolltest. Wir mussten ihn nur energisch befragen. Sein Taxi fährt jetzt übrigens ein anderer."

Der Zweite lachte.

„Wer hat dich geschickt?" Die Schlinge wurde ruckartig angezogen und vor Bergmanns Augen tanzten kleine, schwarze Sternchen. Er fing an zu würgen, worauf die Schlinge wieder gelockert wurde.

„Die Mutter, Frau Barek. Sie möchte ihre Tochter wiederhaben."

„Jetzt werde ich dir etwas erzählen, Mann …"

Während der mit der Schlinge anfing zu reden, ließ Bergmann das Lenkrad los und seine Rechte suchte unter der Jacke nach der Pistole im Holster.

„Was macht der Arsch da?", schrie plötzlich der Zweite und beugte sich vor.

Es war seine einzige und letzte Chance, das wusste Bergmann. Der Zeigefinger seiner linken Hand fuhr unter den Draht, während er die Pistole mit Rechts nach hinten führte und dreimal durch die Rückenlehne des Wagens schoss.

Der Zug des Drahts lockerte sich augenblicklich und Bergmann ließ sich hinüber auf den Beifahrersitz fallen. Das rettete ihm das Leben. Hinten knallte es und ein heißer Schlag fuhr über seinen linken Oberarm. Noch ehe der zweite Mann seine Waffe über die Sitzlehne nach vorne führen konnte, schoss Bergmann zweimal, diesmal durch die Lehne des Beifahrersitzes. Der Krach der Schüsse ließ seine Ohren klingeln und der Pulverrauch im kleinen, abgeschlossenen Raum des Wagens verursachte ihm einen Hustenanfall. Nach ein paar hektischen Atemzügen öffnete Bergmann die Beifahrertür und kroch keuchend aus dem Auto. Hinter sich hörte er einen Motor aufheulen und er sah, wie ein Wagen auf, dem Waldweg rückwärtsfahrend, hinter einer Biegung verschwand. Es war ein Mercedes. Barek hatte seine Männer abholen wollen, nachdem sie Bergmann unschädlich gemacht hatten.

Mit der Waffe im Anschlag öffnete Bergmann die hintere Beifahrertür. Der Mann, der auf ihn geschossen hatte, hielt sich den Bauch und stöhnte leise. Der andere rührte sich nicht mehr. Sein Kopf lag neben der Kopfstütze auf der Lehne des Rücksitzes und seine Augen starrten gegen die Dachverkleidung.

Mit zitternden Fingern holte Bergmann sein Handy aus der Tasche und wählte die 110.

„Ich habe gerade aus Notwehr auf zwei Männer geschossen. Einer ist tot, der andere lebt noch. Die Koordinaten sind ...", er lief zur Fahrerseite, drehte den Zündschlüssel und las sie vom Navi ab.

Nach der Erstversorgung durch einen Notarzt, der die Schürf- und Risswunden an seinem Hals und den Streifschuss am Oberarm desinfizierte und verband, riet dieser ihm, die Wunde nähen zu lassen. Außerdem könne es sein, dass sich Reste der Kleidung in der Wunde befänden.

Bergmann wurde im Caritas-Krankenhaus St. Josef behandelt und landete anschließend in der KPI in der Bajuwarenstraße.

„Gehen wir dort hinein", sagte die junge Polizistin und hielt ihm die Tür zu einem Vernehmungsraum auf. „Setzen Sie sich bitte, Herr Bergmann."

Ein Kollege folgte und schloss die Tür hinter sich.

„Ich bin Kriminalkommissarin Jenny Andreesen und das ist mein Kollege Kriminalhauptmeister Bernhard Graf."

Beide nahmen gegenüber Bergmann Platz. „Dann erzählen Sie uns noch einmal ganz genau, was passiert ist und was Sie mit den Männern zu tun hatten."

„Haben Sie die Fahndung nach Hassan Barek eingeleitet?", wollte Bergmann als Erstes wissen. „Der ist sicher schon mit seiner Tochter unterwegs ins Ausland."

„Haben wir, Herr Bergmann. Die Fahndung läuft."

In der nächsten Stunde berichtete Bergmann von dem Auftrag und seinen Ermittlungen. Graf ging mehrmals hinaus, um zu telefonieren, während die Kommissarin sich Notizen machte und ihn nur gelegentlich unterbrach.

„Ihre Papiere sind in Ordnung, Sie besitzen einen Waffenschein und haben in Notwehr geschossen. Wir werden die Waffe wegen der kriminaltechnischen Untersuchungen noch ein paar Tage einbehalten. Sie wird dann an die Kollegen in Frankfurt geschickt und Sie können sie dort abholen ..."

Die Tür öffnete sich und Graf kam herein. „Die Kollegen von der Bundespolizei haben Barek erwischt, als er mit seiner Tochter nach Tschechien ausreiste wollte. Er war übrigens bewaffnet und hat versucht, seine Waffe auf die Polizisten zu richten. Dem Mädchen geht es gut. Sie wird bis morgen in einem Heim untergebracht und die Mutter kann sie dort abholen. Und zu Ihrer Beruhigung, Herr Bergmann, der Angeschossene ist notoperiert worden und wird mit hoher Wahrscheinlichkeit durchkommen."

Bergmann atmete tief durch.

„Wir müssen Sie aber bitten, noch zwei Tage in Regensburg zu bleiben. Der Staatsanwalt möchte mit Ihnen reden."

„Kein Problem", antwortete er. „Die Wunde muss sowieso morgen im Krankenhaus nachversorgt werden. Sie können mich jederzeit im Sorat auf dem Zimmer oder auf meinem Handy erreichen."

Die Endabrechnung lag auf dem Tisch: genau neuntausendneunhundertachtzig Euro und sechsundzwanzig Cent.

„Es ist viel Geld, Annette, aber ich habe eine Menge Auslagen gehabt. Alle Rechnungen liegen dieser Mappe." Er schob ihr einen Schnellhefter zu.

„Das ist okay, Rolo", meinte sie, ohne sich die Unterlagen anzuschauen. „Du bekommt also noch zweitausend Euro von mir. Kann ich dir die überweisen?"

Bergmann überlegte. Plötzlich wirkte er ganz verlegen. „Ich habe lange keinen Urlaub mehr gehabt, Annette. Ich würde gerne eine Woche ans Meer fahren. Darf ich dich einladen?"

Annette sah ihm tief in die Augen und schien nachzudenken.

„Aber nur wenn Raquel mitkommt", war ihre Antwort.

Jetzt bekam Bergmann rote Ohren. „Würdest du es noch einmal mit mir probieren, Annette?"

Sie lachte. „Würden wir sonst mit dir ans Meer fahren?"

Wiedervergeltung

Arib Barek, Général de division de l'Armée du Royaume du Maroc, saß in seinem Büro und las Papiere durch, die er unterschreiben musste. Zwei Tage in der Woche, immer an Sonntagen und Donnerstagen, arbeitete er zuhause, vom Anwesen seiner Familie aus, das südlich von Casablanca lag. Es klopfte. Barek las den Satz zu Ende und sagte dann „Komm rein, Khalish!"

Khalish war der einzige Sohn seiner jüngeren Schwester. Er war verantwortlich für die Sicherheit und die Security-Leute, die das Anwesen, alle dazugehörigen Felder und die Ziegelei bewachten. Wie es die Tradition der Familie verlangte, hatte der Neffe in der Armee gedient und war Oberleutnant der Reserve.

Der junge Mann schloss leise die schwere Tür hinter sich und wartete respektvoll, bis ihn sein Onkel ansprach.

„Was gibt es, mein Junge?"

„Khalo. Ich habe Neuigkeiten aus Deutschland."

Wenn sie alleine waren, sprach er den General mit Khalo, Onkel, an. In der Öffentlichkeit, vor allem wenn andere Soldaten oder hohe Beamte anwesend waren, war die Anrede „Mon Général".

„Falih, mein Cousin, ist tot. Ismail wurde schwer verletzt und liegt im Krankenhaus. Man wird ihn vor Gericht stellen. Und Hassan, Euren Bruder, hat man verhaftet. Seine Tochter ist wieder bei ihrer Mutter und es besteht keine legale Möglichkeit, sie hierher zu bringen und im richtigen Glauben zu erziehen."

„Wer hat das zu verantworten?"

„Das war dieser Deutsche."

„Der, der draußen vor dem Tor im Taxi gewesen ist?"

„Ja, Khalo."

„Warum hat der Wächter ihn nicht verhaftet?"

„Es bestand kein Grund dazu. Der Wächter berichtete, der Mann habe den Taxifahrer anhalten lassen, weil er pinkeln musste. Dann hat der Wächter ihn weggejagt."

„Das war leichtsinnig, Khalish. Der Wächter hätte dich informieren müssen. Wirf den Mann raus und stell einen neuen ein. Nimm einen Älteren, jemanden, der Soldat gewesen ist. So etwas darf nie mehr passieren, mein Junge!"

„Ja, Khalo. Es wird nicht mehr passieren!"

Sein Onkel hatte ihn, ganz beiläufig und mit ruhiger Stimme, gerügt. Das traf Khalish schwer. Er wusste, er durfte sich keinen Fehler mehr erlauben, wenn er nicht in den nächsten fünf Jahren Dienst in einem Wüstencamp in der Region Westsahara schieben wollte.

„Was sollen wir tun, Khalo?"

Der General zog eine Schublade seines Schreibtisches auf und holte ein Buch heraus, das er aufschlug. Es war der Koran. Daraus las er laut vor:

„O ihr, die ihr glaubt! Es ist euch die Wiedervergeltung vorgeschrieben für die Getöteten: der Freie für den Freien, der Sklave für den Sklaven, das Weibliche für das Weibliche. Doch wenn jemandem von seinem Bruder etwas vergeben wird, so soll der Vollzug auf geziemende Art und die Leistung ihm gegenüber auf wohltätige Weise geschehen. Dies ist eine Erleichterung von eurem Herrn und eine Barmherzigkeit. Wer nun von jetzt an (die Gesetze) übertritt, dem wird eine schmerzliche Strafe zuteil sein."

Das Wort Wiedervergeltung war vom General betont worden. „Es ist die 2. Sure, Vers 178. Kennst du den Text, Khalish?"

„Ja, Khalo."

„Dann handle, mein Junge!"

Dem mittelgroßen, hageren Mann mit dem dunklen, pockennarbigen Gesicht traute man auf den ersten Blick nichts Besonderes zu. Man unterschätzte ihn leicht und das hatte vielen seiner Gegner das Leben gekostet.

Moufid Maroush war Hauptmann bei den Forces Spéciales Marocaine und stellvertretender Leiter von einer der sieben Kommandoeinheiten der

Königlichen Marokkanischen Streitkräfte. Er sprach fließend Französisch und gut Deutsch.

„Hauptmann. Wo haben Sie Deutsch gelernt?"

„Ich war ein Jahr in Deutschland zur Ausbildung beim KSK. Die deutschen Kommandosoldaten wurden im Gegenzug von unseren Männern in der Wüste ausgebildet."

„Gut, Hauptmann Maroush. Sie werden nach Deutschland fahren und diesen Mann töten. Hier sind Ihre Unterlagen." Khalish überreichte ihm ein Kuvert mit einem Reisepass, in dem sich ein Visum für die EU befand, ein Bild und die Adresse von Rudolf Bergmann. Außerdem erhielt er einen Stapel Euro-Banknoten.

„Jawohl!" Der Hauptmann stand kurz stramm. Obwohl Khalish rangniederer war als er, handelte der Oberleutnant im Auftrag des Generals und konnte ihm Befehle erteilen.

Am nächsten Morgen flog Maroush nach Tanger und ging dort auf die Fähre nach Tarifa. Vierundzwanzig Stunden später landete er, von Málaga kommend, auf dem Flughafen München.

Manche Leute verziehen verächtlich das Gesicht, wenn sie den Namen Rimini hören. Teutonengrill, Strandnepp und Massentourismus sind ihre Argumente gegen den Urlaubsort an der italienischen Adria. Wer natürlich regelmäßig auf Bali oder in der Karibik seinen Urlaub verbringt, der kann Rimini verständlicherweise wenig abgewinnen.

Annette Barek, ihre Tochter Raquel und Rolo Bergmann liebten den Ort. Das Paar verbrachte den Tag auf Liegen am Strand und schaute Raquel zu, die im warmen, seichten Wasser badete, Löcher in den Sand schaufelte und versuchte, mit einem kleinen Netz Fische zu fangen, was ihr natürlich nie gelang.

Für Annette und Rolo war es, als wären sie nie getrennt gewesen. Wie selbstverständlich gingen sie Hand in Hand spazieren und abends, wenn das Mädchen tief und fest schlief, huschte Annette in das Zimmer, in dem Rolos Bett stand.

Raquel akzeptierte den Mann und schien sich keine Gedanken über ihren Vater zu machen, der in Regensburg im Gefängnis saß. Nur einmal fragte sie ihre Mutter, was mit Papa passiert sei. Die erzählte ihr, Papa würde nun wieder bei der Oma in Marokko wohnen.

Während die drei den letzten Tag in Rimini genossen, braute sich im Hintergrund Übles zusammen.

„Schade, dass der Urlaub schon vorbei ist", sagte Annette. „Ich könnte ohne Probleme noch eine Woche hierbleiben."

Es war Samstagabend. Sie saßen bei einer Flasche Rotwein auf dem Balkon ihres Apartments. Raquel schlief schon fest.

„Frag mich doch mal", war Rolos Antwort.

„Möchtest du noch länger bleiben?", fragte Annette.

Sie tranken ihre Gläser leer und Rolo verteilte den Rest des Weins aus der Flasche. „Ich habe da eine Idee", meinte er. „Drei Tage könnte ich noch freinehmen. Ich muss allerdings meine Sekretärin anrufen und ihr Bescheid geben. Du kennst Hermine Mundt ja."

„Sicher, Rolo. Sie wollte mir zuerst die Waffe nicht geben, die ich dir dann zugeschickt habe."

„Ich rufe sie sofort an. Wenn nichts Wichtiges vorliegt, machen wir Folgendes ..." Er griff zum Smartphone.

Es lag nichts Wichtiges vor.

Am Montagmorgen kam Frau Mundt um Punkt acht Uhr ins Büro. Sie wollte gerade am Schreibtisch Platz nehmen, da klingelte das Telefon.

„Rudolf Bergmann, Ermittlungen. Mein Name ist Mundt."

„Könnte ich bitte Herrn Bergmann sprechen?" Die Stimme des Mannes klang freundlich. Er war Ausländer, doch konnte Frau Mundt seinen Akzent nicht einordnen.

„Es ist wirklich dringend. Ich benötige seine Hilfe bei der Suche nach einem Mann, der sich in Deutschland aufhalten soll. Meine Firma hat ihren Sitz in Spanien und zahlt eine Prämie von fünftausend Euro zusätzlich zu den Spesen, wenn dieser Mann gefunden wird. Ich bin deshalb gestern von Málaga nach München geflogen."

„Herr Bergmann befindet sich noch in Urlaub."

„Kann ich seine Handynummer haben?"

„Nein. Aber ich gebe Ihnen die Nummer des Hotels, in dem er bis Mittwochmorgen wohnt. Sie können dort anrufen, sich mit dem Zimmer verbinden lassen und alles Notwendige besprechen."

„Das ist eine sehr gute Lösung, Frau Mundt. Wo befindet sich das Hotel?"

Frau Mundt sagte es ihm.

„Sag schon, wohin wir fahren, Rolo!", bettelte Annette schon zum wiederholten Mal.

„Sei doch nicht so ungeduldig, Schatz!" Bergmann lächelte sie an. Als er am Kreuz Holledau den Blinker setzte, ahnte sie, wo sie die nächsten drei Tage verbringen würden. „Wir fahren nach Regensburg, Rolo. Nicht wahr?"

„Richtig. Ich habe da in einem netten Hotel an der Donau gewohnt und die Stadt ist wirklich sehenswert. Du hast ja nicht viel von Regensburg gesehen, als du Raquel abgeholt hast."

„Eigentlich gar nichts. Abends bin ich angekommen, habe Raquel abgeholt und mit ihr im Ibis Hotel gewohnt. Am nächsten Morgen sind wir mit dem Zug nach Hause gefahren."

„Sind wir bald da?", rief Raquel, die hinten in ihrem Kindersitz saß. Sie hatte fast die ganze Zeit geschlafen.

Am späten Nachmittag saßen sie auf der Terrasse des Brandner, dem Restaurant des Sorat Insel-Hotels, und blickten zum Dom hinüber.

„Gehen wir auch in die große Kirche rein?", wollte Raquel wissen. „Die habe ich schon einmal gesehen. Aber nur von außen. Papa hat immer gesagt, da dürfen wir nicht reingehen."

Das war das erste Mal seit einer Woche, dass sie ihren Vater erwähnte.

„Morgen gehen wir in den Dom", antwortete ihr Bergmann. „Morgen schauen wir uns alles an und am Abend gehen wir in eine Pizzeria." Raquel liebte Pizza Margherita über alles.

Für Moufid Maroush war es einfach gewesen, Rudolf Bergmann zu finden. Noch an dem Sonntag, an dem er gelandet war, mietete er sich bei Hertz einen unauffälligen VW Golf und suchte sich ein Hotel in der Nähe des Flughafens. Er besorgte sich einen Satz Landkarten, machte sich mit dem Autobahnnetz vertraut und überprüfte die Entfernungen von München nach Frankfurt. Es waren gut vierhundert Kilometer bis in die Frankfurter Innenstadt, dort wo Bergmann sein Büro hatte. Das musste in fünf Stunden leicht zu schaffen sein.

Als er am Montagmorgen diese Frau Mundt angerufen hatte, konnte er sein Glück kaum fassen. Bergmann war in Regensburg und die dumme Sekretärin hatte ihm das auch noch erzählt. Leider würde Bergmann nie erfahren, wer ihm seinen Aufenthaltsort verraten hatte.

Maroush blätterte in seinen Unterlagen. Eine von General Bareks Schwestern wohnte in der Nähe von Regensburg. Er rief dort an und sie hieß ihn willkommen. Ein Blick auf die Karte, dann programmierte er das Navi und machte sich auf den Weg nach Lappersdorf.

Von Bareks Schwester, Fahime Senneberger, sie hatte den Namen ihres geschiedenen Mannes behalten, erhielt der Hauptmann notwendige Informationen und die Zusage, sich bei Bedarf bei ihr verstecken zu können.

Um fünfzehn Uhr nahm Maroush seinen Beobachtungsposten ein. Die weltbekannte Steinerne Brücke wurde renoviert, aber der Zugang von der Altstadt über die Brücke zum Hotel war möglich. Maroush stand, mit dem Rücken zum Donauarm, zwischen geparkten Autos und konnte so die Rampe zur Brücke sowie den Eingang zur Tiefgarage und zum Hotel überblicken.

Gegen zwanzig Uhr wurde sein Warten belohnt. Bergmann fuhr mit einem Passat Variant vor und ließ diese Frau, die Barek verraten hatte, und das kleine Mädchen aussteigen. Die beiden betraten das Hotel, während der Mann den Variant in die Tiefgarage fuhr. Nachdem Bergmann nicht wieder erschien, wurde seine Vermutung bestätigt, dass es einen direkten Zugang von der Tiefgarage zur Rezeption geben musste.

Maroush überlegte: Sicherlich mussten sie das Kind zu Bett bringen und würden an dem Abend das Hotel nicht mehr verlassen. Sein Plan war einfach und erfolgversprechend.

Er schaute sich noch einmal seine möglichen Fluchtwege an und dann wartete er auf eine günstige Gelegenheit. Um 20.30 Uhr folgte er einem Auto, das in die Tiefgarage einfuhr, und sah sich vorsichtig um.

Der Fahrer des Wagens stellte seinen Mercedes SUV ab und ging zum Fahrstuhl. Maroush erkannte drei Überwachungskameras: eine über der Ausfahrt, eine hinten links, deren Blickwinkel teilweise durch einen Pfeiler eingeschränkt war und eine direkt über dem Lift. Die musste er ausschalten. Mit gesenktem Kopf und hochgeschlagenem Kragen lief er zügig auf den Fahrstuhl zu und drückte den Knopf. Der kam nach unten gefahren und, als sich dessen Tür öffnete, trat er halb ein, zog die Spraydose aus der Jackentasche, sein Arm fuhr hoch und er spritzte das Objektiv mit der schwarzen Farbe zu. Die Bilder auf dem Überwachungsbildschirm an der Rezeption wurden sicherlich nicht ständig überwacht. Dazu hatten die Leute am Empfang zu viel zu tun. Für sie sah es jetzt aus, als wäre die Kamera ausgefallen.

Als das erledigt war, verließ er den Fahrstuhl wieder und stellte sich hinter den großen SUV, der auf dem ersten Parkplatz neben dem Fahrstuhl stand, und aktivierte sein Handy. Dann rief er die Rezeption an. „Ich habe gerade in den Wagen eines Gastes einen Kratzer gemacht. Ich kenne die Familie. Der Herr heißt Bergmann. Bestellen Sie ihm bitte, ich warte in der Tiefgarage auf ihn. Es ist ein dunkler VW Passat mit dem Kennzeichen ..."

Die Dame am Empfang schaute auf die Gästeliste, dann wählte sie die Zimmernummer der Bergmanns. Es fiel ihr gar nicht auf, dass sie es versäumt hatte, den Anrufer nach seinem Namen zu fragen.

Am Abend, Raquel schlief tief und fest, wollten sie noch für einen Drink an die Bar gehen. Annette befand sich im Bad und Rudolf schaute sich Nachrichten an, als das Telefon klingelte.

Es war eine Dame von der Rezeption. „Herr Bergmann. Ihnen gehört doch der dunkle VW Passat, nicht wahr?" Sie nannte das Kennzeichen.

„Ja. Ist etwas mit dem Wagen?"

„Ein Gast hat angerufen, weil er einen Kratzer an Ihrem Wagen gemacht hat. Er bittet Sie, in die Tiefgarage zu kommen, damit Sie beide das regeln können."

„Danke für den Anruf. Ich komme gleich runter." Bergmann legte auf und schnappte sich den Autoschlüssel. „Annette. Ich gehe eben runter zum Auto. Bin gleich zurück."

Im Bad dröhnte der Föhn.

Als Bergmann zum Lift kam, fuhr der gerade nach oben. Er beschloss, durch das Treppenhaus zu gehen. Auf dem letzten Absatz blieb er plötzlich stehen und überlegte: Woher wusste die Dame an der Rezeption, welches sein Auto war? Er hatte das Kennzeichen seines Wagens nicht hinterlegt. Und dass ein anderer Gast wusste, wem der Wagen gehörte, war eher unwahrscheinlich. Normalerweise wäre der Gast an die Rezeption gegangen, nachdem er einen Zettel unter den Scheibenwischer geklemmt hatte. Woher wusste der Mann in der Tiefgarage, dass ihm der Wagen gehörte?

Bei Bergmann klingelten die Alarmglocken. Er griff in die Tasche und holte sein Smartphone heraus. Der Empfang hier unten war okay und er tippte eine Kurzwahl ein.

Die Angerufene meldete sich schnell: „Mundt."

„Hermine. Ich bin es, Rolo."

„Hallo Rolo. Du hast mich von der Couch hochgescheucht. Ich hoffe, es ist wichtig!"

„Sag mal, hat dich in der letzten Woche jemand angerufen und wollte wissen, wo ich bin?"

„Ja. Da war ein Herr aus Spanien …“ Plötzlich stockte Hermine. „Ist etwas passiert? Hätte ich ihm das nicht sagen sollen?“

„Das weiß ich noch nicht, Hermine. Du hörst von mir.“ Bergmann beendete abrupt das Gespräch.

Vor Hermine Mundt lag eine schlaflose Nacht.

Während Bergmann im Treppenhaus stand und sich umsah, bemerkte die Rezeptionistin, dass eine der Überwachungskameras in der Tiefgarage ausgefallen war, was gelegentlich vorkam. Sie nahm das Funkgerät und rief den Techniker an, der sich in einem Zimmer in der dritten Etage befand. Dort funktionierte der Föhn nicht.

„Ich bin gleich fertig. Dann kümmere ich mich darum.“ Der Techniker machte einen Eintrag in sein Notizheft und schloss das neue Gerät an.

„Was mache ich jetzt?“ Bergmanns Blick fiel auf den kleinen Feuerlöscher, der in Griffhöhe, direkt neben der Tür zur Tiefgarage, in einer Halterung hing. Er nahm ihn herunter und wickelte ihn in seine Jacke ein. Dann öffnete er die Tür und betrat die Tiefgarage.

Als der Lift stoppte und sich die Tür mit einem leisen Zischen öffnete, verließ Maroush den Schatten des SUV, in dem er gewartet hatte, und ging zielstrebig auf den Fahrstuhl zu. Ein übergewichtiges Paar trat heraus. Sie waren beide dunkelhäutig.

„Typische Amerikaner“, flüsterte der Marokkaner voller Verachtung. Bergmann sah anders aus.

Maroush ließ die Leute vorbeigehen und sah ihnen nach. Sie unterhielten sich und hatten ihn gar nicht beachtet. Eine Autotür wurde entriegelt, die beiden stiegen ein und fuhren aus der Tiefgarage.

Das Geräusch einer sich öffnenden Metalltür ließ Maroush zusammenzucken. Bergmann war aus der Tür zum Treppenhaus getreten, die gleich neben dem Fahrstuhl lag.

Die Blicke der beiden Männer begegneten sich. Bergmann schaute nach oben und Maroush erkannte, dass der Mann, den er töten sollte, die Sache mit der Kamera entdeckt hatte.

Wie von selbst rutschte das Messer aus dem Ärmel in seine Hand, der Daumen drückte auf einen Knopf, die Klinge sprang heraus und wurde verriegelt. Fünfzehn Zentimeter bester Stahl, beidseitig geschliffen und scharf wie ein Rasiermesser, sind in der Hand eines geübten Kämpfers eine tödliche Waffe.

Bergmann ahnte, was der Mann vorhatte, als der den rechten Arm senkrecht nach unten hielt und eine leicht schüttelnde Bewegung mit dem Handgelenk vollführte, während er seinen linken Arm in Brusthöhe hob und die Handkante nach außen drehte. Es war eine typische Ausgangsstellung für einen Messerangriff von unten nach oben. Diese Technik hatte er während des Trainings in seinem Dōjō selbst oft genug geübt. Eine Abwehr, nur mit seinen Händen, war fast unmöglich, darüber war sich Bergmann klar und er beglückwünschte sich zu der Idee, den Feuerlöscher mitgenommen zu haben.

Der Mann mit dem Messer zögerte einen Moment, als er seinen Gegner abschätzte. Die zusammengerollte Jacke in dessen Arm irritierte ihn. Dann fuhr seine Rechte mit dem Messer von unten nach oben, zielte auf die Weichteile des Bauchs. In die würde das Messer ohne Widerstand eindringen, um sich dann nach oben zu bewegen, dabei das Bauchfell zu durchtrennen und in den Brustraum einzudringen. Eine kräftige Drehung aus dem Handgelenk und ein Ruck nach vorne, in Richtung Rippen, führten dann zu schwersten Verletzungen, an denen das Opfer innerhalb weniger Sekunden starb.

Mit einem hässlichen, metallischen Ton traf das Messer den Feuerlöscher, rutschte an der Unterseite entlang und Bergmann merkte, wie die Schneide seinen linken Unterarm vom Handgelenk bis zum Ellenbogen aufschlitzte. Sein Gegner riss erstaunt die Augen auf, zog den Arm zurück und beugte den Oberkörper nach hinten. Er bleckte seine braunen Zähne und bereitete einen zweiten Angriff vor. Dieses Mal wollte er in Hüfthöhe zustoßen. Ein kurzes Zusammenziehen seiner Augen verriet ihn. Bergmann schwang den Feuerlöscher mit aller Kraft von unten nach oben und traf das rechte Handgelenk, das mit einem dumpfen Knirschen brach. Das Messer flog in hohem Bogen davon und schepperte irgendwo gegen ein Auto.

Die Kontrahenten starrten sich einen Moment in die Augen. Langsam ging der Pockennarbige einige Schritte rückwärts, während er etwas murmelte.

„Spar dir das. Ich verstehe kein Arabisch!" zischte Bergmann.

Der Araber drehte sich um und rannte hinaus.

Jetzt blickte Bergmann auf den linken Unterarm, aus dem das Blut rhythmisch spritzte. „Ich muss die Blutung stillen", dachte er und wickelte die Jacke mit aller Kraft um den Arm, der sich taub und kalt anfühlte. Ihm war klar, er brauchte Hilfe. Und zwar sofort.

Während er den Arm fest gegen seine Brust presste, hastete er die Treppe zur Rezeption hinauf. Mit Links öffnete er die Tür und rief laut: „Hallo!"

Die beiden Damen am Empfang sprachen gerade mit einem Mann in Arbeitskleidung, der einen Werkzeugkasten in der Hand trug. Die drei drehten sich zu ihm und starrten ihn voll Entsetzen an. Eine junge Frau, die neben dem Empfang auf einem Sessel saß, fing an zu schreien.

„Ich brauche sofort einen Arzt!", sagte Bergmann ganz ruhig. Dann fiel er um.

Langsam kehrten seine Sinne zurück. Er identifizierte Desinfektionsmittel und den Geruch frischer Wäsche. Jetzt erkannte er, dass er in einem Bett lag. Neben ihm raschelte es und jemand schob etwas über den Boden. Bergmann drehte den Kopf und sah nach dem Geräusch. Eine Frau in Weiß stand neben ihm und schaute auf einen Monitor.

„Na, sind Sie endlich wach?", fragte sie fröhlich.

„Was ist passiert?", wollte er wissen.

„Ich bin Schwester Julia. Sie sind in der Uniklinik. Man hat in der Nacht Ihren Arm zusammengeflickt. Die OP hat drei Stunden gedauert und Sie haben alles verschlafen."

Bergmann schielte nach unten. Sein rechter Arm war bis oben bandagiert und ließ sich nicht bewegen. In seiner linken Hand steckte eine mit Pflastern gesicherte Kanüle, in die ein dünner Schlauch führte. Darüber hingen an einem Metallständer zwei Infusionsflaschen, deren Inhalte durch den Schlauch in seinen Arm liefen.

„Wie spät ist es?", wollte er wissen.

„Neun Uhr", antwortete ihm Schwester Julia. „Wir haben Dienstagmorgen. Haben Sie Schmerzen, Herr Bergmann?"

Der schüttelte den Kopf. „Nein. Aber Durst."

Nachdem er aus einer Schnabeltasse einen dünnen Tee getrunken hatte, schlief er wieder ein.

Bergmann wurde wach, als jemand anklopfte und die Tür zu seinem Krankenzimmer geöffnet wurde. Zwei Personen traten ein. Zu seiner Enttäuschung waren es nicht Annette und Raquel. Doch kamen ihm die beiden Besucher irgendwie bekannt vor.

„Erinnern Sie sich an uns, Herr Bergmann?", wollte die Frau wissen. „Ich bin Kriminalkommissarin Andreesen und dass ist mein Kollege, Kriminalhauptmeister Graf."

Jetzt fiel es ihm ein. „Sie haben mich nach der Schießerei vernommen."

„Das stimmt", meinte die Kriminalkommissarin. „Sie machen uns vielleicht Arbeit, Herr Bergmann. Aber jetzt erzählen Sie uns bitte genau, was da in der Tiefgarage des Sorat passiert ist."

Bergmann erzählte es ihnen.

Kurz nach Mittag kam der Besuch, auf den er schon die ganze Zeit gewartet hatte: seine beiden Mädchen.

Annette streichelte seine Wangen und weinte ein wenig, während Raquel interessiert die medizinischen Geräte betrachtete. Der eingegipste

Arm imponierte ihr mächtig. Sie durfte sogar ein Herzchen auf den Verband malen.

Mit „Morgen können wir nach Hause fahren" tröstete Bergmann seine Freundin.

Zwei Stunden später stürmte ein Einsatzkommando das kleine Einfamilienhaus in der Rilkestraße in Lappersdorf. Die Bewohnerin, Fahime Senneberger, verneinte vehement die Frage, ob sie Besuch von einem arabisch sprechenden Mann gehabt habe. Auch die Nachbarn hatten nichts gesehen.

Wieso Frau Senneberger Plastikverpackungen von Verbandsmaterial im Mülleimer liegen hatte, konnte oder wollte sie nicht erklären.

Der Wagen, den Maroush gemietet hatte, wurde eine Woche später in der Nähe von Lyon gefunden.

Der Gesuchte war wie vom Erdboden verschwunden.

Der LKW im Wüsten-Tarnanstrich stoppte kurz vor Mitternacht am Fuß einer Sanddüne. Fahrer und Beifahrer stiegen aus und öffneten die Heckklappe. Von innen knöpfte jemand die Plane auf.

„Aussteigen!", befahl der Beifahrer, ein Major der Armee.

Vier Bewaffnete stießen einen Gefesselten von der Ladefläche und stellten ihn vor die Düne, nur zehn Meter vom LKW entfernt. Dann traten sie zurück.

Der Major schaltete seine Stirnlampe an, entnahm der Brusttasche ein Schreiben und las laut vor: „Hauptmann Moufid Maroush. Sie haben den Befehl Ihres Kommandierenden Generals nicht ausgeführt und Schande über Ihre Kommandoeinheit gebracht, der Sie angehörten. Das Gericht der Königlichen Marokkanischen Streitkräfte hat folgendes Urteil gefällt. Erstens. Sie werden aus der Kommandoeinheit ausgestoßen. Zweitens. Sie werden vom Hauptmann zum einfachen Soldaten degradiert. Drittens. Sie werden zum Tod durch Erschießen verurteilt. Das Urteil wird sofort vollstreckt."

Der Major machte eine kleine Pause. „Haben Sie noch etwas zu sagen, Soldat?"

„Ich möchte keine Haube übergezogen bekommen", war die Antwort des Todeskandidaten.

„Peloton stillgestanden!", kommandierte der Major. Für einen Augenblick standen die vier Soldaten stramm.

„Peloton rührt euch! Gewehre durchladen!"

Maroush hörte das typische Geräusch, als die Patronen ins Patronenlager repetiert wurden.

„Gewehre anlegen!"

Gleichmütig starrte Maroush in die Läufe der vier Gewehre, die er im hellen Mondlicht gut erkennen konnte.

„Feuer!"

Das Letzte, war Maroush fühlte, war ein Schlag gegen die Brust und dann war es vorbei.

Die Soldaten entluden ihre Waffen und hoben die leeren Hülsen auf.

„Lasst ihn da liegen. Das ist eine Arbeit für die Geier", befahl der Major. Er zog eine Pistole, ging zu dem Toten und schoss ihm in den Kopf. „Sicher ist sicher!", dachte er.

„Aufsitzen!", befahl er dann.

Eine Viertelstunde später verlor sich das Brummen des LKW-Motors in der Weite der marokkanischen Wüste.

Du stirbst jetzt!

„Pass auf, dass du nicht in das Rentnerloch fällst, Werner", und „Was machst du nun den ganzen Tag?", waren typische Bemerkungen, die ihm Kollegen mit auf den Weg in seinen Ruhestand gaben, als er endlich mit dreiundsechzig seinen Schreibtisch bei der AOK in der Bruderwöhrdstraße leerräumen durfte. Die Sekretärin fragte sogar, ob es ihm wirklich nicht langweilig werden würde.

Werner Schwendner fiel weder in ein tiefes Loch, noch war ihm langweilig. Endlich durfte er jeden Morgen bis acht Uhr schlafen, danach stand das Frühstück auf dem Tisch und er und seine Frau lasen in aller Ruhe die Zeitung. Am späten Morgen gab es immer etwas zu tun: Im Garten arbeiten, am Haus etwas streichen oder reparieren. An Regentagen saß Schwendner vor dem Computer und recherchierte akribisch für den nächsten Urlaub. Im Herbst sollte es nach Portugal gehen.

An schönen Nachmittagen ging das Paar spazieren, fuhr zum Einkaufen oder, bei schlechtem Wetter, renovierten beide in aller Ruhe einen Raum nach dem anderen. Nur nichts überstürzen. Das war die Maxime der Schwendners.

Aber das Allerschönste am Rentnerdasein war der Mittagsschlaf. Nach dem Mittagessen und einem Kaffee legte sich Schwendner auf die Couch, schlief sofort ein und wachte nach einer Dreiviertelstunde erfrischt und ausgeruht wieder auf. Dabei träumte er meistens von der drallen Nachbarsfrau, die ihm immer so freundlich zuwinkte, wenn er in seinem Garten arbeitete. Deren Mann war regelmäßig für seine Firma im Ausland unterwegs und kam oft wochenlang nicht nach Hause. Schwendner überlegte schon die ganze Zeit, wie er es seiner Frau schmackhaft machen sollte, dass sie eine Woche alleine in einer dieser Wellnessoasen im Bayerischen Wald verbrachte. Vielleicht sollte er ihr die Wellnesswoche einfach zum Geburtstag schenken?

Heute erwachte er aus einem Albtraum und fuhr schweißgebadet hoch. Eine dunkle, gesichtslose Gestalt hatte ihn mit ihren pechschwarzen Augen angestarrt, ihm mit einem knochigen Finger auf die Brust getippt und mit tiefer, hallender Stimme gesagt:

„Du stirbst jetzt!"

Nun saß Schwendner auf der Couch, merkte, wie ihm der Schweiß von der Stirn tropfte und zitterte vor Kälte, obwohl es draußen fünfundzwanzig Grad warm war.

„Das war ein Traum, ein Blödsinn", murmelte er.

Gertie, seine Frau, kam aus der Küche. „Komm, Werner, zieh dich an. Wir gehen spazieren. An der Donau weht sicher ein erfrischender Wind."

Seufzend erhob sich Schwendner und schleppte sich ins Bad. Er beschloss, seiner Frau nichts von dem Albtraum zu erzählen.

Das Unglück geschah direkt vor ihren Augen. Der kleine Junge riss sich von der Mutter los, lief lachend rückwärts und fiel von der Kaimauer unterhalb der Schleuse direkt in die Donau. Die Mauer ist dort rund drei Meter hoch und es platschte laut, als das Kind auf die Wasseroberfläche aufschlug.

„Hilfe!", schrie die Mutter gellend und rannte auf Schwendner zu. Sie riss so stark an seinem Hemd, dass einige Knöpfe davonsprangen. „Helfen Sie meinem Jungen! Er ertrinkt! Ich kann doch nicht schwimmen."

„Spring hinterher, Werner!", brüllte ihn jetzt seine Frau an. „Du kannst doch so gut schwimmen, Werner. Gib mir die Jacke und spring!"

Schwendner starrte in die dunkle Brühe dort unten, in der gerade ein kleiner Junge mit weit aufgerissenem Mund lautlos unterging. Er schüttelte seinen Kopf. „Es ist zu gefährlich, Gertie. Es tut mir leid. Ich könnte auch ertrinken."

Er sah diese dunkle, gesichtslose Gestalt vor seinen Augen und hörte diese fürchterliche Stimme ihm den Tod prophezeien.

„Es ist zu gefährlich, Gertie!", wiederholte er leise.

Jemand hatte DLRG, Polizei und den Rettungswagen alarmiert. Aber die kamen zu spät. Als man den Jungen nach einer Stunde unterhalb des sogenannten Grieser Spitz' fand, war er tot. Ertrunken.

Die Polizei nahm Schwendners Aussage auf und der Polizist schaute den Rentner verächtlich an, als der mehrfach wiederholte: „Ich habe mich nicht getraut, in die Donau zu springen."

Am folgenden Tag wurde dem Tod des kleinen Jungen in der MZ eine ganze Seite gewidmet. Auch der Hinweis, dass ein Augenzeuge sich nicht getraut hatte, den Jungen zu retten, fehlte nicht. Sogar ein Bild von Schwendner war abgedruckt, doch hatte man sein Gesicht unkenntlich gemacht.

Kurz vor Mittag, Gertie stand in der Küche und briet Fleischpflanzerl, klingelte es an der Haustür. Schwendner öffnete. Ein Mann, deutlich jünger als er selbst, stand draußen, starrte den Hausherrn an.

„Sind Sie Werner Schwendner?"

„Ja. Was wollen Sie?"

„Sie hätten meinen Sohn retten können", flüsterte der Mann. „Wenn Sie nicht so feige gewesen wären."

Noch ehe Schwendner reagieren konnte, blickte er in den Lauf einer Pistole.

„Du stirbst jetzt auch!", stieß der Mann hervor.

Ein kleiner, heller Blitz, vorne am Lauf der Waffe, war das Letzte, was Schwendner in seinem Leben sah.

Den Knall hörte er schon nicht mehr.

Vernehmungen

Es sind nur drei Zahlen: eins eins null. Wer die wählt, benötigt Hilfe, möchte anderen helfen oder der Polizei etwas melden..

Es war exakt 23.30 Uhr, als ein Mann die einhundertzehn von seinem Wohnzimmer aus anwählte.

„Einsatzzentrale Polizeipräsidium Oberpfalz". Mit diesen Worten meldete sich der Beamte in der Regensburger Bajuwarenstraße.

„Ich habe gerade mit meinem Gewehr Elvira erschossen", sagte der Anrufer. „Das ist meine Frau. Sie wollte es so."

Die Telefonnummer, die auf dem Display vor dem Beamten erschien, war eine Regensburger Nummer. Er drückte eine rote Taste und winkte einem Kollegen zu, der den Standort des Telefons identifizierte: Konradsiedlung, Metzer Straße. Eine Karte des Stadtteils erschien auf einem Bildschirm vor dem Beamten am Telefon und ein roter, blinkender Punkt zeigte den Standort des Anrufers an.

„Wie ist Ihr Name bitte?"

„Sepp Oberleithner. Ich meine Josef Oberleithner."

„Herr Oberleithner, wissen Sie, dass es strafbar ist, den Polizeinotruf grundlos anzuwählen?"

„Das weiß ich. Aber ich muss Ihnen doch mitteilen, dass ich meine Frau erschossen habe."

„Wenn Sie das wirklich getan haben, Herr Oberleithner, ist es richtig, dass Sie hier anrufen. Ich sehe auf meinem Bildschirm, dass Sie in der Metzer Straße wohnen. Jetzt benötige ich folgende Angaben von Ihnen: Wo befindet sich Ihre Frau? Wo sind Sie im Moment, wo ist die Waffe und befinden sich weitere Personen in Ihrem Haus?"

„Das Gewehr steht im Wohnzimmer." Oberleithner schwieg einen Moment. „Wenn jetzt ein Streifenwagen kommt, werden die Polizisten auf mich schießen?"

„Nein, Herr Oberleithner. Wenn Sie genau das tun, was ich Ihnen sage, wird Ihnen nichts passieren."

„Was soll ich denn machen?"

„Sie schalten das Licht vor der Haustür ein, öffnen die Haustür und stellen sich bitte unter die Lampe, damit die Kollegen Sie sehen können. Auf keinen Fall, hören Sie, AUF KEINEN FALL, dürfen Sie die Waffe in der Hand haben!"

„Ja. Ich werde mich an alles halten."

„Ist außer Ihnen noch jemand im Haus? Das müssen wir wissen."

„Nein. Ich bin alleine. Nur meine tote Frau liegt im Schlafzimmer. Ich gehe jetzt vor an die Haustür."

Während Oberleithner auflegte, schaute Polizeioberkommissar Mayr zu seinem Kollegen Rufus Hüblinger rüber.

Der hielt zwei Finger hoch. „Zwei Streifenwagen und der Notarzt sind unterwegs. Die Kollegen müssten innerhalb von zwei Minuten vor Ort sein."

„Danke, Rufus. Ruf den KDD an. Die sollen zur Spurensuche ausrücken."

„Schon geschehen."

Als die beiden Streifenwagen gleichzeitig vor dem Haus abbremsten, stand ein älterer, hagerer Herr, mit einem Trainingsanzug und Gummilatschen bekleidet, vor der Eingangstür. Er trug keine Socken, hatte seine Hände in die Hosentaschen gesteckt und blickte den Polizisten freundlich entgegen.

„Sie waren aber schnell da", bemerkte er anerkennend.

Zwei Polizisten tasteten ihn ab. Er war sauber und trug keine gefährlichen Gegenstände am Körper. Oberleithner wurde auf die Rückbank eines BMW verfrachtet und ein Polizist setzte sich neben ihn.

Die drei anderen Polizisten schauten ins Schlafzimmer. Dort lag im Ehebett tatsächlich eine tote Frau. Im Wohnzimmer lehnte in der Ecke, links neben dem Wohnzimmerschrank, ein Gewehr. Auf den ersten Blick schien es eine Sportwaffe, ein Einzellader im Kaliber .22 lfB, zu sein.

Wenige Minuten später erschienen drei Beamte vom KDD und der Notarzt.

Die Ermittlungen der Polizei liefen an.

In der Bajuwarenstraße wurde Oberleithner erkennungsdienstlich behandelt und dann zu einer ersten Vernehmung in einen Raum geführt. Kaum saß er auf dem Stuhl, wurde er schneeweiß im Gesicht und, noch ehe die beiden Beamten reagieren konnten, rutschte er seitlich vom Stuhl und schlug dabei mit dem Kopf auf der Kante des Tisches auf. Der Notarzt wurde gerufen und der wies den Mann ins Krankenhaus St. Josef ein. Die Diagnose ergab eine Platzwunde an der Stirn, die genäht werden musste, eine leichte Gehirnerschütterung und einen Kreislaufzusammenbruch, mitverursacht durch eine Dehydratation. Oberleithner hatte in den letzten Tagen viel zu wenig getrunken. Weitere Informationen über den Gesundheitszustand des Mannes verweigerten die Ärzte mit Hinweis auf ihre Verschwiegenheitspflicht.

Man ging davon aus, dass der Patient mindestens zwei Nächte im Krankenhaus bleiben musste.

Am späten Nachmittag lagen die ersten Ermittlungsergebnisse vor. Kriminaloberkommissar Zumricht fasste vor seinen Kolleginnen und Kollegen die Erkenntnisse zusammen: „ Bei der Toten handelt es sich um die 53-jährige Elvira Oberleithner, geborene Stamm, die Ehefrau des Josef Oberleithner. Die Tote lag …", die Bilder vom Tatort wurden parallel zu seinem Vortrag mit einem Beamer an die Wand geworfen, „im Ehebett auf dem Bauch. Den Tod verursachte mit hoher Wahrscheinlichkeit ein Schuss in den Hinterkopf. Es gibt eine kleine Einschussöffnung mit deutlichen Pulverspuren und keine Ausschussöffnung. Das weist darauf hin, dass die Waffe, die wir im Wohnzimmer vorfanden, vom Kaliber her die Tatwaffe ist. Die passende Munition, eine 50er-Schachtel, lag in einer Schublade des Wohnzimmers. Eine Patrone fehlte. Unter dem Bett wurde eine Patronenhülse gefunden.

Waffe und Munition sind beim LKA zur Untersuchung. Die Obduktionsergebnisse bekommen wir noch heute Abend, spätestens morgen."

„Wann kommt Oberleithner aus dem Krankenhaus?", wollte Kriminalkommissarin Beate Konnert-Bauer wissen. Sie war, nach der Geburt der Tochter, erst seit dem Vortag wieder im Dienst.

„Wir gehen davon aus, dass er morgen, am Nachmittag, wieder zur Vernehmung vorgeführt werden kann."

Zumricht fuhr fort: „Auf dem Nachttisch am Bett der Toten fanden wir ein halbvolles Fläschchen Tramal, das ist ein zentralwirksames Schmerzmittel aus der Gruppe der Opioide, und eine angebrochene Packung Aurorix 300, das den Wirkstoff Moclobemid, ein häufig verschriebenes Medikament gegen schwere Depressionen, enthält. Beide Mittel dürfen eigentlich nicht zusammen eingenommen werden. Außerdem stand dort ein Glas mit Wasser, das fast ausgeleert war. Im Wasser fanden sich Spuren von Tramal."

„Gab es eine Art Abschiedsbrief oder einen anderen Hinweis darauf, dass hier Tötung auf Verlangen vorliegt?", wollte Kriminalobermeister Fred Saitler wissen.

Zumricht schüttelte den Kopf. „Nichts. Es liegt nur die Aussage Oberleithners vor, dass sie es so wollte…"

Am Montagnachmittag, kurz vor Dienstende, lagen die vorläufigen, nicht ganz vollständigen Obduktionsbefunde vor. Die Polizisten lasen die Ergebnisse durch.

Elvira Oberleithner war durch einen aufgesetzten Schuss in den Hinterkopf getötet worden … die Verletzung war sofort tödlich … in ihrem Blut fand man eine hohe Dosis Tramal, entsprechend einer dreifachen Dosierung … die Dosis Moclobemid betrug fast das Vierfache der Tagesdosis … die Kombination beider Medikamente in dieser hohen Konzentration führt zu Bewusstlosigkeit, kann auch zum Atemstillstand führen … Druckpunkte mit Blaufärbung im Nackenbereich … ein kleiner, fast kreisrunder, rötlicher Fleck unter der linken Brust … vor ihrem Tod hatte die Verstorbene eingenässt ... Operationsnarben am Hals, Lymphknoten fehlen auf beiden Seiten ... Der Zeitpunkt des Todes lag zwischen 22 und 23 Uhr ...

Es folgten noch weitere Ergebnisse, die die Polizisten sorgfältig durchlasen.

Vernehmung 1

(Dienstag, 02. September, 16:30 Uhr)

(B = Beschuldigter, PZ = KOK Peter Zumricht, FS = KOM Fred Saitler)

Hinweis: Die persönlichen Daten des Beschuldigten Josef Oberleithner wurden festgestellt. Er wurde über seine Rechte nach § 136 StPO belehrt und es wurde ihm erklärt, dass gegen ihn wegen des Tatvorwurfs nach § 216 StGB Tötung auf Verlangen ermittelt wird. Der Beschuldigte lehnte die Hinzuziehung eines Anwalts ab und stimmte der Tonaufzeichnung der Vernehmung zu.

PZ: Herr Oberleithner. Nur für das Protokoll: Sie heißen Josef Anton Oberleithner, geboren am 02. Juli 1936 in Regensburg. Verheiratet, das heißt verwitwet, keine Kinder. Sie sind Rentner. Ist das richtig?

B: Ja, das ist richtig. Ich wurde in unserem Haus in der Konradsiedlung geboren und habe es von meinen Eltern geerbt. Ich bin nie von dort weggezogen.

PZ: Gut, Herr Oberleithner. Jetzt schildern Sie uns bitte noch einmal ganz genau, was sich an diesem Abend ereignet hat.

B: Meine Frau hatte Krebs gehabt und jetzt bekam sie wieder diese Schwellungen am Hals und sie hatte Angst, dass sie jetzt sterben muss. Die Ärzte hatten ihr gesagt, wenn der Krebs wiederkommt, könnten sie nichts mehr für sie tun. Sie wollte, dass ich sie töte, weil sie doch so Angst vor den Schmerzen hatte.

PZ: Wollte Ihre Frau, dass Sie sie an diesem Abend erschießen?

B: Ja. Wir haben lange darüber geredet. Schon seit Wochen. Sie meinte, sie traut den Medikamenten nicht. Nachher wacht sie wieder auf und ist schwerbehindert. Sie hat ihre Medikamente genommen und, als sie schlief, habe ich ihr in den Hinterkopf geschossen.

PZ: Warum in den Hinterkopf?

B: Sie lag doch auf dem Bauch.

PZ: Wie haben Sie geschossen, Herr Oberleithner?

B: Meine Frau lag ... (der Beschuldigte zeigt nach rechts) ... hier auf dieser Seite, ganz ruhig. Ich habe das Gewehr geholt, geladen und es auf den Hinterkopf aufgesetzt. Dann habe ich abgedrückt. Elvira hat nur kurz gezuckt, sonst sich nicht mehr bewegt. Ich glaube, sie war sofort tot.

FS: Haben Sie die Waffe mit einer oder mit beiden Händen gehalten?

B: Mit beiden. Das Kleinkaliber-Gewehr ist leicht. Man könnte es auch mit einer Hand halten.

FS: Woher haben Sie die Waffe und die Munition?

B: Ich bin Mitglied in einem Schützenverein. Früher habe ich mit dem KK-Gewehr am Wettschießen teilgenommen. Die Munition hatte ich noch in der Schublade vom letzten Schießen. Ich war aber lange nicht mehr zum Schießen. Bin einfach zu alt dazu.

PZ: Haben Sie Ihrer Frau die Medikamente gegeben, Herr Oberleithner?

B: Nein. Die hatte sie in ihrer Nachttischschublade. Ich habe ihr nur das Glas mit dem Wasser geholt. Sie hat die Tropfen reingetan und die Tabletten genommen und mit dem Wasser runtergeschluckt.

PZ: Wann war das?

B: Ungefähr Viertel vor zehn.

PZ: Also gegen 21:45 Uhr?

B: Ja. Genau. Als sie dann schlief, habe ich die Waffe geholt und geschossen. Ich bin dann einige Zeit im Schlafzimmer gestanden und habe Gebete gesprochen. Dann habe ich die Waffe ins Wohnzimmer gebracht und angerufen. Ich glaube, so gegen halb zwölf.

PZ: Das stimmt. Es war genau um 23:30 Uhr, als Sie den Notruf gewählt haben. Ich ...

PZ: Fehlt Ihnen etwas, Herr Oberleithner? Sie sind so blass.

B: Mir ist plötzlich ganz schlecht und ich habe Kopfschmerzen. Ich brauche eine Pause.

PZ: Gut, Herr Oberleithner. Wir kümmern uns sofort um Sie. Benötigen Sie einen Arzt?

Für das Protokoll: Der Beschuldigte bekommt ausreichend zu trinken. Er möchte nichts essen und verweigert den Besuch eines Arztes. Er wird in seine Zelle gebracht. Es erfolgen mehrere Kontrollen in der Nacht. Der Beschuldigte schläft jedes Mal fest.

Vernehmung 2

(Mittwoch, 03. September, 08:30 Uhr)

(B = Beschuldigter, PZ = KOK Peter Zumricht, FS = KOM Fred Saitler)

FS: Wie geht es Ihnen, Herr Oberleithner. Können Sie mit uns reden?

B: Mir geht es gut. Wenn ich mich schlecht fühle, sage ich es.

FS: Herr Oberleithner. Die Auswertung der Schussspuren ergab, dass die Schilderung, wie Sie geschossen haben, schlüssig und korrekt ist. Aber es gibt da einige Unklarheiten, die ich mit Ihnen besprechen muss.

B: Wirklich? Was denn?

FS: Sie haben ausgesagt, Sie hätten Ihrer Frau das Glas mit Wasser gebracht und die hätte die Medikamente hineingetan und dann getrunken. Stimmt das?

B: Das stimmt.

FS: Aber auf dem Glas sind nur Ihre Fingerabdrücke und nicht die Ihrer Frau.

B: (Der Beschuldigte scheint sehr erschrocken. Er überlegt.) Ja. Ich war gestern so aufgeregt. Da habe ich mich wohl vertan. Ich habe ihr das Glas gehalten.

FS: Aha. Und Ihre Frau hat also ihre Medikamente reingetan und Sie haben ihr beim Trinken geholfen.

B: (Atmet tief durch, scheint erleichtert.) So war es, Herr Kommissar.

FS: Lassen Sie bitte die Dienstbezeichnungen weg. Herr Saitler genügt.

B: Gut, Herr Saitler.

FS: Da gibt es noch eine Ungereimtheit. (FS lässt sich Zeit, blättert in seinen Unterlagen. PZ hat noch nichts gesagt.) Ach, hier steht es. Auf den Medikamentenpackungen sind auch nur Ihre Fingerabdrücke und keine von Ihrer Frau. Wie erklären Sie sich das, Herr Oberleithner?

B: (Wird blass, verlangt etwas zu trinken. PZ geht hinaus und kommt mit einer Flasche Mineralwasser und einem Glas zurück.)

PZ: Hier ist etwas zu trinken für Sie. Sagen Sie es uns bitte, wenn wir weiterreden können.

B: Danke, Herr Zumricht. (Oberleithner trinkt. Er atmet heftig und wirkt sehr nervös.)

(Nach einer kurzen Pause.)

Ich weiß jetzt nichts mehr. Ich bin so durcheinander. Kann ich eine Pause haben? Ich bin doch ein alter Mann. Ich bin achtundsiebzig.

PZ: Sollen wir Ihnen einen Arzt holen?

B: Nein. Bloß nicht. Ich kann die Quacksalber nicht ausstehen.

PZ: Meinen Sie nicht, es wäre besser, wenn Sie sich einen Anwalt besorgen?

B: Nein. Auf keinen Fall! Die wollen nur mein Geld. Ich kann mir außerdem keinen leisten.

PZ: Sie können einen Pflichtanwalt beantragen.

B: Nein. Ich will keinen Anwalt!

Für das Protokoll: Der Beschuldigte wird in seine Zelle gebracht. Er erhält sein Mittagessen und hat Gelegenheit zu einem Mittagsschlaf.

Vernehmung 3
(Mittwoch, 03. September, 14:30 Uhr)
(B = Beschuldigter, PZ = KOK Peter Zumricht, FS = KOM Fred Saitler)

PZ: Nachdem es Ihnen wieder besser geht, Herr Oberleithner, möchte ich Ihnen noch einige Fragen stellen.

B: Ja, das ist in Ordnung. Mir geht es besser. Tut mir leid, dass ich mich vorhin vertan habe.

PZ: Haben Sie die Medikamente in das Wasser getan oder Ihre Frau?

B: Mir ist eingefallen, ich habe es gemacht. Meine Frau hatte mich gebeten, es zu tun.

PZ: Wenn es die Medikamente Ihrer Frau waren, hätten trotzdem deren Fingerabdrücke auf den Packungen sein müssen. Es waren aber nur Ihre darauf und die von einer anderen Person. Wir nehmen an, vom Apotheker, der sie verkauft hat. Wie erklären Sie sich das, Herr Oberleithner?

B: Dann hat meine Frau die Schachteln vorher abgewischt. Sie war immer sehr ordentlich und hat immer alles saubergemacht. Sie war eine gute Hausfrau, Herr Zumricht.

PZ: Dann hätte sie ja auch die Fingerabdrücke vom Apotheker abgewischt.

B: (Zuckt mit den Schultern. Wirkt betroffen.) Keine Ahnung, wie das passieren konnte.

PZ: Außerdem haben Sie ausgesagt, es wären die Medikamente Ihrer Frau gewesen. Wir haben mit dem Apotheker der Johannes-Apotheke in der Berliner Straße geredet. Dort sind die Medikamente gekauft worden, was man leicht an den Aufklebern erkennen kann. Es ließ sich leicht nachvollziehen, dass die Medikamente auf Ihren Namen ausgestellt worden waren und zwar von der Urologie im Krankenhaus St. Josef.

B: (Schüttelt den Kopf.) Ich weiß nicht. Bin so durcheinander.

PZ: Sie haben uns jetzt mehrfach angelogen, Herr Oberleithner. Und noch eine Lüge wurde uns von Ihnen aufgetischt.

B: Nein! Alles andere stimmt.

PZ: Sie haben ausgesagt, Sie hätten die Munition noch vom letzten Schießen vor ein paar Jahren in der Schublade liegen gehabt. Unsere Ermittlungen haben ergeben, dass Sie die Schachtel mit den Patronen erst vor gut vier Wochen gekauft haben. Anhand der Chargen-Nummer ließ sich feststellen, dass die Patronen vor zwei Monaten an eine Firma für Schießsport im Nelkenweg geliefert wurden. Ich habe hier eine Kopie der Rechnung. Da steht Ihr Name drauf. Sie mussten ja Ihre Waffenbesitzkarte mit der Erlaubnis zum Munitionserwerb vorlegen, was Sie auch gemacht haben. Sie haben uns schon wieder angelogen, Herr Oberleithner.

B: Ja, aber ... (Wird sehr blass, ringt nach Luft.) Ich brauche einen Arzt.

Für das Protokoll: Der Arzt hat den Beschuldigten untersucht und für heute und den morgigen Tag als nicht vernehmungsfähig bezeichnet. Er wird auf das Krankenrevier in der JVA Regensburg verlegt.

Vernehmung 4
(Freitag, 05. September, 14:00 Uhr)
(B = Beschuldigter, PZ = KOK Peter Zumricht, JA = KKin Jenny Andreesen)

PZ: Herr Oberleithner, ich muss Sie darüber informieren, dass wir jetzt gegen Sie wegen Mord nach § 211 StGB ermitteln. Ich rate Ihnen dringend, sich einen Rechtsanwalt zu nehmen.

B: Ich sag nichts mehr. Ich will jetzt keinen Rechtsverdreher. Vielleicht später.

JA: Herr Oberleithner, Sie waren in der Urologie des Krankenhauses St. Josef zur Behandlung. Würden Sie uns erzählen, warum?

B: (Schüttelt den Kopf.)

JA: Waren Sie wegen einer Prostata-Erkrankung im Krankenhaus? Wegen einer Krebserkrankung?

B: (Blickt zu Boden.) Sie wissen es ja eh schon, Frau Kommissarin.

JA: Nennen Sie mich bitte bei meinem Namen. Andreesen heiße ich. Jenny Andreesen.

B: Sie schauen noch so jung aus.

JA: Das sagen viele Leute. Ich bin älter, als ich aussehe. Aber nun zurück zu Ihnen. Wann hatten Sie Krebs? Verraten Sie mir das?

B: Vor sechs Jahren.

JA: Sind Sie wieder ganz gesund, Herr Oberleithner?

B: Nun, ich bin fast gesund. Aber nicht ganz. Ich habe immer Schmerzen. Deswegen bekomme ich die Tropfen verschrieben. Diese Traman-Tropfen. So heißen die, glaube ich.

JA: Tramal-Tropfen heißen die. Und warum nehmen Sie die Aurorix 300, Herr Oberleithner?

B: Weil mir der Arzt sie verschrieben hat. Ich bin immer so traurig und müde. Ich habe oft keine Lust mehr. Nichts passt mehr, Frau Andreesen. Das ist schlimm, das können Sie mir glauben, wenn man so oft alleine ist. Aber das wisst ihr jungen Leute nicht, wie schlimm es ist, wenn nichts mehr passt.

JA: Ich kann es mir vorstellen, Herr Oberleithner. Es tut mir auch leid für Sie. Aber vielleicht können Sie mir genauer erklären, was nicht mehr passt und warum Sie so oft alleine sind. Das würde uns bei unserer Arbeit sehr helfen, Herr Oberleithner.

B: Ja. Wie soll ich das erklären? Die Nebenwirkungen sind schlimm, Frau Andreesen. Man gewöhnt sich nur schwer daran. Anfangs musste ich immer Windeln tragen. Solche Windeln wie die Leute im Altenheim. Aber dann war ich in der Kur und das klappt jetzt wieder. Ich brauche keine Windeln mehr. Gott sei Dank, kann ich Ihnen sagen.

JA: Und was passt jetzt nicht? Gibt es noch weitere Nebenwirkungen nach dieser Krebsoperation?

B: (Schaut zu Boden, knetet seine Hände, wird rot im Gesicht.) Ich ... ich. Ja, es gibt noch weitere Nebenwirkungen. Schlimme Nebenwirkungen. Ich weiß nicht, wie ich das sagen soll.

JA: Haben Sie Potenzprobleme, Herr Oberleithner? Konnten Sie noch mit Ihrer Frau schlafen?

B: (Schüttelt den Kopf, fängt an zu weinen.) Nein. Seit der Operation nicht mehr. Das ist ja so peinlich. Mir ist wieder so schlecht ... ganz übel ... ich muss mich hinlegen. Bitte, Frau Kommissarin. Bitte! (Schluchzt.)

Für das Protokoll: Ein Arzt wird gerufen und untersucht den Beschuldig-ten. Der kann am heutigen Tag nicht mehr vernommen werden. Der Arzt empfiehlt, eine 24-stündige Pause bis zur nächsten Vernehmung einzuhal-ten.

Als Jenny und Peter Zumricht auf den Flur traten, kam ihnen David Bauer entgegen. „Da seid ihr ja. Kommt gleich in den Besprechungsraum. Es gibt Neues."

„Schon unterwegs", erwiderte Jenny.

„Übrigens eine erstklassige Vernehmung, Jenny. Ihr Frauen wisst oft in entscheidenden Momenten den richtigen Ton anzuschlagen. Mir hätte Oberleithner bestimmt nicht so viel erzählt." Zumricht klopfte ihr auf die Schulter. „Ich bin beeindruckt."

„Danke, Peter." Jennys Wangen überzog eine leichte Röte. Sie freute sich sichtlich über das Lob.

Der Rest des Teams saß bereits im Besprechungszimmer, trank Kaffee und blätterte in den Unterlagen. Anita Schmöke stand vorne am Whiteboard und beschrieb es mit einem blauen Stift.

„Kann ich anfangen?", wollte sie wissen.

Bauer nickte. „Jetzt sind alle da. Beginne mit den ergänzenden Ergeb-nissen der Gerichtsmedizin."

Anita Schmöke blickte noch einmal auf ihre Unterlagen, die vor ihr auf dem Tisch lagen. „Noch einmal zur Schussverletzung. Das Geschoss durch-schlug den Hinterkopf, beschrieb innen einen Halbkreis entlang der Schä-delknochen und bog dann auf Höhe der Stirn in das Gehirn ab, wo es irre-versible Schäden anrichtete. Das ist übrigens ein typisches Verhalten von .22er Geschossen bei aufgesetzter Waffe. Frau Oberleithner war sofort tot."

Anita schaute in die Runde. „Keine Fragen? Gut, dann mache ich weiter. Die Operationsnarben am Hals weisen auf die Entnahme von Lymphkno-ten hin. Nach den Unterlagen, die uns die Universitätsklinik Regensburg zur Einsicht vorgelegt hat, war Frau Oberleithner vor fünf Jahren an

Morbus Hodgkin vom nodulär-sklerosierenden Typ erkrankt. Das ist die häufigste Form dieser Krebsart, die sich sehr gut heilen lässt. Frau Oberleithner galt als geheilt und war erst vor drei Monaten zur jährlichen Nachuntersuchung gewesen. Nach Auskunft des Oberarztes gab es keinen Befund und auch keine Beschwerden."

„Das heißt, Oberleithner hat uns auch hier angelogen. Dann war es Mord. Aber warum hat er sie getötet?", wollte Kriminalhauptmeister Graf wissen.

„Dazu kommen wir gleich. Noch eine Sache, die die Ärzte gefunden haben. Der runde Fleck unterhalb der linken Brust wies den gleichen Durchmesser wie der Lauf der Waffe auf. Außerdem wurden Spuren eines Öls festgestellt, das das LKA identifiziert hat. Es handelt sich um Produkt der Firma Klever mit der Bezeichnung Ballistol …"

„Ein Waffenöl", warf Fred Saitler ein.

„Richtig. Auch die Waffe von Oberleithner war mit diesem Öl gepflegt worden und wir fanden eine angebrochene Spraydose Ballistol, die neben der Munition in einer Schublade im Wohnzimmerschrank lag. Die beiden Druckpunkte im Nacken scheinen durch einen Griff von Daumen und Zeigefinger verursacht worden zu sein."

„Vermutlich hat Oberleithner seiner Frau die Waffe auf die Brust gesetzt, ihr das Glas hingehalten und sie gezwungen, die Medikamente zu nehmen", folgerte Fred Saitler. „Dann musste sie sich auf den Bauch legen, er hat ihren Kopf gegen das Kissen gedrückt und geschossen."

„Dazu werden wir ihn später befragen", sagte David Bauer. „Aber Anita und Beate haben noch etwas sehr Bemerkenswertes herausgefunden. Bitte mach weiter, Anita."

Was Anita dann den Kollegen berichtete, schlug ein wie eine Bombe.

Vernehmung 5
(Samstag, 06. September, 14:30 Uhr)
(B = Beschuldigter, PZ = KOK Peter Zumricht, JA = KKin Jenny Andreesen)

JA: Geht es Ihnen wieder so gut, dass Sie unsere Fragen beantworten können, Herr Oberleithner?

B: Ja. Es geht mir besser. Ich habe viel geschlafen und auch gegessen. Das Essen im Gefängnis ist gar nicht so schlecht.

JA: Prima. Sie wissen doch, was Ballistol ist, Herr Oberleithner?

B: Ja, ein Öl. Damit pflegt man Waffen. Ich benutze es auch.

JA: Bei Ihrer Frau wurde eine rötliche, kreisrunde Quetschung unterhalb der linken Brust festgestellt. Sie hatte den gleichen Durchmesser wie der Lauf Ihrer Waffe und man hat dort Rückstände dieses Waffenöls gefunden. Warum haben Sie Ihrer Frau, und zwar als sie noch lebte, die Waffe gegen den Brustkorb gedrückt? Das haben Sie doch gemacht. Oder?

B: (Ist sichtlich erschrocken.) Weil ... weil... (Überlegt) Ich wollte meiner Frau zuerst ins Herz schießen, aber sie hatte Angst, dass ich nicht richtig treffe. Da hat sie sich dann umgedreht, als sie müde wurde. Und als sie schlief, habe ich ihr in den Kopf geschossen. So war das, Frau Andreesen.

JA: Warum haben Sie uns das nicht vorher erzählt?

B: Sie haben mich nicht danach gefragt und ich meinte, es sei unwichtig. Dass ich ihr in den Kopf geschossen habe, habe ich doch mehrfach zugegeben.

JA: Aha. Eine andere Sache. Sie haben ausgesagt, Ihre Frau habe wieder Schwellungen am Hals bemerkt und geglaubt, der Krebs sei zurückgekommen.

B: Ja. Deshalb wollte sie ja sterben. Vor lauter Angst.

JA: Wir haben mit dem Uniklinikum geredet. Die Ärzte haben ausgesagt, die Krebserkrankung Ihrer Frau sei ausgeheilt und bei der letzten Untersuchung vor drei Monaten habe man nichts gefunden und Ihre Frau hätte auch keinerlei Beschwerden gehabt. Wie erklären Sie sich das, Herr Oberleithner?

B: (Wird blass. Überlegt.) Davon hat sie mir nichts erzählt. Ich ... vielleicht war die Erkrankung ganz neu ... ich weiß das doch nicht. ... Ich

... (Der Beschuldigte wirkt verunsichert.) ... will etwas trinken und muss aufs Klo. Bitte! Schnell!

Für das Protokoll: Pause von 15:15 bis 15:30 Uhr.

JA: Eine andere Frage, Herr Oberleithner. Sie haben in der letzten Vernehmung angedeutet, dass Sie oft alleine waren. Wo ist Ihre Frau denn den ganzen Tag gewesen?

B: Sie hat doch gearbeitet. Meine Rente ist nicht so hoch und da hat sie Arbeit in einem Modegeschäft im DEZ angenommen. Die verkaufen Oberbekleidung für reife Damen. Deshalb bin ich oft alleine gewesen, Frau Andreesen.

JA: Wir haben aber ermittelt, dass Ihre Frau an drei Tagen insgesamt zwölf Stunden in der Woche in dem Geschäft gearbeitet hat. Was hat sie in der restlichen Zeit gemacht? Warum waren Sie alleine, Herr Oberleithner?

B: Sie war dann einkaufen oder hat sich mit Freundinnen getroffen.

JA: Mit Freundinnen? Können Sie uns Namen nennen?

B: (Schüttelt den Kopf.) Die kenne ich nicht. Das waren doch alles jüngere Frauen. Meine Frau war ja schließlich fünfundzwanzig Jahre jünger als ich.

JA: Sie waren zum zweiten Mal verheiratet?

B: Ja. Meine erste Frau ist gegangen. Sie hatte einen Beamten kennengelernt. Der war bessergestellt und konnte ihr mehr bieten als ich. Aber das ist sehr lange her. Dann habe ich Elvira beim Altstadt-Fest getroffen und wir haben geheiratet. Wir waren sehr glücklich miteinander. Bis dieser Krebs uns erwischt hat. Uns beide.

JA: Ach, so war das. Wir haben übrigens einen Kaufvertrag über eine Zweizimmerwohnung in der Johannisstraße gefunden. Die Wohnung läuft auf Ihren Namen, aber abbezahlt wurde sie vom Konto Ihrer Frau. Weshalb haben Sie die Wohnung gekauft?

B: Meine Frau wollte dort einziehen, wenn ich mal nicht mehr bin. Sie wollte näher zur Stadtmitte sein und sich nicht immer um das Haus und den Garten kümmern müssen. Sie wollte das Haus dann vermieten.

JA: Und die Wohnung wurde nie genutzt?

B: Eigentlich nie. Manchmal hat meine Schwester dort übernachtet, wenn sie mit Ihrem Mann aus Hamburg zu Besuch gekommen ist. Aber sie kommt jetzt nicht mehr. Sie kann nicht mehr richtig laufen. Sie ist ja schon einundachtzig.

JA: Eine Frau Elvira Oberleithner, wohnhaft in der Metzer Straße, dreiundfünfzig Jahre alt, ist beim Gesundheitsamt in Regensburg offiziell als Prostituierte gemeldet. Das war Ihre Frau, Herr Oberleithner. Was sagen Sie dazu?

B: Das ist eine Lüge!

JA: Das ist keine Lüge, Herr Oberleithner. Wir haben mit den Bewohnern des Hauses in der Johannisstraße geredet. In diesem Block gibt es sechs Wohnungen und in zwei Wohnungen gehen Frauen der Prostitution nach. Eine davon war Ihre Frau. Sie ging um die zwanzig Tage im Monat, immer von dreizehn bis zweiundzwanzig Uhr, in Ihrer Wohnung diesem Gewerbe nach. Die Nachbarn haben sie eindeutig identifiziert, als wir ihnen ein Bild Ihrer Frau gezeigt haben. Und das wollen Sie nicht gewusst haben, Herr Oberleithner? Wir lügen nicht. Sie tischen uns Lügen auf und kommen mit Ausreden, wenn wir Ihnen das Gegenteil beweisen. Was ist wirklich passiert? Erzählen Sie uns die Wahrheit, Herr Oberleithner. Wir finden sowieso alles heraus.

B: (Schluchzt und schüttelt den Kopf.) Ich kann Ihnen doch nichts sagen.

PZ: Meine Kollegin wollte Ihnen helfen, aber Sie haben diese Hilfe nicht angenommen. Jetzt werde ich Ihnen erzählen, wie es wirklich gewesen ist, Herr Oberleithner. Und alles, was ich Ihnen jetzt erzähle, können wir beweisen. Ihre Frau wollte nicht sterben. Sie haben Sie ermordet, Herr Oberleithner. Seit Ihrer Krebsoperation sind Sie impotent und Ihre Frau war noch relativ jung. Sie wollte etwas vom Leben haben, etwas, was Sie ihr nicht mehr geben konnten. Da kam ihr die Idee, sich zu prostituieren. Sie bekam ihren Sex und erhielt noch Geld dafür.

Wie hätten Sie beide sonst die Wohnung in fünf Jahren abbezahlen können, Herr Oberleithner? Aber Sie kamen mit der Situation nicht klar. Sie waren nachmittags und abends alleine zuhause und wussten, dass gleichzeitig Ihre Frau mit anderen Männern für Geld ins Bett geht. Das konnten Sie nicht mehr ertragen und Sie beschlossen, Ihre Frau zu töten. Sie zwangen Ihre Frau mit vorgehaltener Waffe, die Medikamente zu nehmen. Daher die Quetschung unter der linken Brust. Als sie wegdämmerte, drehten Sie sie auf den Bauch, packten mit der rechten Hand ihren Nacken und drückten das Gesicht gegen das Kissen, damit Ihre Frau sich nicht bewegt. Dann schossen Sie ihr in den Kopf. Sie haben selbst gesagt, dass das Gewehr so leicht war, dass man es mit einer Hand halten und schießen konnte. Sie hatten alles genau geplant: Die Medikamente besorgt, die Munition gekauft und sich die Lügen ausgedacht. Das war Mord, Herr Oberleithner. Dafür bekommen Sie lebenslänglich. Doch wenn Sie jetzt gestehen, hat der Richter wegen Ihres Alters eventuell ein Einsehen mit Ihnen und …

B: (Springt auf und brüllt.) Was hätten Sie denn gemacht, Herr Polizist? Wenn Ihnen ein Schützenbruder aus dem Schützenverein ins Gesicht lacht und sagt: Gestern habe ich deine Alte gevögelt, Sepp. Die fünfzig Euro waren echt gut angelegt. Was hätten Sie gemacht? Hätten Sie gelacht, Herr …

Für das Protokoll: Der Beschuldigte bricht um 16:33 Uhr zusammen und wird vom Notarzt noch im Vernehmungsraum erfolgreich reanimiert. Er wird mit dem Rettungswagen ins Universitätsklinikum Regensburg eingeliefert.

Das gesamte Ermittlungsteam saß im Besprechungsraum und die meisten sortierten wortlos ihre Unterlagen. David Bauer und Jenny Andreesen standen vorne am Whiteboard und unterhielten sich leise.

Das Telefon klingelte. Beate hob ab und meldete sich mit „K1, Konnert-Bauer." Sie hörte einen Moment zu. „Danke", sagte sie. Mehr nicht.

Die Kollegen starrten sie an.

„Oberleithner ist auf dem Weg ins Uniklinikum verstorben. Die Ärzte konnten ihm nicht mehr helfen."

Erster Kriminalhauptkommissar David Bauer nickte. „Wir können den Fall schließen. Sollen sich die Erben um den Rest kümmern." Und dann fügte er hinzu: „Geht nach Hause. Es waren lange Tage für uns alle."

Er lächelte seine Frau an und sie erwiderte das Lächeln.

Einen Espresso, bitte

Die letzten zwei Minuten des Boxkampfs waren hart. Der dunkelhaarige, etwas kleinere Boxer mit dem blauen Kopfschutz war schneller als sein Gegner im roten Kopfschutz, dafür war der zwanzig Pfund schwerer und besaß eine größere Reichweite.

Beide bearbeiteten sich mit Haken, ließen nun die Beinarbeit außer Acht und versuchten mit ihren Schlägen den Gegner zu zermürben. Das Klatschen der Boxhandschuhe auf den schweißnassen Körpern wurde begleitet von keuchendem Stöhnen und dem Hecheln nach Sauerstoff.

Dann ertönte der Gong und die beiden Männer ließen ihre Arme sinken. Sie grinsten sich an, während sie anfingen, die Boxhandschuhe auszuziehen.

Der Größere schaute zum Trainer hinüber und wollte wissen: „Wer hat gewonnen, Jess?"

„Unentschieden", kam die lakonische Antwort des Trainers, der den Kampf aus einer Ringecke ohne jegliche Regung beobachtet hatte. „In einem echten Kampf gegen Profis wärt ihr beide k. o. gegangen."

„Das sagst du immer, Jess", antwortete ihm der Dunkelhaarige.

„Ihr kämpft ja auch immer unentschieden. Wird Zeit, dass ihr euch mal gegenseitig umhaut und nicht nur ein Fitnesstraining absolviert."

Im Duschraum untersuchten die Freunde ihre Gesichter. Fred, der größere, blutete aus einer kleinen Platzwunde über der linken Augenbraue, während Fabio rechts ein hübsches Veilchen verpasst bekommen hatte.

„Gut schauen wir aus", meinte Fred.

„Stimmt, das Veilchen steht mir ausgezeichnet", erklärte Fabio. „Was werden unsere Mädchen sagen?"

„Wir sind selbst schuld, wird ihre Meinung sein."

Sie kannten ihre Damen. Die hielten es für kindisch, dass die beiden langjährigen Freunde sich regelmäßig im Boxring verdroschen.

Sie machten sich auf den Weg zur La Nuova Osteria, einem kleinen, gemütlichen italienischen Restaurant im Stadtwesten, das Fabios Bruder Emilio Marossa gehörte.

Ernestine, Fabios Verlobte, und Verena, Freds Freundin, saßen schon am Tisch, tranken Rotwein und bewunderten ihre Handtaschen, die sie sich am Nachmittag gekauft hatten.

„Da seid ihr ja", stellte Verena fest.

Ernestine ergänzte, als sie ihren Verlobten musterte: „Hoffentlich hat es ordentlich wehgetan."

Die Männer verdrehten die Augen. „Wir haben Hunger" und „Durst auch" waren ihre Antworten.

Nach dem Essen setzte sich Emilio zu den beiden Paaren an den Tisch. Er ließ für alle Espresso und einen vorzüglichen Grappa auftischen.

„Wir machen es", meinte Fabio. „Wir eröffnen ein kleines Restaurant. Es wird Vino e Pasto heißen."

Emilio nickte. „Wir haben lange zusammen geplant."

„Das ist ja ein Ding!" Fred und Verena waren wirklich überrascht. „Wo denn?"

„In der Fahrbeckgasse ist ein Ladenlokal frei geworden. Früher befand sich darin ein kleines Geschäft mit einer dazugehörigen Wohnung. Die Zimmer sind jetzt modernisiert und renoviert worden und der Besitzer hat uns einen akzeptablen Mietpreis gemacht. Wir haben einen Raum mit Bar und sechs Vierertischen, einen kleinen Nebenraum mit vier Vierertischen, eine Küche und einen Sanitärraum. Wir beschränken uns mittags auf knackige Salate, belegte Panini mit italienischen Spezialitäten und Antipasti. Das lässt sich schnell zubereiten, außerdem bieten wir alles auch zum Mitnehmen an."

„Aha", meinte Verena. „Die Polizeiinspektion Süd und das Regensburger Rathaus liegen direkt in der Nähe und ihr spekuliert sicher auf das Mittagsgeschäft."

„Das ist unser Geschäftsmodell", erklärte Ernestine. „Und abends gibt es nur eine Handvoll ausgesuchter, wechselnder Speisen. Wir legen Wert auf Qualität und nicht auf Quantität. Und Pizza bieten wir erst gar nicht an."

„Hört sich gut an. Und wenn Polizisten oder Mitarbeiter des Rathauses eine private Feier im kleinen Kreis haben, sollen sie zu euch kommen. Ab zwanzig Leuten kann euer Lokal exklusiv gemietet werden. Wenn euer Essen wirklich gut ist und die Vini passen, macht ihr sicher euer Geschäft", vermutete Fred.

„Genauso ist es. Ernestine übernimmt die betriebswirtschaftliche Seite und ich koche. Das hat uns unser Papa ja beigebracht. Für den Service und die Außerhauslieferungen haben wir einen jungen Spanier, der schon etwas Deutsch spricht. Zuhause in Málaga findet er keine Arbeit und wir geben ihm eine Chance. Den Deutschkurs an der VHS zahlen wir ihm auch."

Fabio und Ernestine waren voller Zuversicht, dass alles klappen würde.

„Und woher habt ihr das Kapital, wenn ich fragen darf?", wollte Fred wissen.

Emilio ergriff das Wort: „Als Papa starb, erbte ich als Ältester unser Ristorante, aber mit der Auflage, Fabio innerhalb von fünf Jahren seinen Erbanteil auszuzahlen. Das habe ich jetzt gemacht. Und zurzeit sind die Zinsen sehr niedrig und Fabio hat ohne Probleme den Kredit von der Sparkasse bekommen, als Ernestine den Business-Plan vorgelegt hat.

„Also dann alla salute! Auf Vino e Pasto." Er erhob sein Glas mit dem zehn Jahre alten Grappa.

„Salute!", antworteten die anderen im Chor.

Das Geschäft lief hervorragend an. Innerhalb von zwei Wochen sprach es sich herum, dass in dem kleinen Ristorante erstklassige Qualität zu günstigen Preisen angeboten wurde. Bald schon mussten Fabio und Ernestine einen zusätzlichen Ausfahrer einstellen, der mittags die Bestellungen auslieferte, die aus der Polizeiinspektion und aus dem Rathaus per Telefon oder Mail eingingen.

Zusätzlich waren werktags alle Plätze zwischen 11.30 Uhr und 13.30 Uhr ausgebucht. Einige Gäste standen sogar an der Bar, tranken ein Achtel Vino und aßen die kleine Portion Antipasti für fünf neunzig. Der erhoffte Umsatz wurde im ersten Monat um achtzig Prozent übertroffen.

Zwischen vierzehn und siebzehn Uhr war die ruhigste Zeit, die die jungen Gastronomen dazu nutzten, das Essen und die Tische für den Abend vorzubereiten.

An einem Mittwochnachmittag betrat ein Herr, der von zwei jüngeren Männern begleitet wurde, den Gastraum. Er trug einen teuer aussehenden, grauen Anzug, ein weißes Hemd und eine dunkelblaue Seidenkrawatte. Die schwarzen, handgenähten Schuhe kamen vermutlich aus Mailand. Seinen Sonnenschutz, einen echten Borsalino Prestige, nahm er ab, als Fabio auf ihn zutrat.

„Was kann ich für Sie tun?"

Der Gast, augenscheinlich ein Südländer, schaute sich um. „Kann ich dort am Fenster sitzen?", fragte er. Er sprach akzentfrei Deutsch.

„Selbstverständlich." Fabio zeigte auf den gewünschten Tisch.

Der Herr nahm Platz, während sich die beiden jüngeren Männer an den Tisch direkt neben der Eingangstür setzten.

„Womit kann ich Ihnen dienen?" Fabio legte die Tageskarte auf den Tisch.

„Einen doppelten Espresso, bitte. Und die beiden bekommen jeder ein kleines San Pellegrino."

Fabio servierte das Gewünschte. Irgendetwas störte ihn an den Gästen und er hatte das Gefühl, als würde es Ärger geben.

Der Herr nahm einen Schluck vom Espresso. „Ausgezeichnet." Er probierte ein weiteres Mal. „Lavazza – Espresso Perfetto?", wollte er wissen.

„Stimmt genau. Sie haben einen guten Geschmackssinn."

„Danke." Der Gast stellte die Tasse hin. „Ich würde gerne mit Ihnen ins Geschäft kommen, Herr Marossa." Er blickte zu dem Kellner hinüber, der an der Bar Gläser polierte. „Können wir in den Nebenraum gehen, damit wir ungestört sind?"

„Gerne." Das ungute Gefühl verstärkte sich.

Der Gast hatte seine Tasse mitgenommen und setzte sich an einen der vier Tische. „Bitte setzen Sie sich doch zu mir, Fabio."

Dem gefiel die Situation überhaupt nicht.

„Ich heiße Gustavo Benvado und vertrete seit vielen Jahren italienische Firmen in Deutschland."

Benvado sprach nun Italienisch und Fabio glaubte, einen deutlichen süditalienischen Akzent herauszuhören.

„Wir würden gerne mit Ihnen ins Geschäft kommen. Wir bieten Ihnen eine maßgeschneiderte Versicherung an und können Sie jederzeit mit ausgesuchten, frischen, italienischen Spezialitäten und Weinen beliefern. Alles, was Sie bestellen, kommt innerhalb von achtundvierzig Stunden per Expresskurier direkt aus unserer Heimat. Und die Preise, das garantiere ich Ihnen, sind gut."

Fabio überlegte seine Worte gründlich. „Signor Benvado. Ich weiß Ihr Angebot zu schätzen. Leider habe ich schon Verträge mit Zulieferern abgeschlossen. Unsere Weine kommen alle aus Venezien. Zwei unserer Cousins besitzen dort Weingüter und brennen auch die Grappe selbst. Die Lebensmittel kaufen wir in der Metro und bei einem Großhändler im Stadtwesten ein. Und was die Versicherung betrifft: Was kann eine italienische Versicherung hier versichern? Der Hauseigentümer hat die gesetzlich vorgeschriebene Brandversicherung mit allen möglichen Erweiterungen abgeschlossen. Wir haben eine Haftpflicht- und eine Rechtsschutzversicherung für den Gastronomiebereich und wir zahlen alle gesetzlichen Pflichtversicherungen für unsere Angestellten. Was sollen wir da noch versichern?"

Benvado nippte an seinem Espresso. „Sie sind ein ehrlicher, vorausschauender Mann, Signor Marossa. Aber es gibt Situationen im Leben, die die deutschen Versicherungen nicht abdecken: Die Lieferungen kommen nicht an, alle Angestellten werden krank, Betrunkene kommen in Ihr Lokal und pöbeln die Gäste an. Sie haben sicher von solchen schlimmen Sachen gehört, Signor Marossa. Dagegen versichern wir Sie. Zu geringen Prämien, die sich an Ihrem Umsatz orientieren. Und wir garantieren Ihnen, dass niemand Ihr Geschäft stört. Außerdem ...", wieder ein winziger Schluck Espresso, „Sie kaufen bei der Metro ein. Jeder kauft bei der Metro ein. Wir liefern die Sachen aus Italien und nicht aus dem Großmarkt. Und – das werden Sie zugeben müssen – Weine aus Süditalien sind mindestens genauso gut wie die aus dem Norden."

Benvado erhob sich und zog einen 20-Euro-Schein aus seiner Jackentasche. „Das wird reichen. Also, überlegen Sie sich das noch einmal ganz genau. Ich komme am Samstag noch einmal wieder. Sagen wir um die gleiche Zeit?"

Der Mann drehte sich um und ging hinaus. Seine beiden Begleiter folgten ihm. Sie hatten ihre San Pellegrino nicht angerührt.

Fabio blickte ihnen nach. Sein Herz klopfte ihm bis zum Hals und erst jetzt bemerkte er, dass sein Hemd klatschnass war. Er ahnte, dass große Probleme auf ihn zukamen.

In dieser Nacht, nachdem sie sich geliebt hatten, erzählte er Ernestine die Geschichte. „Wir lassen uns doch nicht erpressen!", war ihr Kommentar.

„Sie hat recht", dachte Fabio. Es dauerte lange, bis er einschlafen konnte.

Benvado erschien am Samstag, so wie er es angekündigt hatte. Er ging direkt in den Nebenraum, während sich die beiden Begleiter wieder neben der Eingangstür niederließen.

„Nun, Signor Marossa, haben Sie über mein Angebot nachgedacht?"

Fabio hatte sich die Worte zurechtgelegt. „Mich ehrt Ihr Angebot, Signor Benvado. Aber ich muss Ihnen leider mitteilen, dass ich Ihre Dienste nicht in Anspruch nehmen werde. Sie müssen das verstehen."

Ein freundliches Lächeln und ein bedeutsames Kopfnicken. „Ich verstehe. Sollten Sie doch noch Ihre Meinung ändern, Signor Marossa, ich bin bis Sonntagabend unter dieser Nummer erreichbar. Ich wünsche Ihnen ein gutes Geschäft."

Benvado legte eine Visitenkarte, auf der nur eine Handynummer stand, auf den Tisch, rückte seine Krawatte zurecht und setzte den Borsalino auf. „Arrivederci."

Er verließ das Ristorante und seine beiden Begleiter folgten ihm wie Schatten.

Am Montag, kurz vor elf Uhr, betraten innerhalb von zwei Minuten zehn Männer das Vino e Pasto. Sie nahmen an den zehn vorhandenen Tischen Platz.

„Was darf ich Ihnen bringen?", fragte Fabio den ersten und legte die Tageskarte auf den Tisch.

„Bitte einen Espresso und ein Glas Wasser."

„San Pellegrino?"

„Nein. Das normale Regensburger Wasser aus der Leitung."

Die anderen neun Männer bestellten das Gleiche. Anschließend zog jeder von ihnen ein Exemplar der La Gazzetta dello Sport aus der Manteltasche und sie begannen zu lesen. Sie lasen zwei Stunden bis exakt dreizehn Uhr, dann verlangten sie die Rechnung. Jeder zahlte zweifünfzig für den Espresso, das Wasser war kostenlos.

Die Mittagsgäste waren sehr verwundert, dass alle Tische besetzt waren. Als eine Beamtin aus dem Rathaus schüchtern fragte, ob sie und ihre Begleitung an einem der Tische Platz nehmen dürften, bekam sie ein „Nein. Ich ziehe es vor, alleine zu sitzen" als Antwort.

Die zehn Männer kamen jeden Tag zur gleichen Zeit, tranken den Espresso und das Wasser, lasen die Gazzetta und am Freitag war der Mittagsumsatz um gut sechzig Prozent eingebrochen.

Ernestine und Fabio beschlossen, Fred anzurufen und ihm die ganze Geschichte zu erzählen. Aber Fred war mit Verena für zehn Tage nach Österreich gefahren.

Am Samstagabend bekam Fabio eine Mail mit dem Betreff „Buchungs-anfrage". Als er sie öffnete, wurde ein Virus auf seinen Rechner übertragen, was dazu führte, dass sein Computer ununterbrochen hoch- und runter-fuhr. Er musste ihn ausschalten und bis zum Montagmorgen warten. Erst dann erreichte er den IT-Fachmann, der ihm den Internetzugang und das Netzwerk eingerichtet hatte. Der versprach schnellstens zu kommen, aber er schaffte es an dem Tag nicht mehr.

Am Dienstag stellte sich heraus, dass das Virus die Hardware des Com-puters und des Routers beschädigt hatte und die Geräte ausgetauscht wer-den mussten. Erst am Mittwochabend war das Ristorante wieder online.

Am Montag erschienen die zehn Männer wieder und das Spiel ging von Neuem los. Schließlich platzte Fabio der Kragen. „Sie zahlen sofort und gehen!", sagte er laut zu den Zeitung lesenden Männern.

Die schauten ihn verwundert an, dann griff einer zu seinem Handy. Zwei Minuten später betrat ein weiterer Mann das Vino e Pasto.

„Nattermann ist mein Name. Rechtsanwalt Dr. Georg Nattermann." Mit diesen Worten stellte sich der kleine, dickliche, schwitzende Mann vor. „Ich vertrete den Herrn hier, den Sie aus Ihrem Lokal werfen möchten."

„Ich werfe ihn nicht aus dem Lokal. Aber er trinkt seit eineinhalb Stun-den an seinem Espresso und verwehrt anderen Gästen den Platz an diesem Tisch. Ich habe ihn gebeten zu zahlen, damit andere Gäste ihr Mittagessen hier einnehmen können."

„Ach so?", meinte der Rechtsanwalt höhnisch. „Sie kennen wohl die Ge-setzeslage nicht. Ich zitiere: ‚Wer ein Geschäft für den allgemeinen Publi-kumsverkehr eröffnet, bringt damit zum Ausdruck, dass er an jeden Kun-den Waren verkaufen oder Dienstleistungen erbringen will. Er gestattet so-mit generell und unter Verzicht auf eine Prüfung im Einzelfall allen Kun-den den Zutritt, die sich im Rahmen des üblichen Käuferverhaltens bewe-gen.'" Der Rechtsanwalt lächelte Fabio süffisant an. „Und zum üblichen Käuferverhalten gehört, in einem Lokal etwas zu trinken und auch die Zei-tung zu lesen. Es steht nirgendwo, wie lange man für einen Espresso benötigen darf. Mein Mandant ist höflich, benimmt sich anständig, stört Ihren Betriebsablauf nicht und zahlt immer seine Rechnung. Er kann so lange vor seinem Espresso sitzen, wie er es für richtig hält."

Fabio wurde blass.

„Ich werde Ihnen eine Abmahnung zukommen lassen und Ihnen für meine Dienste eine Rechnung stellen. Guten Tag, mein Herr!"

Der Rechtsanwalt drehte sich um und ging hinaus.

Die zehn Männer lasen unterdessen ungerührt in ihren Zeitungen.

Am Freitag erhielt Fabio Marossa eine Abmahnung, verbunden mit einer Rechnung über eine „Ausführliche juristische Beratung vor Ort" in Höhe von insgesamt tausendzweihundert Euro.

Am späten Abend erreichte er endlich seinen Freund Fred Saitler. Der kam sofort, obwohl es bereits kurz vor Mitternacht war, und hörte sich die Geschichte an. Was Fred dann als erste Maßnahme vorschlug, veranlasste Fabio zu lautem Gelächter. Er lachte so lange, bis ihm die Tränen die Wangen runterliefen, obwohl ihm gar nicht zum Lachen zumute war, denn der Umsatz war in dieser Woche um achtzig Prozent zurückgegangen.

Fred verbrachte das Wochenende mit Telefonieren und dem Schreiben von Mails.

Am Montag, Punkt 11 Uhr, erschienen wieder zehn Männer, nahmen an den Tischen Platz und warteten darauf, dass sie Ihre Bestellungen loswerden konnten.

„Wir haben eine neue Karte. Möchten Sie vielleicht dort hineinschauen?", fragte Fabio jeden Gast.

Doch die schüttelten ihre Köpfe und bestellten Espresso und Regensburger Wasser. Das erhielten Sie in neuen, geschliffenen Gläsern.

Als Fabio um 13 Uhr die Rechnungen vorlegte, herrschte im ersten Augenblick sprachlose Verblüffung, dann entrüsteten sich die Gäste lautstark.

Der erste tobte: „Du spinnst wohl! Ich zahle doch keine zwanzig Euro für ein Glas Wasser. Ich trete dir höchstens in den Arsch." Er schleuderte das Glas auf den Boden, wo es in tausend kleine Scherben zersprang.

Ernestine hatte bereits den Telefonhörer in der Hand und es dauerte deutlich weniger als eine Minute, bis zwei uniformierte Polizisten das Vino e Pasto betraten.

„Was gibt es, Herr Marossa?", fragte der bullige, fast zwei Meter große Polizeihauptmeister.

Sein Kollege, einen Kopf kleiner, aber mit der Figur eines Bodybuilders versehen, stand in der Tür und versperrte den Ausgang.

„Der Gast will seine Rechnung nicht zahlen. Außerdem hat er das Glas auf den Boden geworfen und mich beleidigt."

„Stimmt nicht!", antwortete der Gast ungerührt. „Ich habe hier neun Zeugen."

„Und ich habe alles mit der Kamera aufgezeichnet", erklärte Fabio.

„Das ist verboten!", brüllte der Gast empört.

„Nicht, wenn der Wirt seine Gäste ausdrücklich auf die Kameraüberwachung aufmerksam macht. Draußen, an der Scheibe neben dem Eingang, ist ein entsprechender Aufkleber angebracht. Und wenn Sie das Lokal betreten, erklären Sie sich automatisch mit der Überwachung einverstanden. Soll ich Ihnen das Schild zeigen?", fragte der Polizist ruhig.

Der Gast wurde blass. „Aber zwanzig Euro für ein Glas Wasser zahl ich nicht!"

Fabio nahm eine der neuen Speisekarten und zeigte dem Polizisten die Rückseite, dort wo alle Getränke und ihre Preise aufgeführt waren.

„Hier steht ausdrücklich: Ein Glas Regensburger Wasser im Kristallglas kostet zwanzig Euro. Ich habe alle Herren vorher gefragt, ob Sie einen Blick auf unsere neue Karte werfen möchten, aber sie haben darauf verzichtet. Das ist sicherlich auf dem Film der Überwachungskamera gut zu sehen."

Der Polizist überprüfte die Angaben. „Ich finde das auch viel zu teuer, aber der Herr Wirt darf die Preise machen, die er für gerechtfertigt hält. Sie müssen die Rechnung zahlen. Bestellen Sie einfach beim nächsten Mal ein San Pellegrino", erklärte er lächelnd. „Das Mineralwasser kommt aus Italien und soll sehr gut schmecken."

Fabio legte den neun Herren die Rechnungen, jede über zweiundzwanzigfünfzig, vor und sie durften das Ristorante verlassen.

Vom aufmüpfigen Gast wurden die Personalien festgestellt, dann musste er zusätzlich zu den Getränken noch zehn Euro für ein Glas und zwanzig Euro für „Reinigungsarbeiten" zahlen, was er mit wütenden Blicken und knirschenden Zähnen tat.

„Herr Marossa wird Anzeige gegen Sie wegen Beleidigung erstatten. Wir leiten diese dann an die Staatsanwaltschaft weiter und Sie werden von Herrn Marossas Anwalt hören. Ich wünsche Ihnen eine gute Heimreise nach Fürth, Herr Angelino", sagte der Polizist und gab den Ausweis zurück, aus denen er die Daten abgeschrieben hatte.

Die zehn Männer saßen in drei Autos mit Fürther Kennzeichen. Die PKW wurden von zwei zivilen Einsatzfahrzeugen der Autobahnpolizei auf den ersten Parkplatz nach der Ausfahrt Sinzing geleitet, wo sie von mehreren Polizisten erwartet wurden.

Gegen drei der Männer lagen Haftbefehle verschiedener bayerischer Staatsanwaltschaften vor. Zwei Männer waren in Italien zur Fahndung ausgeschrieben und einer der Fahrer besaß keinen Führerschein. In den Wagen fand man fünf Pistolen, eine Handgranate und mehrere verbotene Gegenstände wie Schlagstöcke, Elektroschocker und Würgeeisen. Da keiner der Männer zugab, dass ihm eine oder mehrere der Waffen gehörten, wurden alle zehn verhaftet und in die JVA Regensburg eingeliefert.

Das Telefon klingelte. Der Kellner hob ab. „Fabio. Telefon für dich. Ein Herr Benvado."

Fabio nahm den Hörer.

„Das war sehr unklug von Ihnen, Signor Marossa. Sie haben schlechte Gäste, die Sie durch überhöhte Preise vertreiben wollten. Dabei hatte ich

Ihnen eine Versicherung angeboten, die Ihr Ristorante gerade vor solchen Problemen schützt. Warum haben Sie unseren Schutz nicht angenommen?" Benvados Stimme klang zornig.

Fabio wechselte einen schnellen Blick mit Fred.

Der trug Kopfhörer und hatte mitgehört.

„Ich werde Ihnen noch eine Möglichkeit geben. Zufälligerweise bin ich morgen am Nachmittag in Regensburg. Dann werde ich bei Ihnen vorbeischauen, Signor Marossa. So gegen fünfzehn Uhr, wenn es Ihnen recht ist."

„Und woher wissen Sie von meinen schlechten Gästen?", fragte Fabio.

Es dauerte einen Moment, bis die Antwort kam. „Man hört so einiges."

Es klickte in der Leitung. Benvado hatte aufgelegt.

Ein Blick auf die Uhr, die über der Bar hing. Es war kurz vor Mitternacht und alle Abendgäste hatten das Vino e Pasto bereits verlassen.

„Ich rede mit meinem Chef und der wird sich mit dem LKA in Verbindung setzen. Wir sehen uns morgen, Fabio." Fred boxte ihm freundschaftlich in die Rippen.

Die Freunde umarmten sich kurz, dann verließ der junge Polizist das Restaurant.

Fabio und Ernestine schütteten sich ein Glas Wein ein und setzten sich an einen Tisch. Sie begannen, wieder etwas Hoffnung zu schöpfen.

Während sich die Bodyguards an dem gewohnten Tisch niederließen, wählte Benvado den gleichen Tisch im Nebenzimmer aus, an der er auch bei seinem letzten Besuch gesessen hatte.

Er kam direkt zur Sache. „Signor Marossa. Die Besitzer aller italienischen Restaurants in Regensburg haben bei uns diese Versicherung abgeschlossen. Ihr Herr Vater hat gezahlt, Ihr Bruder zahlt und Sie werden das auch tun! Es kostet Sie, sagen wir, eintausend Euro im Monat, und Sie sind geschützt. Wenn nicht …", Benvado zuckte mit den Schultern und nippte an seinem Espresso.

„Was dann?", wollte Fabio wissen. „Kommen Ihre Männer wieder? Erhalte ich wieder Mails mit einem Virus, wird mein Telefon abgeschaltet? Oder kann es sein, Herr Benvado ...", Fabio beugte sich vor. „Kann es sein, dass meiner Verlobten oder meiner Familie dann etwas passiert?"

„Langsam verstehen Sie das Geschäft, Signor Marossa. Schläger können Ihr Ristorante überfallen, Ihnen die Knochen brechen und Ihre Verlobte vergewaltigen. Man verteilt nachts Buttersäure hier in den Räumen oder plötzlich brennt es bei Ihrem Bruder im Lokal. Das alles kann passieren." Benvados Stimme hatte an Schärfe zugenommen.

„Und Sie können das alles veranlassen, wenn ich nicht zahle?"

„Kann ich, Signor Marossa. Ich kann Sie auch töten lassen. Zum Beispiel, wenn Sie zur Polizei gehen."

„Aha." Fabio wartete einen Moment. „Aber tausend Euro sind sehr viel Geld. Ich habe in den letzten zwei Wochen große Einnahmeverluste gehabt."

„Endlich kommen wir zum Geschäft, Signor Marossa. Aber ich bin ja kein Unmensch. Sagen wir mal, die ersten sechs Monate zahlen Sie nur sechshundert Euro, danach achthundert Euro und in zwölf Monaten treffen wir uns wieder. Sie sehen, ich komme Ihnen entgegen."

„Und auf welche Bank soll ich das Geld überweisen? Nach Italien oder auf ein Konto in Deutschland?"

Benvado musste lachen. „Ich lasse es abholen. Am letzten Tag im Monat kommt einer meiner Leute und er erhält einen Umschlag. Auf Treu und Glauben. Keine Papiere, keine Quittungen, keine Nachweise. Schließlich muss das Finanzamt nicht alles wissen. „Und ...", er winkte Fabio mit dem Zeigefinger zu sich und senkte seine Stimme, „und ich werde Ihnen Möglichkeiten zeigen, wie man Steuern und Sozialabgaben spart. Es gibt da Wege ..."

Plötzlich war das Vino e Pasto voller schwarz gekleideter Männer. Die brüllten die Bodyguards an, rissen sie zu Boden und legten ihnen Handschellen an.

Zwei SEK-Beamte zielten mit Pistolen auf Benvado.

Auf einmal herrschte eine fast gespenstische Ruhe im Gastraum. Nur das Schnaufen der beiden Gefesselten war zu vernehmen, auf deren Rücken Polizisten knieten.

Ein Mann in Zivil trat an den Tisch. „Wir kennen diese Wege auch, Herr Benvado. Mein Name ist Behrends. Ich bin vom LKA Bayern und verhafte Sie wegen des Verdachts der Schutzgelderpressung, der Steuerhinterziehung und anderer Delikte. Wir haben alles mitgehört und aufgezeichnet. Emilio Marossa und drei weitere Inhaber italienischer Restaurants sind bereit, gegen Sie auszusagen. Ihre Hände bitte!"

Behrends zog ein Paar Einmal-Handschellen aus seiner Jackentasche. „Ich ermittle seit drei Jahren gegen Sie, Signor Benvado. Das hier lass ich mir nicht nehmen."

Er legte dem fassungslosen Italiener die Plastikhandschellen an.

„Abführen!", befahl der LKA-Beamte dann.

Es war schon fast vier Uhr in der Früh. Nach der Hochzeitsfeier, an der die gesamte Famiglia und alle Freunde teilgenommen hatten, saßen Fabio und seine Frau Ernestine, Fred und Verena im Vino e Pasto zusammen und unterhielten sich.

„Wird es ein Mädchen oder ein Junge", wollte Verena wissen.

Ernestine strahlte. „Der Arzt meinte, es wird ein *bambino*. Wir werden ihn Giovanni nennen. So hieß Fabios Vater."

„Prost! Auf unseren Sohn!", Fabio hob sein Glas mit dem Grappa.

Ernestine trank Wasser. Natürlich San Pellegrino.

„Was passiert mit Benvado?", fragte er Fred.

„Der wird von Nattermann, Nattermann und Henderson vertreten. Eine ganz üble Sorte von Rechtsverdrehern. Einen von denen kennst du ja. Aber die Beweise des LKA sind wasserdicht."

„Und jetzt zahlt niemand mehr?"

Fred verdrehte seine Augen. „Von allen italienischen Gastronomen, die es in der Oberpfalz gibt, werden nur fünf aussagen. Die anderen zahlen stillschweigend weiter. Sie haben immer schon gezahlt und sie haben Angst. Benvado ist weg und jetzt kommt ein Neuer aus Süditalien. Dann geht das ganze Spiel wieder von vorne los."

„Und was machen Emilio und ich, wenn ein Typ bei uns auftaucht und uns eine süditalienische Versicherung andrehen will?"

Fabio war ganz blass um die Nase geworden.

„Da können wir nur eines tun, Fabio. Du rufst mich an, ich komme mit ein paar Kollegen. Wir polieren Ihnen die Fresse und werfen sie hinaus. Vielleicht lassen sie euch dann in Ruhe."

„Dein Wort in Gottes Ohr", war Fabios Antwort.

Papa, ich muss aufs Klo

Für einen knapp Sechsjährigen ist es schon verdammt hart, an einem Sonntag um fünf Uhr morgens aufstehen zu müssen.

Um 06.36 Uhr war Davide mit seinen Eltern ab Roma Termini, dem Hauptbahnhof der Ewigen Stadt, im Leonardo Express zum Aeroporto di Roma-Fiumicino hinausgefahren. Im Zug war der Kleine noch ganz aufgeregt umhergelaufen, doch nun, kurz vor dem Abflug, saß er auf dem Schoß seiner Mutter und schlief.

Auf einmal streckte er sich, schaute sich um und sagte: „Papa, ich muss aufs Klo."

„Wenn er muss, dann muss er", stellte Beate Dalazzo fest. „Geh mit ihm auf die Herrentoilette, Allessandro", bat sie ihren Mann. „In die Damentoilette geht er nicht mehr mit."

„Komm, mein Großer." Allessandro Dalazzo nahm seinen Sohn an die Hand. Er warf einen Blick auf die Uhr: kurz nach acht. In wenigen Minuten würde das Boarding beginnen.

Aus der Herrentoilette kamen Allessandro zwei Männer entgegen, die sich von der Statur und vom Aussehen her ähnelten, wobei sie vollkommen unterschiedlich gekleidet waren. Der erste trug einen eleganten, hellen Anzug, ein weißes Oberhemd und eine goldgelbe Seidenkrawatte, während der zweite mit Jeans, einem Poloshirt und einer leichten Lederjacke bekleidet war.

Sie sind sicher Brüder, vermutete Allessandro.

Während in der Toilette der Sohn sein Geschäft erledigte, dachte der Vater über die beiden Männer nach. Irgendwie kamen sie ihm bekannt vor und ihre Art sich zu kleiden ließ etwas ganz tief hinten in seinem Gehirn klingeln.

„Geh zu deiner Mama", sagte Allessandro zu seinem Sohn. „Ich muss noch eben telefonieren."

„Wann fliegen wir endlich, Papa?"

„Gleich, mein Großer." Er blickte zum Gate hinüber, wo das Personal das Boarding vorbereitete.

„Okay, Papa." Davide lief zu seiner Mutter hinüber, die in einer Zeitschrift blätterte.

Dalazzo rief eine Nummer an und sein Gesprächspartner meldete sich sofort. „Hör zu, Daniele. Ich habe hier am Flughafen Typen gesehen, die mir bekannt vorkommen. Zwei Brüder, Anfang dreißig, zirka einsachtzig groß, schwarze, mittellange, gelockte Haare, schmales Gesicht. Figur schlank, fast hager. Der eine ..." Er beschrieb die Kleidung und auch die winzige Narbe, die er bei dem elegant Gekleideten auf der linken Wange bemerkt hatte.

Daniele Primo, sein engster Mitarbeiter und gleichzeitig bester Freund, überlegte einen Augenblick. „Kannst du sie fotografieren und mir das Bild schicken?"

„Werde ich versuchen. Ciao."

Das Boarding begann und die Leute stellten sich ungeduldig in einer langen Schlange auf. Nur die beiden Typen saßen noch auf den orangefarbenen Sitzen am Gate.

„Komm, ich mache ein Foto von euch", schlug Allessandro vor. „Stellt euch dort hin. Dann haben wir den Bildschirm mit den Abflügen auch auf dem Foto."

Beate und Davide stellten sich hin und lächelten in die Linse des nagelneuen Smartphones, dass sich Allessandro anlässlich seines Besuch bei seinen Schwiegereltern in Starnberg gekauft hatte.

Er machte fünf Fotos, zwei von seiner Familie und drei von den beiden Männern, wobei er den Zoom nutzte.

Direkt nachdem er im Flugzeug seinen Platz eingenommen hatte, verschickte er die Bilder von den Brüdern an Daniele, dann schaltete er sein Samsung Galaxy S6 aus.

Die Männer saßen ganz vorne, in der ersten Reihe, aber nicht nebeneinander und sie würdigten sich keines Blickes. Es schien, als würden sie sich nicht kennen.

Der Airbus A319 der Lufthansa landete pünktlich um 10.20 Uhr in München. So sehr sich Allessandro auch umschaute, er konnte die Brüder nicht mehr entdecken. Bei der Passkontrolle waren sie schon durch und an der Gepäckausgabe sah er sie auch nicht. Die beiden mussten ohne Gepäck gereist sein. „Wer reist ohne Gepäck von Italien nach Deutschland?", überlegte er. Das kam ihm sehr verdächtig vor.

Die bayerische Hauptstadt empfing die italienische Familie mit strahlendem Sonnenschein. Es herrschte tolles Sommerwetter in Deutschland, während es in Rom in den letzten vierzehn Tagen häufig geregnet hatte.

Petra und Ernst Schöneborn, die Eltern von Beate, umarmten ihre „Italiener" mit großer Herzlichkeit. „Wir freuen uns so, dass ihr da seid", meinte Beates Mutter und drückte ihre Tochter ganz fest an sich. Dann nahm sie Davide auf den Arm. „Bist du aber groß geworden!"

Allessandro und sein Schwiegervater klopften sich auf die Schultern. Sie waren Seelenverwandte, Polizisten eben, und mochten sich sehr.

Bis zu seiner Pensionierung war Ernst Schöneborn ein hoher Beamter beim LKA Bayern gewesen. Commissario Capo Dalazzo, also Hauptkommissar Dalazzo, hatte ein halbes Jahr im Austausch beim LKA gearbeitet, während gleichzeitig ein bayerischer Polizist bei der Direzione Investigativa Antimafia der Polizia di Stato in Rom seinen Dienst tat.

Bei einem Besuch im Haus der Schöneborns hatten sich Beate und Allessandro kennen und lieben gelernt und so lebte Beate schon seit fast acht Jahren in Rom. Dort arbeitete ihr Mann als Sachbearbeiter bei der Antimafia-Abteilung der italienischen Staatspolizei.

„Fahren wir. Die Haushälterin bereitet das Essen vor. Ihr habt hoffentlich Hunger und freut euch auf einen typischen bayerischen Schweinebraten." Ernst Schöneborn schnappte sich einen Koffer. „Das Auto steht da drüben." Während die Koffer in den VW Sharan verladen wurden, spielte Allessandros Smartphone eine leise Melodie. Er hatte eine SMS bekommen. Als er sie las, pfiff er leise durch die Zähne.

„Ernst, ich muss dringend mit dir reden!"

„Alles klar, Allessandro. In einer guten Stunde sind wir zuhause."

Die Frauen schauten sich an und verdrehten ihre Augen.

Davide saß im Kindersitz und schlief tief und fest.

„Hier." Allessandro hielt seinem Schwiegervater die SMS seines Mitarbeiters vor die Nase. „Du musst etwas unternehmen, Ernst." Dann übersetzte er ins Deutsche:

„Diego Villano, genannt il Bello, und sein Bruder Allessio, genannt il Freddo, gehören zu den Massini, einer Camorra-Familie. Sie sind Killer, haben mindestens zehn Morde auf dem Gewissen. Man konnte ihnen noch nie etwas nachweisen. Sie haben sicher etwas vor in Deutschland. Ruf mich an, wenn du Infos benötigst. Daniele."

„Ich setze mich sofort mit meinen ehemaligen Kollegen in Verbindung." Ernst Schöneborn griff zum Telefon. Schon immer war er ein Mann schneller Entscheidungen gewesen.

Der dunkelgraue 3er BMW mit den Münchner Kennzeichen stand, wie angekündigt, im Parkhaus P20, in der Nähe des Terminals 2, dort wo LH 1841 gelandet war. Platz Nr. 333 war schnell gefunden und Diego fand den Autoschlüssel sofort, der auf dem linken Vorderreifen lag. Er entriegelte die Türen.

Allessio öffnete den Kofferraum und überprüfte den Inhalt: zwei mittelgroße Trolleys mit Kleidung und allem, was sie für einen maximal fünftägigen Aufenthalt in Germania benötigten. Daneben lagen zwei kleinere Taschen, die gefälschten Papiere, zwei Pistolen vom Typ Beretta 92, passende

Schalldämpfer, ausreichend Munition, ein Packen Geldscheine und eine schmale, längliche Pappschachtel enthielten.

„Alles da", befand er. Nach einem Moment schimpfte er: „Ich hatte doch ausdrücklich brünierte Berettas verlangt und sie geben uns die glänzenden Dinger. Viel zu auffällig."

„Ist egal. Die schauen aber besser aus", meinte Diego. „Fahren wir."

„Bayerisches Landeskriminalamt. Wir wollen wissen, was diese beiden Männer gemacht haben." Einer der beiden Beamten hielt dem Leiter der Flughafen Sicherheits-GmbH Bilder der Villanos vor die Nase. „Sie sind heute um 10.20 Uhr mit LH 1841 aus Rom angekommen. Wir müssen alle Überwachungsvideos kontrollieren, insbesondere die von den Taxiständen und den Parkhäusern im Bereich des Terminals 2."

„Kommen Sie bitte mit in die Zentrale." Der Sicherheitschef war solche Anfragen gewohnt und half der Polizei gerne. Schließlich war er bei Problemen auf sie angewiesen.

Eine gute Stunde später wurde die Fahndung nach einem dunkelgrauen BMW 325i, Baureihe E90, mit Münchner Kennzeichen ausgelöst. Schnell stellte sich heraus, dass die Münchner Kennzeichen zu einem Fiat Punto gehörten und als gestohlen gemeldet waren. Daraufhin wurde die Fahndung nach dem BMW intensiviert.

Das BLKA informierte alle Polizeidienststellen: „Die Gesuchten sind wahrscheinlich bewaffnet und äußerst gefährlich! Vermutlich sind sie in Oberbayern, vielleicht im Raum München unterwegs." Der letzte Hinweis führte die Polizei zunächst auf eine falsche Spur.

Dass Diego auf einem Autobahnparkplatz die Kennzeichen gewechselt hatte und in Richtung Norden unterwegs war, konnten die Leute vom BLKA nicht ahnen. Der BMW trug jetzt Kennzeichen einer anderen bayerischen Stadt - die von Regensburg.

Bei zwei preiswerten Hotels in Regensburg gingen in englischer Sprache gleichlautende Buchungsanfragen für eine Nacht ein: „Ich benötige ein Einzelzimmer mit Frühstück für die Nacht vom ... auf den ...“

Die Anfragen wurden positiv beantwortet.

Eine übliche Vorsichtsmaßnahme der Camorra-Killer war es, nicht zusammen im selben Hotel zu übernachten. Außerdem planten sie, zwischen zwei Städten in der Oberpfalz zu pendeln und an jedem Tag die Hotels zu wechseln. Sie hatten vor, routinemäßig den Tagesablauf ihrer Opfer auszukundschaften und dann, nach Erledigung ihrer Jobs, wieder zu verschwinden. Die Rückflüge ab Prag nach Neapel waren bereits gebucht.

Die Fahndung nach den Villanos erreichte die Dienststellen im Bereich Regensburg kurz nach vierzehn Uhr. Die Priorität war nicht vorrangig, da die Gesuchten „ in Oberbayern, vielleicht im Raum München“ unterwegs waren. Man würde zwar nach einem BMW mit Münchner Kennzeichen Ausschau halten, aber die Polizisten in der Oberpfalz hatten wichtigere Sachen zu tun. In der Innenstadt sollte eine Demonstration gegen Asylanten stattfinden und Gegner der Rechten hatten eine Gegendemonstration angemeldet.

Zu dieser Zeit befand sich der BMW gar nicht mehr in der Stadt an der Donau. Il Bello war im IBIS-Hotel Regensburg City abgestiegen, während il Freddo, sein Bruder, den BMW gerade auf den Parkplatz eines Gasthofs in der Nähe von Weiden abstellte und seine Sachen im gebuchten Zimmer verstaute.

Am frühen Abend waren die Villanos waren mit Taxis, der eine in Regensburg, der andere in Weiden, unterwegs und ließen sich zu italienischen Restaurants bringen, in denen sie ihr Abendessen einnahmen.

Die Brüder bestellten das Essen nach Karte, tranken ein Achtel Rotwein und eine kleine Flasche Mineralwasser und verhielten sich ruhig und unauffällig. Nach einem Espresso zahlten sie die Rechnung bar und gaben ein angemessenes Trinkgeld – nicht zu viel und auch nicht zu wenig.

Auf den ersten Blick waren sie ganz normale Gäste: Junge Männer auf der Durchreise, die sich nach dem Abendessen in ihr Hotel begeben und dort an der Bar noch zwei oder drei Drinks nehmen würden.

Doch war dem Wirt in Regensburg etwas aufgefallen, was ihn beunruhigte.

„Buonasera, Emilio. Ich bin es, Fabio."

„Was gibt es, Brüderchen? Ist dir der Wein ausgegangen?"

„Nein, das ist es nicht. Ich überlege schon seit einer halben Stunde, ob ich dich überhaupt anrufen soll. Mein Verstand sagt, ich sehe Gespenster, mein Gefühl meint, da stimmt etwas nicht. Ich wollte bloß wissen, was du dazu sagst."

„Aha. Das klingt ja geheimnisvoll. Was ist denn passiert?"

„Vorhin war ein Kunde da, den ich noch nie gesehen habe. Ein Italiener, Mitte dreißig, sehr gut gekleidet. Er sprach kein Deutsch und sein Italienisch hatte einen merkwürdigen Akzent. Zum Beispiel stellte er das mio hinter das Nomen, was wir nie tun. Es hörte sich an, als sei er aus *Campano*, vielleicht sogar aus *Napoli*. Wie kommt der in mein Lokal?"

Einen langen Moment schwieg Emilio.

„Bis du noch da?", wollte Fabio wissen.

„Natürlich. Der Typ wollte einheimische Küche genießen und hat dein Restaurant im Internet gefunden. Eure Bewertungen sind ja spitze und ihr seid das beste italienische Restaurant in der Oberpfalz!"

„Ist ja möglich, Emilio, aber ..."

„Und nur, weil er aus dem Süden war, kam er dir verdächtig vor?"

„Ich habe nach der Sache mit Benvado ein komisches Gefühl. Man sagt, die Camorra vergisst nie. Ist bei dir ein ähnlicher Gast gewesen? Überlege mal."

„Nein. Ich kannte heute, bis auf ein älteres Paar, alle meine Gäste. Und die beiden waren Deutsche, deutlich über sechzig Jahre alt. Touristen würde ich sagen."

„Aber mir gefällt das gar nicht", stellte Fabio fest.

„Vielleicht solltest du mal mit Fred sprechen", schlug sein Bruder vor.

„Einen Moment … Da kommen Fred und Verena gerade rein. Ich rufe dich wieder an."

„Ciao", wollte Emilio noch sagen, aber Fabio hatte schon aufgelegt.

„… und jetzt mache ich mir große Sorgen." Mit diesen Worten schloss Fabio seinen Bericht.

Fred nippte an seinem Weißwein. „Ich habe in den letzten beiden Tagen freigehabt und nichts gehört. Aber ich kann mal meine Kollegen anrufen. Bin gleich wieder da." Er ging ins Nebenzimmer.

Als der junge Polizist zurückkam, zuckte er mit den Schultern. „Heute ist eine Fahndung nach einem italienischen Brüderpaar bei uns eingegangen, die in einem BMW in Oberbayern, vielleicht in München unterwegs sein sollen. Deine Beschreibung passt auf einen der beiden. Aber sie passt auch auf Hunderte junger Italiener um die Dreißig. Außerdem treten die Männer immer gemeinsam auf. Du hast dir wohl umsonst Sorgen gemacht."

„Ich habe so ein dummes Gefühl!" Fabio war echt besorgt.

„Mach dir keinen Kopf. Es war ein fremder Gast hier und wir suchen ein Brüderpaar. Wahrscheinlich ist das alles nur ein Zufall."

„Hoffentlich", antwortete ihm Fabio.

„Ich habe Anita gebeten, also Hauptkommissarin Schmöke, du kennst sie ja, mir Bilder der beiden auf mein Handy zu schicken. Warten wir ab, bis die kommen. Derweilen kannst du uns die Spaghetti bringen. Und noch einen Rotwein für mich …"

Verena, Freds Verlobte, und Fabios Frau, Ernestine, saßen am Nebentisch und unterhielten sich über schreiende Babys und wie man sie ruhig bekommen konnte.

Nach einer halben Stunde spielte Freds Handy eine Melodie. Anita hatte ihm zwei Bilder geschickt.

„Das ist er!" Fabio wurde blass, als ihm die Fotos gezeigt wurden. „Ich erkenne ihn eindeutig. Komm mal bitte, Ernestine …"

Auch die junge Wirtin identifizierte dem Mann eindeutig: Es war Diego Villano, genannt il Bello.

Freds Anruf in der Kriminalpolizeiinspektion löste eine geordnete Betriebsamkeit aus. Die Beamten in den Streifenwagen und zivilen Einsatzfahrzeugen hielten Ausschau nach dem BMW mit dem Münchner Kennzeichen. Wo stand der Wagen? Wo hielten sich Diego Villano und sein Bruder Allessio auf?

Zwei Polizisten riefen der Reihe nach alle Hotels und Gasthöfe in Regensburg und den angrenzenden Gemeinden an und erkundigten sich nach zwei männlichen italienischen Gästen.

Ihnen war auf den ersten Blick wenig Erfolg beschieden. Nur in zwei Hotels wohnten italienische Gäste. Im Ibis an der Furtmayrstraße hatte ein Italiener eingecheckt. Er hieß Alberto Rossi und war als Vertreter für Barilla, einem italienischen Nudelhersteller, in Deutschland unterwegs. Und im Sorat Insel-Hotel war vor zwei Tagen eine Familie mit drei Kindern aus Modena abgestiegen, die noch zwei weitere Nächte bleiben wollte.

Das war es. Keine Spur von den Villanos. Auch die Suche nach dem BMW war erfolglos geblieben.

Nachdem alle anderen Gäste gegangen waren, verließen die Freunde das Restaurant. Fred beobachtete die Umgebung: Nichts zu sehen.

„Ist da was dran?", überlegte er. Es konnte alles ein Zufall sein.

„Machst du dir Sorgen?", wollte Verena wissen.

„Eigentlich nicht", antwortete Fred ihr. Er legte den Arm um ihre Schultern. „Gehen wir heim. Es ist spät."

In der Nacht lag Fred neben der leise schnarchenden Verena im Bett. Sie war im achten Monat und atmete lauter als normalerweise. Er konnte nicht einschlafen. Ihm ging dieser Villano nicht aus dem Kopf. War der gezielt in Fabios Restaurant gekommen? Wo war sein Bruder gewesen? Die beiden sollten ja eigentlich unzertrennlich sein. Was hatten die vor? Vielleicht waren sie nur auf der Durchreise gewesen? Morgen würde er mehr erfahren.

Fred stupste Verena an, die etwas murmelte. Endlich schlief auch er ein. Hätte der junge Polizist gewusst, was in dieser Nacht vor sich ging, wäre ihm der Schlaf vergangen.

In Lappersdorf stand il Bello im Schatten einer kleinen Baumgruppe und beobachtete das Sechsparteienhaus auf der anderen Straßenseite. Kurz nach Mitternacht hielt ein FIAT 500 vor der Eingangstür. Eine junge Frau stieg aus, schloss die Haustür auf und ließ sie angelehnt, während sie im Hausflur verschwand. Der Mann stoppte vor einer Garage, deren Tor elektrisch nach oben fuhr. Kurz darauf wurde im ersten Stock links Licht hinter zwei Fenstern eingeschaltet, während der Fahrer die Garage verließ und beobachtete, wie sich das Garagentor schloss. Danach ging er ins Haus und der Mann im Schatten hörte, wie die Haustür von innen abgeschlossen wurde.

Diego Villano wusste genug.

In Weiden observierte il Freddo ein Ehepaar und dessen zwanzigjährigen Sohn, die gegen dreiundzwanzig Uhr vor ihrem Haus aus einem A6-Kombi ausstiegen. Die Frau und der Sohn gingen ins Haus, während der Mann die Hecktür hochklappte und einen Schäferhund aus dem Kofferraum springen ließ. Anschließend ging er mit dem Hund Gassi und kehrte nach genau einer halben Stunde zurück.

Warum sollte es der Wirt einer italienischen Pizzeria in Weiden an den nächsten beiden Abenden anders machen?

Als Fred Saitler am nächsten Morgen um kurz nach sieben Uhr in die Dienststelle kam, saß Hauptkommissarin Anita Schmöke bereits an ihrem Schreibtisch.

„Ich schau mir gleich mal den Italiener im Ibis an", sagte er.

Schmöke nickte. „Pass auf, und keine Alleingänge, Fred!", ermahnte sie ihn.

„Auf keinen Fall, Anita. Du kennst mich ja."

„Eben darum", war ihre Antwort.

An der Rezeption des Ibis hielt Fred dem Empfangschef seinen Dienstausweis und ein Bild unter die Nase und blickte auf dessen Namensschild. „Ist dieser Gast, ein Herr Alberto Rossi, bereits beim Frühstück gewesen, Herr Meinert?"

Meinert deutete nach draußen. „Herr Rossi hat schon ausgecheckt. Er wollte wissen, wie lange man zum Bahnhof läuft. Ich habe ihm gesagt, er solle am besten durch die Arcaden und über den Bahnhofssteg gehen."

„Danke, Sie haben mir sehr geholfen." Fred rannte los.

Im Bahnhof war nichts von einem Italiener mit einem mittelgroßen, schwarzen Trolley zu sehen und niemand, weder an der Information noch am Zeitschriftenstand, schien eine Person gesehen zu haben, auf die die Beschreibung passte.

Fred musste unverrichteter Dinge zurück ins Präsidium fahren. Dabei war er ganz nahe dran gewesen.

Vor den Regensburger Arcaden hatte Diego das Steuer des 3er BMW übernommen, während sein Bruder auf den Beifahrersitz rutschte. Der Wagen trug nun Weidner Kennzeichen.

Allessio Villano bezog unter dem Namen Sergio Bertonio, Mitarbeiter bei Krones in Neutraubling, im Mercure Hotel in der Nähe der Autobahnauffahrt Regensburg-Burgweinting, das im Internet gebuchte Zimmer. Währenddessen war Diego mit dem BMW auf dem Weg nach Weiden. Er stieg im Hotel Admira in Weiden ab und parkte den BMW ganz in der Nähe der Pizzeria, dessen Wirt er töten würde.

Cross queck nannten es die Brüder, Gegenprobe. Sie wechselten sich bei der Observierung ab, denn vier Augen sahen bekanntlich mehr als zwei.

An dem Abend beobachtete il Freddo die Marossas, als sie nach Hause kamen und il Bello sah von seinem Auto aus zu, wie der Wirt in Weiden noch einmal vor dem Schlafengehen seinen Hund ausführte.

Weit nach Mitternacht telefonierten die Brüder. Sie nutzten Einmalhandys, die sich mit wenigen Handgriffen zerlegen und unbrauchbar machen ließen. Die Nummern gehörten zu Providern aus Albanien.

Zuerst glichen sie ihre Beobachtungen ab, dann legten sie den endgültigen Zeitplan fest.

„Zuhause ist es einfacher", meinte Allessio schließlich. „Man geht hinein, erledigt den Job und spaziert in aller Seelenruhe wieder hinaus. Und keiner hat etwas gesehen."

„Stimmt. Aber dort bekommen wir jeder fünftausend und hier fünfzigtausend. Das lohnt sich."

„In der Nacht verdienen wir uns das Geld. Wir treffen uns an der Tankstelle."

„Pass auf dich auf, Diego."

„Das tue ich immer, Bruder."

Anschließend zerlegten sie unverzüglich die Handys, zerschnitten die SIM-Karten, wickelten die Schnipsel in Toilettenpapier ein und spülten diese in den Toiletten ihrer Zimmer hinunter.

Die Einzelteile der Handys konnte man am nächsten Tag in verschiedenen Abfallbehältern entsorgen oder beim Fahren stückweise aus dem Auto werfen.

„Wir müssen ihn beschützen!" Freds Stimme klang ärgerlich. „Der hat es auf Fabio abgesehen. Was soll dieser Villano sonst in seinem Restaurant gemacht haben?"

„Ich kann die Sorge um deinen Freund verstehen, Fred." David Bauer war aus dem Urlaub zurück und versuchte nun, an seinem ersten Arbeitstag, den Jüngsten in seinem Team zu beruhigen. „Es gibt keinerlei Hinweise, keine realen Drohungen. Da kann ich keinen Personenschutz anfordern. Wir sind sowieso völlig unterbesetzt. Das weißt du selbst."

„Ich brauche zwei Tage Urlaub, David."

Der Leiter des K1 überlegte. „Genehmigt. Den nehme ich auf meine Kappe. Und wenn du deine Dienstwaffe mit nach Hause nimmst, denk an die sichere Aufbewahrung. Sei bloß vorsichtig, meine Junge!"

„Klar, Chef. Ich trage auch meine Weste, wenn du es für notwendig erachtest."

„Das tue ich. Du kannst zusätzlich noch meine private PPSS haben. Sie hängt sowieso nur am Kleiderständer rum. Nimm sie dir."

„Danke, Chef."

Fred schnappte sich die schusssichere Weste, die PPSS war das neueste und beste Modell auf dem Markt, und ging hinaus.

„Pass auf dich auf!", rief ihm Bauer nach.

Der Golf gehörte einem Pärchen aus Hamburg. Sie waren vor Mittag fortgefahren, der Empfangschef hatte ihnen geduldig erklärt, wie man am besten zum Arber kam, und kurz vor dem Abendessen zurückgekehrt. Sie sahen müde aus und tatsächlich verschwanden sie nach einem Drink an der Hotelbar schon gegen einundzwanzig Uhr in ihrem Zimmer.

Allessio erschien gegen dreiundzwanzig Uhr am Empfang und verlangte die Rechnung. Er müsse wegen einer dringenden Familienangelegenheit sofort zurück nach Italien. Das Taxi warte schon auf ihn.

Er zahlte, lobte das Hotel und gab der Dame, die ihm die Rechnung überreichte, fünf Euro Trinkgeld.

Draußen knackte Allessio den Golf und machte sich auf den Weg. Zuerst fuhr er langsam an Fabios Lokal vorbei. An einem Tisch saßen noch vier Gäste und Fabio stand hinter der Theke und spülte Gläser. Danach machte sich il Freddo auf den Weg nach Lappersdorf.

In Weiden verlief alles wie geplant.

Der A6 parkte auf dem Stellplatz vor der Garage. Zwei Leute stiegen aus und gingen ins Haus, während der Mann den Hund aus dem Kofferraum ließ und ihn anleinte.

Das fand Diego ganz praktisch.

Sein Wagen stand nur fünfzig Meter entfernt. Il Bello stieg aus und lief auf den Mann zu, der seinem Hund zusah, wie der einen Haufen fabrizierte.

Der erste Schuss traf den Hund in den Kopf und kippte sofort zur Seite.

„Was machen Sie …", fragte der verblüffte Wirt. Er konnte den Satz nicht mehr vollenden.

Die beiden nächsten Schüsse galten dessen Kopf und ließen ihn wie eine Schaufensterpuppe mit schlenkernden Armen umfallen.

Diego drehte sich um, ging in aller Ruhe zu seinem Wagen und fuhr los. Zwei Minuten später befand er sich auf der B22 und nach etwas mehr als zwanzig Minuten erreichte er den Grenzübergang Waidhaus-Rozvadov.

Direkt hinter der Grenze lag ihr Treffpunkt.

Die letzten Gäste waren gegangen und Fabio machte die Abrechnung, während Fred die gespülten Gläser und das Besteck in den Schrank räumte.

„Das machst du richtig gut", freute sich Fabio. „Wenn du mal keine Lust mehr bei der Polizei hast, stelle ich dich sofort ein."

„Kein Problem", antwortete der. „Dreitausend netto im Monat, dreißig Tage Urlaub und eine betriebliche Zusatzversicherung. Natürlich eine 40-Stunden-Woche und …"

„Genauso habe ich mir es vorgestellt." Fabio grinste. Dann huschte ein Schatten über sein Gesicht und er wirkte auf einmal sehr ernst. „Ich bin fertig. Und du willst mich tatsächlich nach Hause bringen und ich soll dieses blöde Ding da anziehen?"

Fred warf ihm die Weste zu. „Ja, das meine ich. Wir tragen die auch dauernd. Die sind heiß und unbequem, aber man gewöhnt sich daran." Er half Fabio in die Weste, danach legte er seine eigene an. Ganz zum Schluss lud er seine Pistole durch und steckte sie in das Gürtelholster, das er links trug. „Wir ziehen die Lederjacken darüber. Da es draußen leicht regnet, ist es ganz normal, dass wir Jacken tragen. Außerdem kann man die Westen nicht sehen."

„Sag es mir sofort, wenn du etwas Ungewöhnliches bemerkst." Fred steuerte den Fiat. „Ich steige zuerst aus und, wenn ich auf das Dach des

Wagens klopfe, erst dann steigst du aus. Ich gehe hinter dir und bringe dich zur Haustür. Verstanden?"

„Klar", antwortete Fabio. „Das haben wir jetzt schon dreimal so besprochen."

Als sie in die Straße einbogen, in der die Marossas wohnten, schnallte sich Fred los. Seine Rechte suchte die Pistole und entsicherte sie. Er bremste vor der Garage, deren Tor sich automatisch öffnete, und fuhr dann hinein. Als er ausstieg, sah er misstrauisch zur anderen Straßenseite hinüber. Nichts zu sehen. Dann klopfte er auf das Dach und Fabio folgte ihm.

„Gehen wir. Ich bringe dich zur Haustür und dann gehe ich zu meinem Wagen. Ich habe ihn drüben vor der Bäckerei geparkt."

Die Männer verließen die Garage und Fabio drückte auf den Sender, der den Motor des Tores aktivierte.

„Geh ruhig, ich werde es schon bis zur Haustür …"

Fabio kam nicht mehr dazu, den Satz zu vollenden.

Der Fremde tauchte wie aus dem Nichts direkt vor ihnen auf und ging mit ruhigen Schritten durch den Schein einer Straßenlaterne auf sie zu. Das metallische Blinken in der Rechten des Fremden ließ Fred reagieren. „Runter!", schrie er und schubste Fabio nach rechts über die kniehohe Hecke. Gleichzeitig riss er seine Pistole aus dem Holster, wollte in den Anschlag gehen, doch der Fremde war schneller. Wie in Zeitlupe sah Fred, wie der die Waffe herumschwang und dann traf ihn ein zwanzig Kilo schwerer Hammer direkt gegen die Brust, was ihm die Luft aus den Lungen trieb. Der Fremde machte zwei schnelle Schritte zur Hecke und zielte.

Mit allerletzter Kraft zog Fred den Abzug seiner Waffe durch, einmal, zweimal, dreimal, dann verlor er das Bewusstsein.

In seinen Ohren rauschte es und auf seiner Brust hatte jemand einen Sack Zement abgestellt, der ihn beim Atmen behinderte.

„Er kommt zu sich", hörte er jemanden sagen.

„Fred, hörst du mich?"

Die Stimme kannte er. Fred öffnete die Augen und es dauerte eine Weile, bis er alles scharf sehen konnte. Ein Mann in einer roten Jacke stand neben ihm und sah auf ihn hinab. NOTARZT stand auf der Jacke.

Jetzt verstand Fred. Er lag in einem Rettungswagen. „Fabio?", krächzte er.

„Hier bin ich." Fabio beugte sich über ihn. Seine rechte Wange zierte ein großes Pflaster.

„Hat er dich getroffen?", wollte Fred wissen, der sich nun an alles erinnerte.

„Nein. Als du mich über die Hecke gestoßen hast, hat mir ein abgebrochener Ast die Wange durchstoßen. Tut verdammt weh. Brennt wie der Teufel."

Ein Polizist in Uniform kam in den Wagen. „Du hast viel Glück gehabt, Kollege. Du musst dir aber eine neue Weste kaufen. Und den blauen Fleck auf der Brust kannst du uns morgen mal zeigen."

„Habe ich ihn erwischt?"

„Zwei Mal. Über dem rechten Ohr in die Schläfe und unter dem Arm durch in die Brust. Der war sofort tot. Hatte keine Gelegenheit mehr, auf Fabio zu schießen."

„Lass mich mal rein, Kollege", sagte jemand draußen vor dem Rettungswagen. Der Uniformierte verließ den RTW und David Bauer erschien.

„Habt ihr den Bruder, David?", wollte Fred wissen.

„Wir haben in einem geklauten Golf, der nicht weit von hier stand, eine Karte von Tschechien gefunden. Bei Waidhaus-Rozvadov war auf der tschechischen Seite eine Tankstelle markiert worden. Die Tankstelle liegt an der 605, nur einen Kilometer hinter der Grenze. Wir …"

Bauers Handy klingelte. Er verließ den RTW und Fred hörte ihn draußen reden.

Der Notarzt nutzte die Gelegenheit und verpasste ihm eine Spritze in den Bauch. „Die verhindert Thrombosen", erklärte er.

Bauer kam zurück. Sein Gesichtsausdruck war schwer zu deuten. Er sah traurig aus, befand Fred.

„Die tschechischen Kollegen haben Diego Villano gerade festgenommen. Er hat vor gut einer Stunden in Weiden den Wirt der Pizzeria Elba erschossen." Bauer machte eine Pause. „Er war einer der Wirte, die gegen Benvado ausgesagt haben."

Für einen Moment herrschte Stille in dem Rettungswagen, dann hörte Fred seinen Freund aufstöhnen.

„Ich habe es doch gewusst!" Seine Stimme klang verzweifelt. „Die Camorra vergisst nie!"

Der Föhn

„Hier sind die Schlüssel. Du gehst in die Wohnung. Aber mach keinen Krach!" Kowalski warf zwei Schlüssel auf den Tisch.

„Kraach?", fragte der Albaner.

„Kein Krach ist nix laut. Verstehen?"

„Gut. Nix laut."

„Der Typ liegt in der Wanne und pennt …"

„Waane?" Der Albaner zuckte mit den Schultern.

Entnervt suchte Kowalski das Wort bei Google im Deutsch-Albanischen Wörterbuch. „Hier", er zeigte auf das Wort *Vaskë*.

„Verstehe. Waane."

Damit war bewiesen, dass der Albaner lesen konnte.

„Da liegt dieser Womatschka samstags vor der Sportschau immer mindestens eine Stunde. Das hat er mir erzählt. Er liest den Playboy und dann …" Kowalski machte eine obszöne Handbewegung. „Du steckst das Kabel in die Steckdose, schaltest den Föhn ein und wirfst ihn in die Wanne. Anschließend marschierst du in aller Ruhe hinaus. Hier sind die tausend Euro und der Föhn."

Der war noch original verpackt. Ein Sonderangebot vom Discounter in der Nachbarstraße.

Der Schlüssel zur Haustür passte. Der Albaner ging in aller Ruhe hoch in den zweiten Stock. Die erste Tür links – auch der Schlüssel passte. In der Wohnung war es dunkel, nur aus einem Zimmer schimmerte Licht durch die nicht ganz geschlossene Tür. Das musste das Badezimmer sein.

Der Typ lag tatsächlich in der Wanne und pennte.

Der Albaner packte in aller Ruhe den Föhn aus und legte die Verpackung ins Waschbecken. Als er den Stecker in die Steckdose steckte und den Föhn einschaltete, riss Womatschka die Augen auf.

„Schönes Samstag." Der Albaner warf den eingeschalteten Föhn in die Wanne.

Womatschka zappelte, verdrehte die Augen und die Sicherung knallte raus.

Drei Tage später. Kowalski saß in einem der Vernehmungszimmer in der KPI in der Bajuwarenstraße.

„Herr Kowalski. Leugnen nützt Ihnen gar nichts. Auf der Verpackung waren Ihre Fingerabdrücke und die von dem Russen."

„Albaner", verbesserte ihn Kowalski.

„Und woher wissen Sie das, Herr Kowalski?"

Der wurde knallrot im Gesicht.

„Mit dem Föhn wurde Womatschka umgebracht."

„Wieso umgebracht?", empörte sich Kowalski. „Was kann ich dafür, dass sich der Typ in der Wanne die Haare föhnt und ihm der Föhn ausrutscht? Eigene Dummheit."

„Und warum soll er sich die Haare föhnen, Herr Kowalski? Womatschka trug eine Perücke. Seit seiner Erkrankung vor zehn Jahren hat er eine Vollglatze."

Kowalskis Kinnlade machte sich selbstständig und rutschte nach unten.

„Außerdem haben wir den Albaner schon gefasst und der singt wie ein Kanarienvogel. Er schwört Stein und Bein, Sie hätten den Mord in Auftrag gegeben …"

Der Lichtschacht

Bastian Mahlmann verschwand in den frühen Morgenstunden an einem Sonntag im Juli. Durch eine Verkettung unglücklicher Umstände wurde es von niemandem bemerkt. Die Eltern befanden sich auf einer Messe in den Arabischen Emiraten, die Freundin hatte sich zwei Wochen zuvor von ihm getrennt und die Kommilitonen gingen davon aus, dass der Student der Elektro- und Informationstechnik an der Ostbayerischen Technischen Hochschule Regensburg fleißig an seiner Bachelor-Arbeit schrieb. Im Studentenheim vermutete man, er arbeite zuhause und der Haushälterin war gesagt worden, dass Bastian in den nächsten drei Wochen nicht nach Hause komme.

Sonntag, 20. Juli, 0.15 Uhr

„Das ist er. Der große Blonde mit dem blauen Polo-Shirt. Der, der gerade mit dem kleineren Dicken redet. Jetzt trinkt er sein Bier aus der Flasche."

„Ach der. Sieht echt süß aus. Und seine Eltern haben wirklich so viel Geld?"

„Noch mehr als viel. Sie besitzen eine Firma in der Nähe von Cham, in der Sicherheits- und Überwachungsanlagen für große Gebäudekomplexe hergestellt werden. In fast allen großen Wolkenkratzern der Welt findet man MSS."

„MSS?"

„Mahlmann Security Systems. Und er ist der einzige Sohn. Nach dem Studium wird er in die Firmenleitung eintreten. Könnte der als Student sonst einen Porsche fahren?"

Das Mädchen ist beeindruckt. „Hoffentlich lässt er sich von mir anbaggern."

„Halte ihm deinen Ausschnitt vor das Gesicht. Schließlich ist er ja nicht schwul. Er hat etwas getrunken und wird voll auf dich abfahren. Geh zu ihm hin, mach schon!"

„Gut. Aber ich darf meinen Spaß mit ihm haben."

„Darfst du. Aber denk an das Geschäft!"

Sie zieht an ihrem Shirt und vertieft ihr Dekolleté, dann geht sie zielstrebig auf den großen Blonden zu.

Der Mann blickte der jungen Frau nach. „Hoffentlich vermasselt sie es nicht", dachte er. „Sie hat sich eben noch eine Linie reingezogen und ist rattenscharf. Wenn er nicht auf sie abfährt, sucht sie sich einen anderen."

Er drehte sich um und verließ die neu eröffnete Disko in der Obermünsterstraße. Einer der Türsteher drückte ihm einen Stempel auf den linken Handrücken. Mit dem durfte er jederzeit zurück ins Basement, wie sich die Orgie aus Stroboskoplichtern, hämmerndem Beat, schwitzenden und im Rhythmus zuckenden Menschen nannte. Die Gerüche von Bier und Drinks, Schweiß und Parfüm waberten auf die Straße und breiteten sich von dort zwischen den Häusern aus.

Für die Anwohner war es die Hölle, für die jungen Partygänger der angesagteste Club in der Domstadt.

„Hi. Tanzt du mit mir?" Das Mädchen schiebt sich an Bastian heran. Trotz des Lärms hat er sie verstanden. Sein Blick sucht ihr Gesicht, dann wandert er tiefer, trifft auf ihren Busen. Sie ist ein hübsches Mädchen mit kurzen, dunklen Haaren, sehenswerten Rundungen und er findet sie sofort sympathisch.

„Warum nicht?" Bastian nimmt das Mädchen bei der Hand und dreht sich zu seinem Kumpel um. „Hab zu tun. Die Dame will tanzen, da kann ich schlecht nein sagen. Oder?"

„Alles klar, Basti. Bis dann. See you later."

Die Tanzfläche ist brechend voll und die beiden kommen sich sehr nahe. Als der Discjockey eine Pause macht, sind beide durchgeschwitzt.

„Gehen wir einen Moment raus", sagt sie. „Mir ist so heiß."

„Gerne. Mir auch."

Das Mädchen legt ihren Arm um seine Hüfte und er zieht sie mit links an sich. Die halbvolle Bierflasche stellt er einfach auf einem Tisch ab.

Draußen stehen viele Pärchen und schauen in den warmen Sternenhimmel. Für Liebespaare und solche, die es werden wollen, ist es eine perfekte Nacht.

„Wie heißt du eigentlich?"

„Julie. Eigentlich Julia. Aber alle nennen mich Julie. Finde ich auch besser. Und du heißt Basti?"

„Woher weißt du das?"

„Dein Freund hat Basti zu dir gesagt."

„Richtig. Bastian. Aber alle sagen Basti zu mir."

Basti zieht sie an sich und spürt den Druck ihrer Brüste. Das macht ihn scharf. Und Julie spürt, wie er hart wird und sich an sie drängt. Sie knutschen ein wenig rum. Später gehen sie noch einmal runter ins Basement, aber dann lässt sie sich von ihm in die Wohnung fahren.

„Ich muss duschen und mich umziehen", sagt Julie.

Basti duscht sich gleich mit und sie ziehen sich erst gar nicht mehr an.

Julie scheint unersättlich zu sein und nach einer Stunde ist Basti völlig fertig. Sie sind nackt und liegen auf dem völlig zerwühlten Bett.

„Du bist doch wohl nicht schon müde?", will sie wissen.

„Ein wenig." Basti gähnt ausgiebig und schaut auf seine Uhr. Es ist halb vier. Er trägt eine Omega Speedmaster 57 im Wert von über fünfeinhalbtausend Euro.

Julie erhebt sich. „Ich habe etwas, was uns wieder voll wach macht." Sie steht auf und geht mit wippenden Brüsten in die Küche.

Basti schaut ihr nach. „Sie hat eine tolle Figur", denkt er.

Als Julie zurückkommt, bringt sie eine Flasche Prosecco, an der die kalten Tropfen hinablaufen, und zwei Gläser mit. Mit den Zähnen hält sie einen kleinen Plastikbeutel, in dem sich einige Tabletten befinden. Sie gießt für sich und Basti das eiskalte, perlende Getränk in die Gläser und holt zwei blaue und eine rote Pille aus dem Beutel. Sie steckt sich die rote in den Mund.

„Zweimal Blau für den Mann und einmal Rot für die Frau", sagt sie lachend und spült das runde, rote Ding mit einem Schluck des Schaumweins runter.

Basti liegt auf dem Rücken und sie hockt sich über ihn. Er wirft sich die Blauen rein und stürzt den Inhalt des Glases runter. Die Wirkung der Pillen merkt er nach wenigen Minuten.

„Die sind richtig geil!", denkt er. „Absolut geil …"

Der Mann war Bastis Porsche Macan in seinem Golf gefolgt. Der neue SUV hielt vor dem Haus in der Mackensenstraße und die frisch Verliebten stiegen aus.

Julie kramte den Schlüssel aus ihrer Handtasche und schloss die Tür auf. Kurze Zeit später ging im Erdgeschoss links das Licht an.

Die Wohnung gehörte einer Bekannten, die dem Mann noch einen Gefallen schuldete.

Der drehte die Rücklehne des Fahrersitzes zurück und wartete. Julie sollte ruhig ihren Spaß haben, solange sie den Job so erledigte, wie sie es abgesprochen hatten.

Um kurz vor vier Uhr schreckte der Mann hoch, weil sein Handy klingelte.

„Ja?"

„Er ist weggetreten. Ich mache dir auf, Oli."

„Alles klar."

Zuerst musste sich Oliver um den Porsche kümmern. Er wählte eine Nummer und der Angerufene meldete sich sofort: „Bist du es?"

„Ja. Du kannst die Karre abholen."

Julie erschien in der Haustür und blickte Oliver entgegen, der seinen alten Golf sorgfältig abschloss.

„Hier sind der Schlüssel und die Papiere", sagte sie. Sie trug einen weißen Bademantel, der ihr zu groß war.

„Geh wieder in die Wohnung. Ich warte, bis Gheorghe kommt."

Der Bulgare kam zehn Minuten später und überreichte Oliver wortlos einen Briefumschlag. Im Gegenzug erhielt er die Papiere und den Schlüssel für den Porsche und klemmte sich hinter das Steuer. Dann fuhr er davon. Das alles hatte weniger als eine Minute gedauert.

Hinter Oliver öffnete sich die Haustür. Julie musste alles beobachtet haben.

„Komm schnell rein", sagte sie. Ihr Bademantel öffnete sich und Oliver sah, dass sie darunter nackt war. Auf der Treppe glitt seine Hand unter das Frottee und er spürte ihre Nässe. Sie keuchte und zog ihn, als sie in der Wohnung waren, auf das Bett. „Komm!", stöhnte Julie.

Neben ihnen schnarchte der Student. Er war völlig weggetreten.

Sonntag, 20. Juli, 17.20 Uhr

Als Basti aufwacht, geht es ihm dreckig. In seinen Ohren dröhnt es und hinter seiner Stirn scheint ein kleines Männchen mit einem Presslufthammer zu arbeiten. Als er seine Augen öffnet, wird ihm sofort schlecht und er schließt sie ganz schnell wieder. Jetzt bemerkt er den Druck, der sich in seiner Blase aufgebaut hat. Er muss dringend aufs Klo.

Basti will sich langsam aufrichten, aber das funktioniert nicht. Er kann weder seine Arme noch seine Beine richtig bewegen. Jetzt muss er doch seine Augen öffnen, um zu überprüfen, was ihn festhält. Es dauert seine Zeit, bis er klar sehen kann. Nun geht ihm auf, dass er gefesselt ist und auf einer Art Sofa liegt. Sein Blick irrt in dem Raum umher: Helle, angeschmutzte Wände, eine niedrige, weiß gestrichene Decke mit einer Birne, die in einer nackten Fassung steckt. Das Licht fällt durch einen Lichtschacht am Ende seiner Liege. Langsam dreht der junge Mann den Kopf, was zu Übelkeit führt. Er muss würgen, aber es gelingt ihm, das Erbrechen zu verhindern.

Neben dem Sofa, auf der anderen Seite des Raums, stehen ein einfacher Tisch und ein grauer Kunststoffstuhl. Auf dem Tisch befinden sich ein Glas, eine Flasche mit Mineralwasser und ein paar anderen Sachen, die Basti nicht erkennen kann.

„Hallo!", ruft er. Erst zaghaft, dann immer lauter.

Sein Hals fühlt sich an, als habe er mit Glasscherben gegurgelt und seine Zunge liegt wie ein toter Fisch in seiner Mundhöhle. Der Geschmack ist bitter und sauer zugleich – eine ekelerregende Mischung.

Als er nicht mehr rufen kann, weil ihm die Stimme versagt, merkt er, dass er sein Wasser nicht mehr halten kann. Plötzlich rinnt es warm an den Innenseiten seiner Schenkel entlang. Er pinkelt sich in die Hose. Wie ein Baby.

Nach einer Weile steigt ihm der beißende Uringeruch in die Nase und Basti muss sich übergeben. Er schafft es gerade noch, sein Gesicht zur Seite zu drehen, bevor er seinen Mageninhalt hervorwürgt.

Als nach einer Weile nichts mehr kommt, bleibt der Student völlig ermattet liegen. Er leidet unter fürchterlichem Durst und seine Kopfschmerzen nehmen wieder zu.

Schließlich dämmert er weg.

„Es ist bald sieben Uhr. Wir sollten nach ihm schauen." Oliver reichte Julie ein Skimaske und zog sich selbst auch eine über. „Setz die auf!"

„Wieso? Er kennt mich doch."

„Er wird sich nicht mehr an dein Gesicht erinnern. Tu, was ich dir sage, Julie!"

Sie gingen die Treppe runter in den Keller. Das Gebäude auf dem ehemaligen Bahnareal südlich der Ladehofstraße stand seit zwei Monaten leer. Dort hatte Oliver zwei Kellerräume bis zum Abriss gemietet, weil er dort „Akten lagern" wollte.

Er schloss die Tür auf und das Pärchen betrat den Raum.

„Mann, stinkt das hier nach Pisse!", meinte Julie und hielt sich die Nase zu.

„Der pennt", stellte Oliver fest. „Wecken wir ihn auf." Er rüttelte den Schlafenden.

Sonntag, 20. Juli, 19.10 Uhr

Als Basti erwacht, schaut er verwirrt die beiden Gestalten an, die sich über ihn beugen. Es dauert eine Weile, bis ihm klar wird, dass die Leute sich vermummt haben. Er schämt sich, dass er sich in die Hose gemacht hat.

„Bitte helfen Sie mir", flüstert er. „Bitte nehmen Sie die Fesseln ab. Und ich habe solch einen Durst. Bitte!"

Seine Stimme ist heiser und kaum zu verstehen.

Die größere der beiden Gestalten, es ist ein Mann, dreht sich zu dem Tisch um und ergreift einen Gegenstand. Es ist Bastis iPhone 6 Plus. Dann gießt er aus der Flasche Wasser in das Glas und zeigt es Basti.

„Wie ist das Passwort für dein iPhone?"

Basti schüttelt den Kopf. „Da sind alle meine Daten drauf."

Oliver schüttet den Inhalt des Glases auf den Boden.

Basti ist entsetzt. Sein Durst wird immer größer.

Die beiden Gestalten drehen sich um und verlassen den Raum.

Basti liegt auf Rücken und merkt plötzlich, dass er weint. Er kann den Durst kaum noch ertragen.

Vor der Kellertür zogen sich die beiden die Skimasken vom Kopf. Julie hatte ein rotes Gesicht und wirkte verschwitzt.

„Wir warten dreißig Minuten, dann gehen wir wieder rein. Wetten, dass er uns dann das Passwort gibt?" Oliver grinste.

„Mir tut er schon leid. Du hättest ihm doch etwas zu trinken geben können."

„Mache ich später. Wir sind doch nicht bei den Samaritern. Wir rauchen eine Tüte und dann gehen wir wieder rein."

Oliver stieg die Treppe hinauf und Julie folgte ihm.

Sonntag, 20. Juli, 20.05 Uhr

Basti wird wach, als sich der Schlüssel geräuschvoll im Schloss dreht. Er öffnet die Augen und sieht, dass der Mann die Tür hinter sich zuzieht und nicht abschließt. Die andere Person ist eine Frau, was Basti an den weiblichen Rundungen erkennt. Er hat keine Ahnung, wie er in diesen Raum gekommen ist, glaubt aber, sich an ein Mädchen erinnern zu können. Das war in einer Disko. Mehr weiß er nicht. Er vermag keinen Zusammenhang zwischen der Disko und dieser Frau herzustellen.

Der Mann füllt wieder Wasser in das Glas. „Das Passwort!", befiehlt er und hält das Glas so schief, dass etwas Wasser ausläuft.

„porschemacan", krächzt Basti. „Kleine Buchstaben und ein Wort."

Der Mann aktiviert das iPhone und tippt das Kennwort ein. „Stimmt", sagt er. Die Stimme wirkt ruhig und beherrscht.

„Trinken", stöhnt Basti.

Die Frau, die noch nichts gesagt hat, nimmt das Glas, hebt Bastis Kopf an und endlich kann er trinken.

„Mehr Wasser!", verlangt er.

Der Mann nickt der Frau zu. Die schüttet den Rest des Wassers in das Glas und Basti bekommt noch einmal zu trinken.

„Danke." Er ist den beiden wirklich dankbar, dass sie ihm zu trinken gegeben haben.

„Kommen wir zum Geschäft, Bastian", sagt der Mann. „In deiner Geldbörse sind die BankCard und deine Kreditkarte. Ich will beide Geheimnummern."

Jetzt wird Basti klar, was die beiden wollen. Er schweigt.

Der Mann wartet einen Moment. „Ich schlage dir ein Tauschgeschäft vor. Du bekommst frische Unterwäsche und eine andere Hose. Wir geben dir ausreichend zu trinken und morgen bekommst du sogar etwas zu essen." Er macht eine kleine Pause. „Und wir stellen dir eine Campingtoilette in den Raum und legen eine Rolle Toilettenpapier dazu. Und ich bekomme die beiden Zahlen. Zweimal vier Zahlen für das alles."

Basti starrt den Mann an. „Ihr wollt mein Konto leerräumen."

Der Mann ergreift das iPhone. „Hier ist eine Banking-App der Targobank drauf. Ich will den Zugang. Wenn du ihn verweigerst, gehen wir, schließen ab und kommen nie wieder zurück. Dann verreckst du hier unten." Er macht eine Kunstpause und lächelt Bastian an. „Wenn du uns allerdings die Zugangsdaten gibst, lassen wir dich später frei. Du tust uns einen Gefallen und wir tun dir einen."

Das erscheint Basti eine vernünftige Lösung zu sein. Er nennt dem Mann die Zugangsdaten für die Banking-App und die beiden PINs.

„Ich überprüfe das", meint der. „Wenn du uns belogen hast, bist du tot."

„Die Nummern stimmen", flüstert Basti. „Bindet ihr mich los?"

Der Mann beschäftigt sich mit der Banking-App und weiß nach drei Minuten, dass sich rund einhundertzwanzigtausend Euro auf dem Konto befinden.

„Wir fahren jetzt zur Bank, später kommen wir zurück. Wir heben zwei Drittel ab und du behältst ein Drittel. Vierzigtausend für jeden von uns. Das finde ich fair. Wenn alles klappt, binden wir dich los."

Der Mann und die Frau verlassen den Raum und Basti hört, wie sich der Schlüssel knirschend in dem alten Schloss dreht.

Er ist wieder alleine mit seinen Gedanken und seiner Angst. „Hoffentlich kommen sie bald", denkt er. Dann fällt ihm etwas auf. Die Stimme des Mannes kommt ihm bekannt vor. Und auch die Stimme der Frau hat er schon einmal gehört.

Basti beschließt, darüber nachzudenken.

Aber nun merkt er, dass er dringend aufs Klo muss.

Bei der Filiale der TargoBank in der Maxstraße lief alles problemlos. Mit der BankCard konnte Oliver tausend Euro abheben und mit der goldenen MasterCard zweitausend. Das waren insgesamt dreitausend.

„Nicht schlecht für den Anfang", meinte Julie.

„Das ist kläglich und nicht praktikabel", war Olivers Antwort. „Weißt du, wie lange wir brauchen werden, um alles Geld abzuheben? Vierzig Tage! Meinst du, die lassen uns vierzig Tage Geld abheben, ohne dass es jemandem auffällt? Irgendwann suchen die Eltern ihren Sohn oder die Kommilitonen wollen wissen, was Bastian treibt. Wir müssen eine Möglichkeit finden, schnell an das Geld ranzukommen."

„Und wie willst du das machen?", wollte Julie wissen.

„Zuckerbrot und Peitsche. Lass mich nur machen."

„Und dann fahren wir nach Holland und kaufen das Gras ein?"

„Dann fahren wir nach Amsterdam. Da brauchen wir mit zehntausend erst gar nicht anzufangen. Mit den hundertzwanzigtausend kriegen wir ein richtig großes Paket, für das wir hier mehr als das Doppelte bekommen. Und danach investieren wir in Tschechien, Julie."

Das Mädchen überlegte. „Wenn wir das zwei- oder dreimal machen, haben wir genug Geld, um uns in Italien ein Haus zu kaufen. Das tun wir doch, Oli?"

„Das werden wir genau so machen, wie wir es abgesprochen haben, Julie."

Die beiden stiegen in den Golf und fuhren zurück in den Stadtosten. Im Kofferraum lagen die Sachen, die sie Bastian versprochen hatten.

Sonntag, 20. Juli, 21.15 Uhr

In seinen Gedärmen rumort es und Bastian krümmt sich, um seinen Schließmuskel unter Kontrolle halten zu können. Endlich hört er draußen Schritte auf der Treppe, das Licht geht an und der Schlüssel dreht sich im Schloss. Der Mann und die Frau betreten den Raum. Sie haben einige Sachen bei sich, die sie auf dem Boden abstellen. Wieder tragen beide ihre Skimasken.

„Ich muss ganz dringend auf das Klo. Ihr habt doch eins mitgebracht?"

Bastians Blick bleibt an dem großen Karton hängen, auf dem *Camping-Toilette* steht.

„Sofort."

Das Pärchen packt die blau-weiße Toilette aus und stellt sie in die Nähe des Lichtschachts.

„Bindet mich bitte los und lasst mich alleine. Schnell!", fleht Bastian.

Vier schnelle Messerschnitte später ist Bastian frei. Er will sich aufrichten, fällt aber sofort um, weil die Durchblutung an Beinen und Armen gestört ist. Während die beiden den Keller verlassen, kriecht er auf allen Vieren zur Toilette. Mühsam tastet er sich an der Mauer hoch und hockt sich, im wahrsten Sinne des Wortes in letzter Sekunde, auf die Toilette.

Als er sein Geschäft erledigt hat, öffnet er das Fenster zum Lichtschacht. Ein schneller Blick nach oben: Der Lichtschacht ist vielleicht eineinhalb Meter hoch und oben befindet sich ein Gitter.

„Das kann man sicher wegdrücken", überlegt Bastian. Er zieht die nasse Unterhose und die Jeans aus und findet die frischen Sachen in einer Plastiktüte. Er entdeckt zwei Flaschen Wasser und trinkt erst einmal. Dann hört er, wie die Tür sich öffnet und die beiden reinkommen.

„Puh, stinkst du!", meint das Mädchen.

Das geöffnete Fenster fällt dem Mann sofort auf. „Du wirst ja schon gesehen haben, dass du da nicht durchpasst, Basti. Ach so", er streckt seine Hand aus, „gib mir deine Uhr."

Bastian zieht seine Omega vom Handgelenk. Seine Eltern haben sie ihm zum Abitur geschenkt. „Ich habe alles gemacht, was ihr von mir verlangt habt. Dafür fesselt ihr mich nicht mehr. Das wäre doch fair. Oder?"

„Einverstanden." Der Mann zeigt auf den Ausgang. „Das ist eine feuerfeste Eisentür, die du nicht zerstören kannst. Und …", er macht eine wegwerfende Handbewegung, „der Schacht ist viel zu eng für dich. Noch nicht einmal Julie …", der Mann merkt, dass er einen Fehler gemacht hat, „ich meine, sie kommt da auch nicht durch."

Bastian tut, als habe er den Fehler nicht bemerkt. Als er den Namen Julie hört, meint er sich an etwas erinnern zu können. Er hat doch ein Mädchen in der Disko kennengelernt. Hieß die nicht auch Julie?

„Hör zu, Mann. Wir konnten nur Dreitausend von deinem Konto abheben. Wir wollen aber mehr auf einmal. Wie geht das?" Die Stimme des Mannes klingt zornig. Scheinbar ärgert er sich über seinen Fehler. Drohend baut er sich vor Bastian auf, der auf dem Sofa sitzt. Mit einer automatisierten Bewegung, die Bastian schon einmal beobachtet hat, überprüft er den Sitz seiner Hose. Erst zieht er die Hose weit nach oben, über die Hüften hinaus, dann verschiebt er den Bund mehrmals nach links und rechts und endlich rückt er die Hose in die Mitte, wobei er gleichzeitig den Reißverschluss überprüft.

Bastian schmerzen die Beine, nur die Arme sind soweit wieder okay. Er überlegt, woher er diese Bewegung kennt. Mit einem Mal weiß er, wer der Mann ist: Oliver Hölloher. Mit dem ist er auf dem Robert-Schuman-Gymnasium Cham drei Jahre in die gleiche Klasse gegangen.

„Wie können wir mehr Geld abheben, hab ich dich gefragt!" Der Mann ist ungeduldig.

„Das geht nur über die Bank. Ich muss selbst dort erscheinen und bei einem Kundenberater die Höchstgrenze ändern. Gehen wir also am besten zusammen zur Bank, Oliver. Du bist doch Oliver, oder?"

Der macht einen schnellen Schritt rückwärts. „Wie kommst du darauf?"

„Wir waren in der gleichen Klasse. Deine Stimme hat sich nicht verändert, Oliver."

Während des Gesprächs steht Julie regungslos neben der Tür und hört dem Dialog zu. „Scheiße, Oli!", meint sie. „Jetzt kennt er unsere Namen."

„Kein Problem. Wenn wir das Geld haben, sind wir weg. Wir rufen dann von Brasilien aus an und sagen, wo sich Basti befindet. Was hier in Deutschland alles passiert, wird uns nicht mehr interessieren."

Mit einem raschen Griff zieht sich Oliver die Haube vom Kopf. Als Julie das sieht, macht sie es ihm nach.

„Wir kommen morgen wieder, Basti. Bis dahin hast du dir überlegt, wie wir an das Geld kommen. Schlaf gut."

„Ich weiß nicht …"

Das Pärchen hat sich bereits umgedreht und verlässt den Kellerraum.

Basti hört, wie sie die Tür abschließen. Das Licht schalten sie nicht aus.

„Was machen wir denn jetzt, Oli? Er kennt uns. Wenn er wieder aus dem Keller raus ist, wird er uns bei den Bullen verpfeifen." Julies Stimme klang weinerlich. „Und warum hast du gesagt, wir fahren nach Brasilien? Ich will nicht nach Brasilien. Meine Mami ist krank. Das weißt du doch!"

„Du bist einfach dumm, Julie", murmelte Oliver.

Er startete den Wagen und fuhr los. „Man wird uns in Brasilien suchen, während wir in Italien, Holland und Tschechien unterwegs sind. Und jedes

Mal, wenn wir in Deutschland sind, besuchen wir deine Mutter", erklärte er ihr.

„Okay. Das musst du mir versprechen."

„Versprochen."

„Wirst du ihm was tun?"

„Nein, wir brauchen ihn ja. Er muss einen Brief an seine Eltern schreiben, dass sie das Geld für ihn abholen. Wir schicken die Uhr mit, dann glauben sie uns und tun, was wir von ihnen verlangen."

„Wir wollten sie doch im Internet verkaufen. Ist sie nicht wertvoll?"

„Ich glaube nicht, dass sie mehr als drei- oder vierhundert Euro bringt. Die können wir leicht verschmerzen."

Julie schien beruhigt zu sein. „Ich brauche dringend eine Linie. Ziehen wir uns eine rein und dann gehen wir ins Bett."

„Klar", antwortete er. „Aber geschlafen wird nicht."

„Bestimmt nicht. Ich habe da eine bessere Idee." Julie kicherte.

Montag, 21. Juli, nachts

Jetzt probiert Bastian schon zum vierten Mal, sich durch den Lichtschacht zu schlängeln. Aber immer bleibt er mit den Hüften und seinem Gesäß in der Biegung stecken. Mit seinen Fingerspitzen kann er über sich das Abdeckgitter erreichen, aber es scheint festzusitzen. Weil es dunkel ist, kann er nicht erkennen, ob es irgendwo angeschraubt ist.

Bastians Hüften schmerzen und die Haut über den Beckenknochen ist abgeschabt. Die wunden Stellen, beide halb so groß wie sein Handteller, brennen wie der Teufel.

„Ich muss abnehmen!", denkt er. „Drei Kilo weniger und ich passe da durch. Und eine Art Schmiere, eine Creme oder so ähnlich, wäre auch nicht schlecht."

Sorgfältig überprüft der junge Mann, ob er am Fenster oder am Lichtschacht Spuren hinterlassen hat, was im Licht der schwachen Birne aber schwierig ist.

„Morgen ist auch noch ein Tag", denkt er und dreht die Birne soweit in der Fassung, bis das Licht ausgeht.

Bevor er sich auf das Sofa legt, trinkt er noch den Rest des Wassers aus der geöffneten Flasche.

Eine Minute später ist er eingeschlafen.

Später wird Bastian wach. Im Lichtschacht ist ein schwacher, grauer Schein zu sehen. Es muss früher Morgen sein. Urplötzlich wird ihm klar, dass Oliver und Julie ihn töten werden. Sie können ihn nicht gehen lassen. Der Student beginnt, Pläne zu schmieden.

Am späten Montagmorgen spuckte der Geldautomat die dreitausend Euro aus. Als Oliver es nach einer Stunde noch einmal versuchte, zeigte das Display auf dem Geldautomaten *Höchstgrenze erreicht* an.

Oliver fluchte. „Wir wollten den Kontakt zu den Angehörigen vermeiden. Aber jetzt muss Basti einen Brief schreiben."

Julie zuckte mit den Schultern. „Dann schreibt er halt. Ich habe Papier, einen Umschlag mit Briefmarke und einen Stift besorgt. Genauso, wie du es gesagt hast, Oli."

„Wir benötigen ein Päckchen für die Uhr. Das kann man bei der Post bekommen."

Von der TargoBank war es nicht weit bis zur Post am Hauptbahnhof. Julie musste hineingehen und ein faltbares DHL-Päckchen und eine zusätzliche Briefmarke kaufen.

Anschließend fuhren sie zum Keller.

Montag, 21. Juli, gegen Mittag
„Hier sind die Sachen. Schreib genau, was ich dir diktiere!"

Bastian sitzt an dem kleinen Tisch und hat das Briefpapier und den Umschlag vor sich liegen. Er spielt mit dem Kugelschreiber.

„Ich werde genau das tun, was ihr von mir verlangt. Aber ich verlange etwas zu essen. Das hattet ihr mir versprochen und Wasser ist auch nicht mehr da. Erst, wenn ihr mir mehrere Packungen Müsliriegel, zwei Sechserpacks große Flaschen Wasser und eine Dose Vaseline bringt, schreibe ich."

„Was willst du mit der Vaseline, Basti? Du brauchst doch hier keine Gleitcreme", wundert sich Julie. Plötzlich kichert sie.

Oliver schüttelt den Kopf über die dumme Frage. Julie geht ihm langsam auf den Keks.

„Ich habe hier stundenlang in meiner vollgepinkelten Hose gelegen und jetzt bin ich wund zwischen den Beinen. Da hilft Vaseline am besten", erklärt ihr Basti.

„Du schreibst jetzt!", befiehlt Oliver. Er scheint sich zu ärgern. „Wenn du nicht schreibst, bekommst du nichts."

„Und wenn ihr mir nichts bringt, könnt ihr nur Dreitausend pro Tag abholen. Irgendwann merkt das jemand und dann wird das Konto gesperrt. Entweder holt ihr mir die Sachen oder ihr könnt euch den Brief abschminken."

Oliver überlegt.

„Außerdem will ich frische Unterhosen und T-Shirts."

„Holen wir es ihm", sagt Julie, „sonst schreibt er nicht an seine Eltern."

Während die beiden hinausgehen, schaut Bastian ihnen nach. Er ist wirklich hungrig, denn er hat seit Samstagnachmittag nichts mehr gegessen.

Sie machten sich auf den Weg zum real-Markt in der Donaustaufer Straße. Dort war immer viel los und niemand würde sich an sie erinnern. Die paar Sachen, die Bastian gefordert hatte, waren schnell eingekauft. Ein Fünferpack Unterhosen und drei T-Shirts gab es für knapp zwanzig Euro.

„Das Billigste genügt", meinte Oliver.

Vom Personal ließen sie sich einen großen Karton geben, in dem sie alle Sachen verstauten. Falls sie jemand beobachtete, sollte es so aussehen, als würden sie weitere Akten in den Keller tragen.

Vom Auto aus rief Julie ihren Geschäftspartner an und bestellte vier Tütchen Koks. In der Mackensenstraße schnupfte jeder eine Portion und sie schauten sich den Film *Zombieland II* an.

Erst der zu Ende war, fuhren sie rüber zum Hotel, wie sie das Kellerverlies nannten.

Montag, 21. Juli, später Nachmittag

„Hier sind die Klamotten." Oliver stellt den Karton auf das Sofa.

Bastian sitzt immer noch am Tisch und es schaut aus, als habe er sich dort in den mehr als vier Stunden nicht wegbewegt.

Jetzt erhebt er sich und überprüft sorgfältig das Mitgebrachte. Es ist alles da.

„Hinsetzen und schreiben!", befiehlt Oliver. „Wir haben deine Wünsche freundlicherweise erfüllt und jetzt bist du dran."

Oliver beginnt zu diktieren. Der Brief fordert mit einfachen Worten zweihunderttausend Euro in kleinen Scheinen, zu übergeben nach einer telefonischen Aufforderung an einem noch zu benennenden Ort. Falls man die Polizei einschalte, würde Basti sterben. Als Beweis sende man seine Uhr mit.

Zum Schluss unterschreibt Bastian den Brief.

„Das war es. Meine Eltern werden ganz sicher zahlen."

„Wir hoffen das im beiderseitigen Interesse." Oliver klebt den Brief zu und steckt ihn ein. „Der kommt zu deiner Uhr ins Päckchen."

Nach einem Moment des Überlegens: „Du hast fünfzig Müsliriegel und achtzehn Liter Wasser. Wir geben das Päckchen noch heute als Expresssendung zur Post. Morgen Abend rufen wir deine Alten an. Danach müssen wir dringend etwas erledigen und so können wir erst am Donnerstag wiederkommen. Du hast ausreichend zu trinken und zu essen und dein Bett ist auch bequem. Schlaf dich aus."

„Das mit der Expresssendung könnt ihr euch sparen. Meine Eltern kommen erst am Mittwochmittag von einer Geschäftsreise zurück", erklärt Bastian. „Vor Mittwochabend könnt ihr sie nicht erreichen. Benutzt mein iPhone, dann werden sie auf jeden Fall ans Telefon gehen, wenn sie meine Nummer sehen. Könnt ihr es aufladen?"

„Sicher und danke für den Hinweis. Wir sehen uns am Donnerstagmorgen. Lass es dir nicht langweilig werden." Oliver grinst ihn höhnisch an. „Ach so. Wenn wir am Donnerstag nicht kommen, wollen deine Eltern nicht zahlen. Dann hast du Pech gehabt, Basti."

„Sie werden doch zahlen, oder?", fragt Julie ängstlich.

„Ich bin der einzige Sohn. Sie werden zahlen."

„Dann ist ja alles gut", sagt Julie sichtlich erleichtert.

Die beiden verlassen den Kellerraum und Bastian hört, wie Oliver zweimal den Schlüssel umdreht.

Er hat rund zweiundsiebzig Stunden Zeit, um abzunehmen und sich dann durch den Lichtschacht zu zwängen.

Bastian hat gar nicht vor, die Müsliriegel zu essen. Es wird sehr hart werden, dessen ist er sich bewusst. Aber es gibt keine Alternative. Wenn er nicht fliehen kann, wird Oliver ihn töten.

Dann beginnt er mit dem Sportprogramm: Schattenboxen, Sit-ups, auf der Stelle laufen und Liegestütz. Nach zwei Stunden ist er fix und fertig.

Die Post lag im Wohnhaus in dem Raum, den Bastians Eltern als ihr gemeinsames Arbeitszimmer eingerichtet hatten. Die Haushälterin hatte alles vorsortiert: Privates, Geschäftliches und Werbung. Ein einzelnes Päckchen lag neben den Briefstapeln.

„Es ist von Bastian", wunderte sich Frau Mahlmann und schnitt die Klebestreifen auf. Als sie die Uhr sah und den Brief las, wurde sie kreidebleich.

„Berthold! Man hat unseren Sohn entführt. Die wollen Zweihunderttausend." Sie sank auf ihren Bürostuhl.

Mahlmann nahm die Uhr, überprüfte die Gravur auf der Rückseite (*Bastian – zum Abitur*) und las den Brief durch.

„Wir müssen sofort die Polizei anrufen!"

Seine Frau schüttelte entsetzt den Kopf. „Sie werden ihn töten."

„Das werden sie auf jeden Fall, wenn wir ihn nicht finden", antwortete ihr Berthold leise.

Er griff zum Telefon.

Manuela Mahlmann saß wie ein Häufchen Elend hinter dem Schreibtisch und weinte lautlos.

In diesem Augenblick klingelte das Telefon, das Mahlmann in der Hand hielt. Verblüfft schaute er auf das Display. „Es ist Bastis Nummer." Frau Mahlmann fuhr aus ihrem Stuhl hoch. „Mach schon. Nimm das Gespräch an!"

Statt Bastian war ein Unbekannter in der Leitung. Dessen Stimme klang dumpf und irgendwie verzerrt.

„Sie haben das Päckchen bekommen. Wir haben Bastian. Wenn Sie nicht bis morgen siebzehn Uhr das Geld besorgt haben, werden wir Ihren Sohn dort zurücklassen, wo er sich jetzt befindet, und uns nicht mehr um ihn kümmern. Dann stirbt er dort. Wir rufen Sie um kurz nach siebzehn Uhr wieder an und sagen Ihnen, wo Sie uns das Geld übergeben. KEINE Polizei, sonst hat Bastian keine Chance. Wir beobachten Sie und merken, wenn Sie die Polizei einschalten. Wir beantworten keine Fragen und werden uns wieder melden."

Der Anrufer legte auf.

Geistesgegenwärtig hatte Mahlmann den Lautsprecher eingeschaltet, sodass seine Frau mithören konnte.

Manuela Mahlmann presste ihre Hände vor das Gesicht und sank zurück in den Stuhl. „Wir haben doch das Geld. Wir geben es den Leuten und bekommen unseren Sohn zurück." Sie ließ ihre Hände sinken und starrte ihren Mann an. „Du rufst die Polizei nicht an. Du gehst morgen zur Bank und holst das Geld."

„Die Polizei ist unsere einzige Chance, Manuela. Wenn wir sie nicht einschalten, nehmen sie das Geld und verschwinden. Du hast ja mitgehört. Sie scheinen ihn in eine Art Gefängnis gesteckt zu haben. Nur die Polizei kann den Ort finden, an dem er gefangen gehalten wird."

Mahlmann suchte nach einem weiteren Argument. „Die haben mit Bastis iPhone angerufen und die Polizei kann Handys orten. Die wissen dann, wo sich die Typen befinden, und können Basti befreien."

„Wenn unserem Sohn etwas passiert, sind wir geschiedene Leute. Merk dir das!" Manuela Mahlmanns Stimme klang streng.

Der Notruf ging in der Einsatzzentrale des Polizeipräsidiums Oberpfalz ein. Wie bei Mord läuft bei Entführung ein standardisiertes Vorgehen ab. Während ein Beamter aus dem Kommissariat 1 telefonisch die Grundinformationen von Berthold Mahlmann erhielt, waren die ersten beiden zivilen Einsatzwagen mit zwei Beamten des KDD und zwei Technikern unterwegs nach Cham.

Dienstag, 22. Juli, früher Morgen
Weil seine Blase schon wieder voll ist, wacht Bastian auf. Er uriniert in die Camping-Toilette. Die füllt sich bedenklich und stinkt. Er hat am Abend drei Flaschen Wasser getrunken, zum einen, weil er durstig war, und zum anderen verdrängt die kohlensäurehaltige Flüssigkeit für eine kurze Zeit das Hungergefühl. Sein Magen knurrt unüberhörbar.

Dienstag, 22. Juli, morgens
Im Schacht ist es eng und heiß. Die Scheuerstellen an seinen Hüftknochen haben sich vergrößert und nässen. Bastian versucht, die Schmerzen zu ignorieren. Schließlich rutscht er aus der Enge und cremt die Hüften mit Vaseline ein. Er muss mit der fettigen Creme haushalten.

Ein erneuter Versuch und jetzt kann er sich deutlich weiter nach oben schieben. Seine Finger ertasten zwei Schrauben, mit denen das Gitter über dem Lichtschacht von unten mit zwei Flacheisen verschraubt ist. Der Versuch, die Schrauben mit den Fingern zu drehen, misslingt.

„Säubern", denkt er. „Ich muss die Schrauben säubern, dann einfetten und mit einem Hebel drehen."

Als er aus dem Lichtschacht kriecht und wieder auf dem Boden steht, wird ihm schwindelig. Sein Hungergefühl wird immer schlimmer und er denkt nur noch an die Müsliriegel, die in dem Karton liegen.

Er beschließt, einen Riegel zu essen. Stück für Stück bricht er ab und kaut lange und bedächtig. Wenn er nicht bei Kräften ist, wird er die Schrauben nicht lösen können.

Dienstag, 22. Juli, nachmittags

Aus der alten, immer noch feuchten Unterhose hat Bastian einen Streifen Stoff gerissen, auf den er uriniert. Mittlerweile weiß er, wie er am besten in den Schacht klettern kann: Auf das Sofa steigen, die Arme hochhalten und sich mit den Beinen hochschieben. Er hat das Gefühl, deutlich abgenommen zu haben, denn er kommt ohne Probleme bis hoch an die Schrauben. Er verzichtet darauf zu schreien, denn das zweistündige Rufen am Mittag hat nur zu einem rauen Hals und dem Verlust seiner Stimme geführt. Er kann draußen nur ein leichtes, stetes Rauschen vernehmen, so als fließe ruhiger Verkehr auf einer großen Straße. Stimmen hört er nie.

Mit dem nassen Lappen reibt er die beiden Schrauben ein und hofft, dass sein Urin hilft, die Schrauben zu lösen. Dass ihm sein eigener Saft in den Nacken läuft, stört ihn nicht weiter.

Er stinkt sowieso.

Nun nimmt sich Bastian Zeit, sein Gefängnis noch einmal gründlich zu durchsuchen. Er braucht ein Stück Flacheisen oder einen Metallstab, mit dem er die Schrauben drehen oder ausheben kann. Der Tisch besteht ausschließlich aus Holz, der Stuhl und seine Toilette aus Kunststoff. Sein Blick fällt auf die Lampe, aber die hilft ihm auch nicht. Das Kabel, das direkt aus der Decke kommt, ist weich und die Fassung besteht aus Blech.

„Nicht brauchbar", ist seine Erkenntnis.

Der Blick des Studenten fällt auf das alte Sofa. Er weiß, dass es schwer ist. Um es von der Mauer wegzubewegen, muss er sich richtig anstrengen. Zuerst zieht er es von der Wand weg, dann versucht Bastian es anzuheben, damit er unter das alte Möbelstück schauen kann.

Mit einem Mal wird ihm wird schwarz vor Augen und er kippt nach vorne.

Dienstag, 22. Juli, später Abend

Als Bastian aufwacht, ist es dunkel. Ihm ist kalt und er hat Kopfschmerzen. Im ersten Augenblick weiß er nicht, was passiert ist.

„Warum liege ich hier auf der Erde?", denkt er.

Nach einer Weile zieht er sich stöhnend an dem Sofa hoch und setzt sich hin. Endlich fällt ihm ein, was er vorhatte. Eine Stelle auf der Stirn brennt so merkwürdig und Bastian ertastet eine weiche, krustige Stelle, die schmerzt. Er vermutet, er ist mit dem Kopf auf dem Boden aufgeschlagen.

Im Sitzen versucht er, seine Gedanken zu kontrollieren und zu ordnen. Die kreisen um die Müsliriegel im Karton.

„Nein! Ich ignoriere den Hunger", beschließt Bastian.

Er schnappt sich die nächste Flasche Wasser und trinkt in langen, durstigen Zügen. Anschließend entleert er seine Blase. Die Toilette ist fast voll und wird bald überlaufen.

Aber er kann nicht auch noch aufhören zu trinken.

Bastian legt sich hin und schläft sofort ein.

Mittwoch, 23. Juli, morgens

Ganz langsam wird Bastian von einem unangenehmen Gefühl wach. „Ich muss richtig auf die Toilette", denkt er.

Vorsichtig erhebt sich der Student und wird sich sofort seines Hungergefühls bewusst. In seinem Magen scheinen sich Steine zu befinden, die an den Magenwänden reiben und bohrende Schmerzen verursachen.

„Ich werde gleich einen weiteren Müsliriegel essen", beschließt er. Seine Beine zittern, als er sich erhebt und zur Toilette rübergeht. Sein Stuhlgang ist hart wie Stein und verursacht große Schmerzen.

Mit dem Rest Wasser aus einer Flasche wäscht sich Bastian die Finger. Danach isst er bewusst einen Müsliriegel. Er kaut langsam und genießt jeden Bissen.

„Heute ist Mittwoch", denkt er. „Meine Eltern kommen heute zurück. Mama wird sicherlich weinen, wenn sie den Brief liest."

Bastian ist sich im Klaren darüber, dass es ihm bis zum nächsten Morgen gelingen muss, aus dem Keller zu entkommen. Er hat ausreichend abgenommen und passt nun problemlos durch den Lichtschacht. Sein Problem sind jetzt die beiden Schrauben, die er irgendwie lösen muss.

Dieses Mal gelingt es ihm, das Sofa hochzuwuchten und auf die Rücklehne zu legen. Den Stoff, der unten gespannt ist, kann er problemlos zerreißen. Als er sich die Beine des Sofas betrachtet, kann er sein Glück kaum fassen: Sie sind mit stabilen Winkeleisen am unteren Rahmen verschraubt.

Mittwoch, 23. Juli, mittags
Nach langem, mühsamen Biegen und Rütteln hat er ein Bein mitsamt dem Winkeleisen vom Rahmen gelöst. Der Rest ist ein Kinderspiel, weil er auf das Eisen treten und das Holz weghebeln kann.

Mit dem Eisen und der Vaseline schiebt er sich in den Schacht. Vorher hat er das Sofa wieder umgelegt und zurück an die Wand geschoben. Es wackelt, aber er kann trotzdem draufsteigen.

Beide Schrauben werden mit Vaseline eingerieben. Dann findet er eine Stelle, an der er das Eisen gegen die Schraube verkeilen kann. Ein fester Ruck und die Schraube löst sich sofort. Mit den Fingern dreht er sie und lässt sie einfach fallen. Nun kann er das Gitter bereits ein oder zwei Zentimeter nach oben schieben.

„Das ging ja prima", denkt er. „Jetzt noch die zweite Schraube und in wenigen Minuten bin ich draußen."

Was immer er auch probiert, die Schraube sitzt bombenfest. Seine Arme schlafen ihm ein und er ist völlig entkräftet. Ohne Vorwarnung wird ihm schlecht und Bastian rutscht wie ein nasser Sack aus dem Lichtschacht. Er fällt auf das Sofa, das zur Seite umkippt. Der Sturz auf den Boden wäre eigentlich nicht so schlimm gewesen, aber er landet mit der Seite auf dem Bein des Sofas. Es knackst irgendwo im Bereich der Rippen, direkt unter seinem Arm, und der Schmerz fährt in seinen Körper, so als hätte ihm jemand ein Messer reingestochen.

Bastian wird ohnmächtig.

Er erwacht von den Schmerzen in der Seite und hat keine Ahnung, wie lange er auf dem Boden gelegen hat.

„Ich habe mir eine Rippe gebrochen", denkt er. „Vielleicht auch zwei." Bastian weiß, dass er nicht auf dem Boden liegenbleiben kann. Abwechselnd fluchend und weinend gelingt es ihm, das Bein unter das Sofa zu stellen und vorsichtig legt er sich hin.

„Nur nicht bewegen", denkt er.

Trotz der Stiche in der Seite beim Atmen schläft er ein.

Donnerstag, 24. Juli, nach Mitternacht

Als Bastian erwacht, ist es dunkel. „Sobald es hell wird, muss ich hier rauskommen", denkt er mit Schrecken. Er weiß nicht, ob er mit den schmerzenden Rippen in den Schacht kriechen kann. Aber er wird es versuchen.

Er liegt bewegungslos auf dem Rücken, starrt in die Dunkelheit und wartet auf den Morgen. Noch nie in seinem Leben hat er solch eine bodenlose Angst verspürt.

Er muss noch am Morgen durch den Lichtschacht raus, sonst wird man ihn heute töten.

Er stellt sich vor, wie es passieren wird. Ob Oliver eine Pistole hat? Oder wird er mit einem Messer auf ihn losgehen? Auf jeden Fall will sich Bastian wehren. Aber kann man sich wehren, wenn der andere eine Pistole hat? Vielleicht tun sie ihm etwas ins Essen oder in ein Getränk. Das hat Julie schon einmal gemacht. Was passiert, wenn man ihm einfach die doppelte Menge von den K.-o.-Tabletten gibt? Wie wollen sie ihn dazu zwingen, etwas zu trinken? Er wird sich einfach weigern!

Und mit einem Mal wird Bastian klar, was die beiden mit ihm vorhaben. Sie kommen nicht wieder. Sie lassen ihn hier unten sterben. Bald wird er die letzte Flasche Wasser getrunken haben und dann …

Entsetzen erfasst ihn und er bekommt Schüttelfrost. Wie ein Fötus krümmt er sich zusammen, vermeidet, seine Augen zu schließen, horcht nach draußen, aber nichts ist zu vernehmen.

Schließlich schläft er doch ein.

Die Polizei hatte das Wohnzimmer der Mahlmanns in Beschlag genommen. Alle Telefone und die Computer im Haus waren mit den technischen Geräten der Polizei verbunden worden.

Zwei Polizisten saßen auf der Couch und tranken Kaffee, ein Techniker nutzte das Arbeitszimmer, in dem er zwei Laptops aufgestellt hatte. Auf einem Desktop war eine Landkarte von Cham und Umgebung zu erkennen.

Der Leiter der Sonderkommission, ein Hauptkommissar, versicherte mehrfach, dass man nichts tun könne, außer auf den Anruf zu warten. Mehrere Zivilfahrzeuge seien in der Nachbarschaft positioniert und die Techniker hätten alles vorbereitet.

Um vierzehn Uhr fuhr Mahlmann zur Bank, um das Geld abzuholen. Als er zurückkehrte, erhielt er von der Polizei eine Tasche, in der ein winziger Sender verborgen war.

Nun hieß es wieder: Warten. Das zerrte an den Nerven aller Beteiligten.

Donnerstag, 24. Juli, morgens

Durch den Lichtschacht schimmert Sonnenlicht, als Bastian erwacht. Verwirrt fährt er hoch und greift sich stöhnend an die Seite, als der Schmerz ihm den Atem nimmt.

Als er Wasser gelassen hat, ist die Toilette bis zum Rand voll. Bei der nächsten Benutzung wird sie überlaufen.

Es stinkt in dem Raum und Bastian kann sich selbst nicht mehr riechen.

Wenn er steht, wird ihm sofort schwindelig. Der Hunger wühlt in seinen Eingeweiden und so beschließt er, einen Müsliriegel zu essen.

Es bleibt nicht bei dem einen – mit großen Bissen und, ohne viel zu kauen, schlingt er drei Stück hinunter.

„Hoffentlich habe ich jetzt nicht zugenommen", denkt er. Das Problem erledigt sich jedoch schnell, denn plötzlich wird ihm schlecht und er erbricht das, was er eben gegessen hat.

Ihm bleibt nichts anderes übrig, als viel Wasser zu trinken.

Als Bastian vom Sofa aus in den Schacht rutschen will, kippt es um. Er muss zurück und nach einem Moment des Überlegens gelingt es ihm, in relativ kurzer Zeit auch das zweite Bein des Sofas abzubrechen. Jetzt bildet es an der Wand eine schiefe Ebene und er kann sich relativ gut hochschieben. Die Schmerzen in der Seite versucht er mit zusammengebissenen Zähnen zu ignorieren.

Oben beginnt Bastian, an dem Gitter zu schieben und zu ziehen. Schnell wird ihm klar, dass er das Gitter nach oben und außen drücken muss. Wenn er es nach innen zieht, wird es den Schacht so verengen, dass er nicht hindurchpasst.

Das kräftefressende Schieben und Ziehen an dem Gitter ermüdet ihn schnell. Nach jeweils zwanzig Versuchen, so nennt er es, muss Bastian eine Pause machen. Jetzt schmerzen auch seine Knie, weil er die Beine im Schacht verspreizen muss, um seine Kraft richtig ansetzen zu können. Dann bemerkt er, dass sich das Gitter schon um mehr als fünf Zentimeter nach oben drücken lässt.

Plötzlich wird es Bastian schlecht und er sieht lauter kleine, schwarze Punkte vor den Augen. Entkräftet lässt er sich aus dem Schacht gleiten. Obwohl das alte Sofa schief steht, schläft er darauf sofort ein.

Er schläft lange und als er wieder aufwacht, wird es draußen schon dunkel.

Nach zwei Müsliriegeln, dieses Mal isst er bedächtig und kaut sie sorgfältig, und einem halben Liter Wasser kriecht er wieder in den Schacht.

„Ich werde so lange hier drin bleiben, bis ich das Gitter hochgeschoben habe", schwört er sich.

Es war genau 17.03 Uhr, als das Telefon klingelte. Der Techniker hielt fünf Finger hoch. Nach dem fünften Klingeln hob Mahlmann ab.

„Ja? Mahlmann hier."

„Haben Sie das Geld?" Das Display zeigte die Nummer von Bastians Handy.

„Ja, sicher. Wann …"

„Hören Sie einfach zu. Um Punkt zwanzig Uhr dreißig fahren Sie mit Ihrem Mercedes auf der B16 in Richtung Regensburg. Lassen Sie Ihr Handy eingeschaltet. Wir geben Ihnen unterwegs Bescheid, was Sie zu tun haben. Sie legen das Geld in einer Tasche auf den Beifahrersitz und fahren genau achtzig km/h. Keine Polizei! Niemand sonst ist in Ihrem Auto. Denken Sie daran, wir beobachten Sie. Denken Sie an Ihren Sohn!"

Ein Klicken – der Anrufer hatte aufgelegt.

„Der Anruf kommt aus Regensburg, genauer aus dem Bereich Furtmayrstraße – Landshuter Straße – Galgenbergstraße." Der Techniker gab Befehle in seinen Laptop ein. „Wir haben den Kontakt verloren. Die haben die SIM-Karte entnommen."

„Den Kontakt bekommen wir wieder, wenn sie Herrn Mahlmann anrufen. Dann haben wir sie", sagte der Hauptkommissar. Er wandte sich an Mahlmann: „Sie fahren so rechtzeitig los, dass Sie genau um zwanzig Uhr dreißig auf die B16 auffahren. Sie kennen sich dort aus?"

„Natürlich", antwortete Bastians Vater. Er wirkte ruhig und konzentriert.

„Und Ihre Polizisten werden dort sein?"

„Ich schicke bereits jetzt sechs zivile Einsatzfahrzeuge auf die Strecke, dazu werden an den Ausfahrten weitere Fahrzeuge bereitstehen. Außerdem wird ein Hubschrauber in der Luft sein."

Zum ersten Mal ergriff Frau Mahlmann das Wort. Sie hatte seit dem Mittag in einem Sessel gesessen und dem ganzen Treiben teilnahmslos zugeschaut. „Die Entführer sagen, sie beobachten uns. Die wissen doch dann, dass man unserem Wagen folgt."

„Das halten wir für eine Schutzbehauptung. Erstens ist seit gestern kein verdächtiges Fahrzeug in diesem Viertel aufgetaucht, was mir meine Beamten ansonsten sofort gemeldet hätten, und zweitens, wenn die das Haus beobachten würden, wüssten sie, dass die Polizei vor Ort ist. Sie wissen es aber anscheinend nicht. Das eine typische Drohung, wie sie bei Entführungen vorkommt," erklärte der Hauptkommissar.

Um 20.15 Uhr machte sich Mahlmann auf den Weg. Die zwei Sender, einer in der Geldtasche und der andere, der sich im Kofferraum befand, funktionierten einwandfrei.

„Wir sind bereit, Julie. Heute bekommen wir das Geld und dann geht es sofort ab nach Holland. Wir übernachten irgendwo unterwegs und morgen Abend kaufen wir ein. Wir machen gute Geschäfte und wir werden reich", schwärmte Oliver.

Sie hatten sich zwei Linien reingezogen und Pillen nachgeworfen. Julies Wangen waren gerötet und ihre Pupillen groß wie Ein-Euro-Stücke.

„Das tun wir", bestätigte sie.

Das Pärchen fühlte sich unbesiegbar.

Von der Auffahrt Muckenbach aus hatte sie einen guten Blick auf die herannahenden Autos. Sie standen an der Stelle, wo oft Fahrzeuge vom Zoll parkten und den Verkehr beobachteten.

„Das ist der Mercedes", sagte Oliver. „Er muss es sein. Nur achtzig km/h, eine Person im Fahrzeug und das Kennzeichen CHA-MA1."

Oliver gab Gas und hatte Mahlmanns Wagen bereits nach einem Kilometer eingeholt. „Siehst du Polizeiwagen?", fragte er Julie.

„Nichts zu sehen." Sie drehte sich mehrfach nach hinten um. „Nichts."

Im Hubschrauber hatte der Beobachter das Fahrzeug identifiziert. „Heller Golf Typ IV, wahrscheinlich silbermetallic, Kennzeichen …", er zoomte den Wagen heran, „R-XX146."

„Halterfeststellung läuft", gab der Hauptkommissar über Funk durch. „Alle Teams auf den Zugriff vorbereiten."

Die Teams meldeten sich mit einem kurzen „Verstanden".

Das Netz zog sich zu.

Kurz nach Muckenbach klingelte Mahlmanns Handy, das er über Bluetooth mit seinem Wagen verbunden hatte.

„Mahlmann. Was soll ich machen?"

„Halten Sie das Tempo. Fahren Sie das Fenster an der Fahrerseite runter. Wenn wir JETZT sagen, halten Sie sofort die Tasche aus dem Fenster. Sie schauen nach vorne und nicht zur Seite. Wenn wir die Tasche haben, bremsen Sie unverzüglich ab und bleiben auf dem Standstreifen stehen. Sie warten dort bis zum nächsten Anruf. Wir lassen dann Bastian frei."

Das Gespräch wurde beendet.

Der Mercedes fuhr gut einhundert Meter vor ihnen. Oliver und Julie drehten sich nach allen Seiten um, aber es waren keine verdächtigen Fahrzeuge zu sehen. Es gab Verkehr, aber alle überholten sie, denn nur Deppen fuhren auf der B16 mit achtzig km/h dahin.

„Anrufen!", befahl Oliver und verringerte die Distanz zum Mercedes.

Julie stellte die Verbindung her und hielt Oliver das iPhone vor den Mund. Als sich Mahlmann meldete, sagte er: „Jetzt!"

Sie befanden sich kurz vor der Ausfahrt Wolferszwing. Oliver gab Vollgas.

Der Anruf kam und Mahlmann machte das, was der Entführer von ihm verlangt hatte. Der Wagen hinter ihm, er hatte ihn schon die ganze Zeit im Rückspiegel beobachtet, beschleunigte, holte auf und war plötzlich direkt neben ihm.

Es war gar nicht so einfach, den Arm mit der Tasche ruhig aus dem Auto zu halten, geradeaus zu fahren und nur nach vorne zu schauen.

Julie lehnte sich möglichst weit aus dem Wagen und griff nach der Tasche. „Näher, Oli!", schrie sie. Dann gelang es ihr, den Griff zu fassen. Sie riss Mahlmann die Tasche aus der Hand und zog sie ins Auto. Es gab ein hässliches Knirschen, als sich beide Seitenspiegel berührten und von ihren Autos lösten.

Oliver gab Gas und blickte in den Rückspiegel. Der Mercedes verlangsamte und fuhr rechts ran.

„Der macht genau das, was wir ihm gesagt haben", triumphierte Oliver. „Wir haben gewonnen!"

Julie kreischte vor Glück. „Oh Oli", schrie sie, „du bist ein Genie!"

Im Helikopter befahl der Beobachter: „An alle Einheiten. Zugriff!"

Donnerstag, 24. Juli, früher Abend

Den Schwur, so lange im Lichtschacht zu bleiben, bis das Gitter so weit weggebogen ist, dass ein Entkommen möglich ist, kann Bastian nicht halten.

Krämpfe in den Beinen und Atemnot zwingen ihn dazu, aus dem Schacht zu steigen und sich wieder hinzulegen.

Er isst zwei Müsliriegel und trinkt viel Wasser.

Als sich seine Blase meldet, pinkelt er einfach in eine Ecke des Raums.

Darauf kommt es jetzt auch nicht mehr an.

Donnerstag, 24. Juli, vor Mitternacht

Wie verrückt rüttelt und drückt Bastian an dem Gitter. Jetzt steht es fast schon senkrecht. Eine letzte Kraftanstrengung und plötzlich knackt es. Die Metalllasche, in die die zweite Schraube gedreht wurde, ist abgebrochen. Das Gitter lässt sich ganz umklappen und nun ist der Weg frei nach oben.

Irgendwie schafft es Bastian nicht, in die Freiheit zu klettern. Ihm wird schlecht und er muss sich übergeben. Die Rippen schmerzen und urplötzlich hat er Angst, hier in dem Schacht steckenzubleiben und zu sterben. Keuchend und panisch hyperventilierend saugt er den Sauerstoff in sich rein.

Entkräftet lässt er sich nach unten rutschen. Sein Rücken und seine Hose strömen den sauren, ätzenden Geruch des Erbrochenen aus.

Zitternd und weinend legt sich Bastian auf die Liege. Er schläft nach wenigen Minuten ein.

Die drei Wagen tauchten aus dem Nichts auf. Vor dem Golf zog ein Audi A6 auf die B16 und zwang Oliver zum Abbremsen.

„Depp!", fluchte der.

Von hinten näherten sich zwei Autos, eins davon setzte mit hoher Geschwindigkeit zum Überholen an, während der andere Wagen dem Golf fast an der Stoßstange hing.

„Idioten!", brüllte Oliver, dem nun im wahrsten Sinne des Wortes ein Licht aufging.

Denn auf dem Dach des vorausfahrenden Audi erschien ein Blaulicht und hinten, im Rückfenster, leuchtete ein rotes Schild auf: „Polizei – bitte folgen".

Oliver wollte nach links hinüberziehen, doch neben ihm fuhr der Wagen, der ihn eben noch überholen wollte, und drängte ihn nach rechts ab auf den Standstreifen. Auch auf diesem Wagen und auf dem hinter ihm fahrenden drehten sich nun die Blaulichter.

„Scheiße, das sind Bullen. Die haben uns verarscht", meinte Julie völlig fassungslos.

Olivers Reaktion kam auch für die Polizisten überraschend. Er legte eine Vollbremsung hin und, noch während der Golf ausrollte, sprang er aus dem Wagen und rannte los.

Der Fahrer des Mercedes Sprinter mit der tschechischen Zulassung hatte keine Möglichkeit auszuweichen. Er versuchte vergeblich zu bremsen, erwischte den Mann mit gut siebzig km/h und schleuderte ihn mit einem dumpfen Geräusch wie eine Puppe zurück auf die Gegenfahrbahn.

Oliver war sofort tot.

Julie saß auf dem Beifahrersitz, hielt die Tasche mit dem Geld fest an sich gepresst und schrie und schrie ...

Erst als der herbeigerufene Notarzt ihr eine Spritze verpasst hatte, beruhigte sie sich.

„Die Frau darf in frühestens drei Stunden verhört werden", ordnete der Arzt an. „Auch wenn ein anderes Leben davon abhängt."

Freitag, 25. Juli, kurz vor dem Morgengrauen
Die Schmerzen in den Beinen sind auf ein erträgliches Maß gesunken. Der Gestank in dem Raum ist mittlerweile kaum noch auszuhalten. Nur von oben, aus dem Schacht, kommt frische Luft.

Trotz der immer stärker werdenden Stiche in der Seite beschließt Bastian, jetzt in die Freiheit zu klettern. Es geht einfacher, als er es sich gedacht hat. Den Einstieg in den Schacht beherrscht er fast im Schlaf. Er schiebt sich hoch, die Arme nach oben gestreckt, ergreift den oberen Rand, drückt mit den Beinen nach und ist nun mit dem Kopf über dem Rand. Seine Knie verspreizen sich und seine Arme drücken ihn noch höher. Der Oberkörper ist bereits draußen und als er die Arme streckt, kommt sein Gesäß über den Rand.

Bastian zieht die Beine nach und tastet in der Dunkelheit den Bereich um den Lichtschacht ab. Der Boden scheint eben zu sein. Langsam und vorsichtig macht er den ersten Schritt, gebeugt vor Schmerzen. Er ist endlich draußen.

Im schwachen Licht der Nacht erkennt er, dass er sich auf einem verwilderten Grundstück befindet. Weiter vorne sieht er einen Lichtschein. Dort scheint eine Laterne zu stehen, auf die er zugeht.

Nach wenigen Schritten tritt er ins Leere und stolpert. Das Loch ist nicht tief, keinen halben Meter, aber es genügt, um Bastian zu Fall zu bringen. Er fällt vorne über und als er sich mit den Händen auffängt, hört er das trockene Knacken eines brechenden Knochens.

Er setzt sich auf und weiß, dass er sich das rechte Handgelenk gebrochen hat. Mühsam kommt er hoch und vorsichtig, mit den Füßen den Boden vor sich abtastend, wankt er auf den Lichtschein zu, den schmerzenden Arm fest an die Brust gepresst.

Noch nie sind ihm fünfzig Meter so weit vorgekommen. Die Lampe steht an einer Straße, in der links und rechts ein paar Autos geparkt sind. Die Häuser liegen im Dunkeln, nur hinter zwei oder drei Fenstern ist ein Lichtschein zu erkennen.

Bastian lehnt sich gegen den Laternenpfahl und rutscht an ihm runter. Er sitzt dort auf dem kühlen Boden und ist so fertig, wie er es noch nie in seinem Leben gewesen ist.

Er überlegt, was er jetzt machen soll, kann aber nicht richtig denken, weil er so erschöpft ist.

„Meine Name ist Beate Konnert-Bauer. Ich bin Kriminalkommissarin. Frau Marquardt, Sie müssen uns sagen, wo Bastian Mahlmann ist."

„Sagen Sie doch Julie zu mir." Die Stimme der jungen Frau klang leise und weinerlich. „Ich bin so fertig. Kann nicht mehr."

„Gut, Julie. Sobald Sie uns sagen, wo sich Bastian befindet, dürfen Sie schlafen." Beate rückte näher an Julie ran. „Bisher sind sie nur der Beihilfe zur Entführung und zur Erpressung schuldig. Aber wenn Bastian etwas passiert ist, kommt Beihilfe zum Mord hinzu. Das bedeutet mindestens fünfzehn Jahre. Wenn Sie einen strengen Richter haben, kann es auch lebenslänglich bedeuten. Wenn Sie rauskommen, sind Sie eine alte Frau."

Endlich schien Julie zu realisieren, wie es um sie stand. „Ich zeige es Ihnen ja. Ich weiß doch, wo er ist", schluchzte sie.

Die Kommissarin sprang auf. „Kommen Sie, Julie!", befahl sie und zog die junge Frau aus dem Vernehmungsraum. „Fahren wir."

Die Kollegen hatten im Nebenraum zugehört.

„Wir haben unten zwei Wagen stehen und ich fordere noch den Notarzt an", rief der Kollege vom KDD. „Wir nehmen auch die Eltern mit."

Die saßen völlig übermüdet draußen auf dem Gang. Herr Mahlmann hatte seinen Arm um die Schultern seiner Frau gelegt und sprach leise und besänftigend auf sie ein.

Frau Mahlmann starrte wortlos ins Leere.

Freitag, 25. Juli, 5.15 Uhr

„Was machen Sie denn hier?", fragt der Mann mit dem Fahrrad verblüfft. Er trägt die Zeitungen aus und steht nun ziemlich fassungslos vor der stinkenden Gestalt, die dort unter der Laterne auf dem Pflaster sitzt.

„So viel kann ein Mensch doch gar nicht saufen, dass er so streng riecht", überlegt er.

Die jämmerliche Gestalt hebt den Kopf und möchte etwas sagen. Sie krächzt etwas, was der Zeitungsausträger aber nicht versteht.

Bevor der noch einmal fragen kann, kommen von hinten Autos herangerauscht. Blaulicht zuckt über die Hauswände und taucht alles in ein unwirkliches Licht.

Verdutzt dreht sich der Zeitungsausträger um. Zwei Polizeiwagen haben direkt hinter ihm angehalten und jetzt erscheinen auch noch ein Notarztwagen und ein Rettungswagen.

Vier Männer und zwei Frauen springen aus den beiden Polizeiwagen.

„Bastian!", schreit die Frau.

„Mama", flüstert der fassungslos. „Was machst du denn hier?"

„Sie können weiter Ihre Zeitungen verteilen." Die Kriminalpolizistin dreht sich zu dem Zeitungsausträger um. „Wir reden morgen noch einmal mit Ihnen."

Der Mann mit dem Fahrrad schüttelt den Kopf und macht sich an seine Arbeit. „Dinge gibt es", meint er, „die gibt es gar nicht."

Die Staatsanwaltschaft Regensburg erhob Anklage gegen Julia Marquardt wegen Beihilfe zur Entführung, Erpressung, Freiheitsberaubung, Körperverletzung und anderer Delikte.

„Sie werden mit einer langen Freiheitsstrafe rechnen müssen", hatte ihr der Pflichtverteidiger erklärt.

Zurzeit unterzieht sich Julia einem Drogenentzug in einer geschlossenen Einrichtung. Der Prozess soll im Herbst beginnen.

Bastian Mahlmann wird nach seiner vollständigen Genesung seine Bachelor-Arbeit fertigschreiben und dann in die elterliche Firma eintreten.

Breitling & Co

„Das ist eine Erhöhung von …", Juwelier Günter Riebel überschlug die Summe, „rund zweihundertfünfzig Prozent. Das kann ja niemand mehr zahlen!"

„Es sind genau zweihundertfünfundfünfzig Prozent, Herr Riebel. Ich weiß, was Sie jetzt denken. Aber auch die Versicherungen müssen wirtschaftlich arbeiten und die Risiken regelmäßig neu berechnen. Sie wissen ja, was bei Ihrem Kollegen, Juwelier Mühlbacher, vorgefallen ist."

Riebel nickte. „Natürlich weiß ich das. Das weiß jeder Juwelier in Bayern."

„Sehen Sie, Herr Riebel. Und die Mühlbachers waren nicht die Einzigen. Alleine in Süddeutschland hatten wir in den letzten zwei Jahren mehr als zwanzig Blitzüberfälle auf Juweliergeschäfte. Der Schaden geht in die Millionen und ALLE waren bei uns versichert." Der Versicherungsvertreter, ein gutgekleideter, gelfrisierter, junger Mann vom Typ dynamischer Aufsteiger, tippte mit dem Zeigefinger auf die Tabelle mit den neuen Tarifen.

„Und Sie bekommen sogar einen Nachlass von zwanzig Prozent, weil schon Ihr Herr Vater bei uns versichert war."

Günter Riebel lehnte sich in seinem Bürostuhl zurück. „Lässt sich da nichts machen?"

„Doch", antwortete ihm der Jungdynamiker. „Es gibt zwei Möglichkeiten. Erstens. Sie investieren einhundertfünfzig- bis zweihunderttausend in neue Sicherheitssysteme, überprüfen Kunden per Kamera, bevor Sie sie ins Geschäft lassen, installieren eine Rundumüberwachung mit einer Direktleitung zu einem Security-Unternehmen, das wir für Sie aussuchen. Zudem kann kein Kunde Ihr Geschäft verlassen, ohne dass Sie den Ausgang elektronisch freigeben. Dann können wir die Prämie auf einhundertfünfzig Prozent senken."

Riebel schüttelte den Kopf. „Das werde ich nicht tun. Meine treuen Kunden kommen oft nur zu einem kleinen Fachgespräch herein und für die möchte ich die Tür immer offen halten. Ich habe ein Juweliergeschäft und kein Gefängnis. Außerdem: Was mache ich, wenn ein Räuber ins Geschäft kommt und er nicht wieder hinauskann? Er dreht durch, nimmt sich eine Geisel, er schießt wild um sich oder so ähnlich."

Der Versicherungsvertreter zuckte mit den Schultern.

„Aber Sie haben von einer zweiten Möglichkeit geredet."

„Gehen wir doch in den Verkaufsraum." Dort schaute sich der Versicherungsmensch um. „Sie machen einfach Folgendes …"

Als er dem Juwelier seinen Vorschlag unterbreitet hatte, blieb dem minutenlang der Mund offen stehen. Als Riebel sich wieder gefasst hatte, fragte er völlig konsterniert: „Das meinen Sie doch wohl nicht im Ernst, junger Mann?"

„Doch", antwortete der ihm ungerührt. „Das ist mein voller Ernst."

Guido knallte mir den Artikel, den er im Internet gefunden und ausgedruckt hatte, auf den einzigen Tisch, der in meiner winzigen Wohnung stand. Während ich ihn durchlas, trank er seine Dose Bier in langen Zügen leer und rülpste anschließend laut.

Vier Räuber hatten am Dienstag (04.08.15) das Juweliergeschäft in der Regensburger Innenstadt gestürmt. Der ganze Überfall dauerte offenbar gerade einmal eine Minute. Sie betraten das Geschäft, versprühten Pfefferspray und zerschlugen mit Äxten mehrere Vitrinen, in denen sich teure Uhren befanden. Sie nahmen mehrere Rolex-Uhren mit und rannten aus dem Geschäft an der Ludwigstraße. Am Arnulfsplatz stiegen die vier Männer dann auf Fahrräder und flüchteten.

(Quelle: http://www.br.de/nachrichten/oberpfalz/inhalt/einbruch-regensburg-juwelier-100.html vom 07.08.2015)

„Ja, und?", wollte ich wissen. „Willst du das Ding auch durchziehen? Die Nummer ist zu groß für dich, Guido."

„Warum nicht, Jo? Natürlich nicht beim Mühlbacher. Die Nummer wäre wirklich viel zu groß für uns. Wir fangen eine Nummer kleiner an. Wir nehmen uns den …"

„Stopp!", unterbrach ich ihn. „Du redest immer von wir. Ich mache auf keinen Fall mit. Die haben mich erst vor zwei Wochen entlassen. Ich muss zweimal in der Woche zum Bewährungshelfer und man hat mir für das letzte Jahr drei Jahre Bewährung aufgebrummt. Ich habe keine Lust mehr auf die Augustenburg. Ich suche mir einen Job, gehe arbeiten und zahle meine Schulden zurück."

Guido grinste mich an. „Und wer nimmt dich, Jo? Du wurdest aus der siebten Klasse entlassen, hast keine Berufsausbildung und hast fünf Jahre gesessen. Und du musst jeden Morgen um sechs aufstehen. Das willst du ja wirklich nicht. Oder?"

Ich starrte ihn an. „Da mache ich nicht mit. Such dir einen anderen!"

Weil kein Bier mehr im Kühlschrank war, verzog sich Guido schnell und ließ mich auf der durchgesessenen Couch zurück.

Ach so. Vielleicht stelle ich mich erst einmal vor: Joachim Butzinger. Joachim sagt niemand zu mir. Entweder heiße ich „Jo" oder „Herr Butzinger". Das Letztere sagen aber nur die Polizisten und die von der Justiz. Aus diesem Grund hasse ich das „Herr Soundso" und höre „Jo" viel lieber.

Da saß ich nun auf der Couch und Guidos Worte klangen mir in den Ohren: „Und wer nimmt dich, Jo?"

Schließlich verscheuchte ich den Gedanken, den mir mein Kumpel in den Kopf gesetzt hatte. Ich wollte ehrlich werden, arbeiten, in einer richtigen Wohnung wohnen und nicht in diesem feuchten Dreckloch. Das hatte ich mir geschworen, als sie mich rausließen.

Sechs Wochen später sah alles anders aus. Die Zicke vom Arbeitsamt meinte, ich solle erst einmal einen Computerkurs besuchen. So saß ich eine Woche lang mit ein paar anderen Typen in einem kahlen, muffeligen Raum im Obergeschoss eines Gebäudes im Regensburger Gewerbepark und hörte mir den langweiligen Schwachsinn an, den uns ein unmotivierter Lehrer für Informatik erzählte. Die Rechner waren langsam und immer zwei Leute mussten sich einen teilen. Als wir dann noch am Freitagnachmittag eine Lernzielkontrolle schreiben sollten, hatte ich die Faxen dicke und verabschiedete mich.

Resultat: Ich musste bei der Arbeitsamt-Zicke antanzen, wurde von ihr belehrt, dass es nicht Arbeitsamt heißt, sondern Bundesagentur für Arbeit und dann sperrte sie mir die Stütze. Der Strom wurde abgestellt und der Kühlschrank war, bis auf zwei Zwiebeln und eine Dose Kaffeesahne, leer. Gähnend leer.

Was blieb mir anderes übrig, als Guido anzurufen?

„Das habe ich dir ja prophezeit!", meinte er lakonisch. „Ich komme gleich zu dir. Rühr dich nicht weg!"

Wohin sollte ich mich denn rühren? Kein Geld in der Tasche und draußen regnete es in Strömen.

Guido kam und brachte zwei Sixpacks Bier vom Discounter mit. Nach der dritten Dose schmeckte das Zeug gar nicht mal so übel.

Um Mitternacht stand der Plan. Den hatten wir echt gut durchdacht und es konnte eigentlich gar nichts schiefgehen. Dachte ich. Guido natürlich auch.

Drei Tage vor dem Coup gingen wir zum letzten Mal alles genau durch:
1. Samstags hat das Geschäft am Kohlenmarkt bis 16 Uhr geöffnet.
2. Um 15 Uhr beginnt das Pokalspiel Jahn Regensburg gegen FC Erzgebirge Aue in der Continental Arena. Die Fans beider Vereine hassen sich und die Polizei wird eine Menge zu tun haben.
3. Die Polizei befindet sich im Süden der Stadt, während wir uns in Richtung Norden davonmachen werden.
4. Ein 250er Roller ist wendiger und schneller in der Stadt als ein Auto.
5. Guido hat eine Vespa besorgt. Die steht vollgetankt hinter dem Gartenhaus seiner Oma in Sarching.

6. Die Ausrüstung haben wir beschafft. Zwei blaue Arbeitsoveralls und zwei Paar Arbeitshandschuhe, gekauft bei Aldi. Wir ziehen unsere ältesten Schuhe an und entsorgen sie hinterher.

7. Bei Ebay gab es zwei gebrauchte Motorradhelme für vierundzwanzig Euro und einen handlichen Edelstahl-Eispickel ersteigerten wir für zwanzig Euro fünfzig.

8. Guido und ich besitzen alte Rucksäcke.

9. Morgen werde ich mir das Geschäft von innen anschauen.

10. Guido muss sich noch Pfefferspray besorgen. Den besonders starken bekommt man in Tschechien auf dem Vietnamesen-Markt.

Das Juweliergeschäft Günter Riebel liegt am Kohlenmarkt 2, Ecke Zieroldsplatz. Ich stand vor der Auslage und tat so, als schaue ich mir die Uhren in den Schaufenstern neben der Eingangstür an.

Die Breitling und Co lagen auf Samt, wurden dezent beleuchtet, blinkten und funkelten im Licht der LED-Lampen. Eine fiel mir sofort auf. Sie besaß so ein goldenes Drehding, drei goldene Knöpfe rechts und auch die Zeiger und die drei kleinen Ziffernblätter auf dem großen waren vergoldet. Auf einem kleinen Schild stand *Breitling Chronomat 44 GMT*. Und dann sah ich den Preis: zwölftausend Euro.

Wer gibt zwölf Riesen für einen Wecker aus?

Und von der Sorte lagen da noch mehr rum, gut gesichert hinter dem Panzerglas der Schaufenster. Da kam man nur mit einem Schaufelbagger oder einer Sprengladung ran.

Ich gab mir einen Ruck und betrat das Geschäft. Es gab zwei Räume. Im vorderen bemerkte ich rechts eine Kasse mit einem kleinen Kassentisch, dahinter verglaste Schränke, in denen Schmuck und Uhren lagen. Auf der linken Seite steckten Prospekte in einem Ständer und in einem Glasschrank waren Uhren der Marke Junghans ausgestellt. Die Marke kannte ich. Zur Kommunion hatte mir Onkel Albert auch eine Junghans geschenkt. Die Uhr besaß ich immer noch, nur lief sie nicht mehr. Die Batterie war leer.

„Kann ich Ihnen helfen?" Eine junge Dame war neben mir aufgetaucht und schaute mich freundlich an.

„Meine Uhr läuft nicht mehr. Sie benötigt eine neue Batterie. Können Sie das machen?" Ich zog meine Junghans vom Handgelenk.

„Selbstverständlich. Das dauert nur zwei Minuten." Sie verschwand durch eine Tür, die ich bisher noch nicht bemerkt hatte.

Weiter hinten, im zweiten Raum, saß eine Dame an einem Tisch und ordnete Unterlagen in einen Aktenordner. Sie war wohl für den Papierkram zuständig. Hinter ihr befanden sich in einem Schrank, den ich nur teilweise sehen konnte, eine Menge Uhren.

Und dann sah ich die beiden viereckigen, allseitig verglasten Vitrinen. Sie standen auf einem Sockel aus Kirschholz, waren gut einen Meter hoch und drehten sich langsam und lautlos. In ihnen fiel das Licht auf mindestens zwanzig Breitling-Uhren, die man sich so von allen Seiten betrachten konnte.

Von diesen Vitrinen hatte Guido gesprochen.

„So, die Uhr läuft wieder." Die junge Dame war zurück aus dem Nebenraum gekommen. „Es macht siebenfünfzig. Soll ich Ihnen die Uhr in eine kleine Tüte tun?"

„Nein, danke. Ich ziehe sie wieder an." Ich zahlte, sagte freundlich „Auf Wiedersehen" und ging hinaus.

Die Breitling in den Vitrinen waren quasi schon unser Eigentum.

Nur noch zweimal schlafen.

Als wir am Samstagmorgen, so kurz nach elf, aufstanden, regnete es beständig und es besserte sich den ganzen Tag nicht. Das Wetter war ideal für unser Vorhaben. Die Leute versteckten sich unter ihren Regenschirmen und hatten Besseres zu tun, als sich um zwei Männer auf einem Motorroller zu kümmern.

Um zwei Uhr kam Guido mit dem Roller und holte mich ab. Es war eine gut erhaltene Vespa, die er sich vom Hof eines großen Zweiradhändlers in der Kirchmeierstraße ausgeliehen hatte. Unsere beiden Räder standen bereits vor dem Shisha Café am Fischmarkt und waren durch eine Kette mit Zahlenschloss gesichert. Man muss in Regensburg sehr vorsichtig sein – es gibt eine Menge Ganoven in der Stadt, die nur darauf warten, einem das Rad zu klauen.

Wir überprüften noch einmal jeden Meter, fuhren unseren Fluchtweg ab und stellten fest, dass wir weniger als drei Minuten benötigen würden, den Coup durchzuziehen, den Roller abzustellen, auf unsere Räder umzusteigen und davonzuradeln.

„Das wird ein Kinderspiel!", meinte Guido.

Um Punkt 15 Uhr stoppte ich vor dem Juweliergeschäft, genauer gesagt vor dem Schaufester links vom Eingang. Ich ließ den Motor im Stand laufen und zog eine alte Karte aus der Tasche des Overalls, die ich irgendwo gefunden hatte. Angestrengt starrte ich darauf, fuhr mit dem Finger Straßen nach und tat, als suche ich den richtigen Weg. Niemand kümmerte sich um mich. Das war auch gut so, denn es wäre schnell aufgefallen, dass ich einen Stadtplan von Bozen studierte.

Währenddessen war Guido im Geschäft verschwunden und wenige Sekunden später hörte ich eine Frau schreien. Nicht sehr laut, denn die Eingangstür war von Guido verschlossen worden. Dann klirrte es leise zweimal und nach einem Moment der Stille schimpfte ein Mann laut, bis seine Tirade durch ein Stöhnen abrupt unterbrochen wurde.

Danach dauerte es maximal eine Viertelminute und Guido spazierte aus der Tür. Ich merkte, wie er hinten auf den Roller stieg und mir auf die Schulter klopfte.

Erster Gang rein und Gas. Rechts um die Ecke, über den Zieroldsplatz, durch die Gasse mit dem komischen Namen Schmerbühl, rüber zum Fischmarkt. Auf der anderen Straßenseite führt eine kleine Gasse runter zur Donau.

Dort, hinter einer Hausecke, bockten wir die Vespa auf. Die Helme verschwanden in den Rucksäcken und wir drehten uns um, gingen flotten Schritts zurück zum Fischmarkt, sperrten vor dem Shisha Café die Kette auf und schwangen uns auf unsere Drahtesel. Mittlerweile goss es in Strömen und keine Sau kümmerte sich um uns.

Als wir die ersten Polizeisirenen hörten, befanden wir uns schon auf dem Eisernen Steg. An dessen Ende trennten wir uns. Ich bog nach links, Guido nach rechts ab. Eine gute halbe Stunde später saßen wir in meiner Bude und strahlten uns an.

Guido knackte zwei Dosen Bier und gab mir eine. „Es war wirklich ein Kinderspiel", erklärte er. „Ich bin rein. Die junge Blonde schaut mich an und fängt an zu schreien. Da habe ich ihr eine Portion Pfefferspray verpasst. Aber voll in die Visage! Die hat gleich aufgehört zu quieken."

„Mann", fragte ich, ihn bewundernd anblickend. „War die alleine im Laden?"

„Anfangs", fuhr Guido fort. „Ich hole den Eispickel raus und schlage zu. Einmal rechts, dann links. Das Glas platzt wie Zuckerwatte und ich will den ersten Wecker greifen, da kommt plötzlich der Alte aus dem zweiten Raum. Er schreit mich an und ich verpasse ihm auch eine Portion Pfeffer. Das stellt ihn ruhig. Und dann habe ich die Uhren eingesteckt und bin rausgegangen. Einfach so. Es war ein Kinderspiel, wie schon gesagt."

„Zeig sie schon her, Mann!"

Guido nahm den Helm aus dem Rucksack und zog langsam einen Stoffbeutel hervor, den er auf der Couch ausleerte. Uns gingen die Augen über! Einundzwanzig Breitling-Uhren, eine schöner und funkelnder als die andere.

„Geil!", sagte ich. „Das gibt eine Menge Kohle." Ich nahm eine in die Hand und legte sie um mein rechtes Handgelenk. „Würde mir auch passen, Guido."

„Vergiss es. Was meinst du, was dein Bewährungshelfer sagt, wenn du mit 'ner Breitling in sein Büro kommst? Der holt sofort die Bullen."

Ich legte die Uhr zurück. „War ja bloß ein Gedanke, Guido." Er hatte recht. Außerdem hatte ich ja noch meine Junghans. Die lief top mit der neuen Batterie.

„Wir warten noch zwei Tage, dann stellen wir sie einzeln bei Ebay ein. Aber nicht in Deutschland, sondern in Rumänien. Dort kann man alles verkaufen, was Wert besitzt und es kümmert kein Schwein, wo es herkommt", erklärte mein Kumpel.

„Und was bringen die uns?"

„Muss ich erst im Internet nachschauen."

Am Abend, als wir das dritte Sixpack öffneten, kannten wir uns aus. Die Uhren besaßen einen ungefähren Verkaufswert von einhundertfünfzigtausend. Wir rechneten großzügig mit einem Erlös von einem Drittel, also fünfzigtausend.

Fünfundzwanzig Riesen für jeden von uns.

Ein Streifenwagen stand vor dem Eingang zum Juweliergeschäft und drei uniformierte Polizisten verwehrten den Neugierigen und der Presse den Zugang zum abgesperrten Bereich. „Vorübergehend geschlossen" stand auf einem handgeschriebenen Blatt Papier, das innen an der Eingangstür klebte.

Im Geschäft kümmerte sich der Notarzt nun um den Juwelier und wusch dessen Augen aus. Der jungen Verkäuferin war der Schrecken noch ins Gesicht geschrieben und sie tupfte immer wieder ihre Tränen ab. Die Augentropfen und eine Injektion ließen den Schmerz ließ langsam geringer werden und nun konnte sie schon wieder einigermaßen klar sehen.

„Mein Name ist Andreesen. Kriminalkommissarin Andreesen." Die junge Kriminalbeamtin zog einen Stuhl heran und setzte sich zu der jungen Frau. „Sind Sie in der Lage, mir jetzt ein paar Angaben zu machen?", fragte sie. „Ich kann mir vorstellen, wie Sie sich jetzt fühlen. Aber umso schneller wir die Beschreibung des Täters haben, desto größer ist die Chance, dass wir ihn schnappen."

Die junge Frau nickte. „Es waren zwei", erklärte sie. „Draußen vor dem Schaufenster hat ein Motorrad geparkt. Ich habe es knattern gehört. Als der Räuber raus ist, sind sie sofort weggefahren."

„Aha. Und wie sah der Täter aus?", wollte die Kriminalkommissarin wissen.

„Etwas kleiner als ich. Er trug einen schwarzen Motorradhelm, Bauhandschuhe und einen blauen Overall. So einen, wie die Handwerker anhaben. Mit Brusttaschen. Und er hatte einen großen, schwarzen Rucksack, in die er den Beutel mit den Uhren gepackt hat."

„Ach so. Wie sah der Beutel aus?"

„Es war ein heller Stoffbeutel mit einem Aufdruck von der Marien-Apotheke. Die kenne ich. Sie befindet sich in Stadtamhof."

„Gut. Und ..."

Während Jenny Andreesen behutsam die junge Frau befragte, wartete Kriminalhauptmeister Bündchen darauf, dass der Notarzt die Behandlung des Juweliers beendete. Unterdessen kümmerte sich sein Kollege, Kriminalhauptmeister Bernhard Graf, um die Spurensicherung. Er fotografierte die zerstörten Vitrinen und pinselte dunklen Staub auf die Reste des Glases. Deutlich waren dort Fingerabdrücke zu erkennen.

Der Notarzt nickte schließlich und packte seine Sachen zusammen. „Jetzt kann Herr Riebel wohl Ihre Fragen beantworten."

„Mein Name ist Bündchen. Herr Riebel, eine erste Frage. Haben Sie Videoaufnahmen vom Überfall?"

„Sicher", meinte der Juwelier und zeigte auf die Vitrine hinter der Kasse. „Darin befindet sich eine kleine Kamera. Außerdem sind weitere auf der anderen Seite, über der Eingangstür und in den Schaufenstern installiert. Auch der andere Verkaufsraum und meine Werkstatt werden lückenlos überwacht."

„Ich benötige eine Kopie der Aufnahmen. Ein Kollege kommt gleich und kümmert sich darum."

„Das ist kein Problem. Ich stelle Ihnen alles zur Verfügung, Herr Bündchen."

„Gut. Nun die zweite Frage. Haben Sie schon einen Überblick, was gestohlen wurde?"

„Den habe ich ganz genau, Herr Bündchen." Juwelier Riebel erhob sich und ging rüber zur Kasse. Dort zog er eine Schublade auf. „Hier ist eine Aufstellung über die Uhren und ihren Wert."

Bündchen meinte, ein leichtes Lächeln über das gerötete Gesicht des Juweliers huschen zu sehen. Er nahm die Aufstellung und als er einen Blick darauf warf, war ihm die Überraschung deutlich anzusehen. „Das müssen Sie mir schon näher erklären, Herr Riebel", meinte er.

„Das ist ganz einfach …"

Wir konnten es nicht mehr abwarten und noch am Sonntagabend stellte Guido die erste von drei Breitling-Uhren bei www.ebay.ro.com ins Netz:

Breitling Transocean Chronograph
Edelstahl und Gold, handgenähtes Armband
Zustand NEU
Ohne Papiere aus einem geplatzten Export-Geschäft

„Drei Tage genügen", erklärte er. „Am Donnerstag haben wir die erste Kohle."

Innerhalb der ersten drei Stunden lagen die Gebote schon bei zwanzig Prozent des Wertes. Für die goldene Transocean Chronograph mit Lederarmband bot jemand aus Sibiu sogar dreitausendfünfhundert. Der Käufer hatte fünfzig positive Bewertungen, was darauf schließen ließ, dass er seriös war.

„Der zahlt bestimmt noch mehr", prophezeite mir Guido. „Dieser Wecker kostet in Deutschland mindestens zehntausend."

Am Mittwochabend, als die Versteigerung beendet war, zählten wir zusammen: achttausendeinhundertzwanzig Euro. Alle drei Ticker gingen an den Erstbieter, einen gewissen Francesco Macrescu aus Sibiu, Rumänien. Der wollte sich mit Guido hinter dem Grenzübergang Schärding, kurz vor Ort im Innkreis, treffen und dort das Geschäft erledigen: Uhren gegen Geld.

Am Donnerstagnachmittag machte sich Guido in dem alten Polo seiner Oma auf den Weg nach Österreich.

Kurz vor zwanzig Uhr klingelte mein Telefon. Ich sah auf das Display: Guidos Nummer. „Alles klar, Guido?", wollte ich wissen.

Es rauschte und knackte, dann stöhnte jemand und machte Geräusche, so als wenn er kotzen würde.

„Guido?", fragte ich. „Bist du es?"

Wieder würgende Geräusche. „Jo", flüsterte eine Stimme, die mich nur entfernt an die meines Kumpels erinnerte. „Jo. Haben uns reingelegt. Jo, der Typ …"

Plötzlich Wortfetzen, ein Knacken, dann das Besetztzeichen.

Ich versuchte zurückzurufen, aber Guido meldete sich nicht.

Im Kühlschrank standen vier Flaschen Sekt. Der gute von Rotkäppchen. Ich schüttete mir zwei Flaschen rein und ging ungewohnt früh schlafen – so gegen zwei Uhr.

Der Krach warf mich fast aus dem Bett. Bevor ich irgendwie reagieren konnte, standen ein paar schwarze Typen in meiner Bude und, noch ehe ich fragen zu vermochte, was los war, lag ich schon auf dem Boden und trug diese Einweghandschellen.

„Ich verhafte Sie wegen Beihilfe zum Schweren Raub nach § 250 Abs. 3 StGB und wegen anderer Delikte, Herr Butzinger", sagte ein Polizist. „Alles was Sie sagen …"

Das kannte ich. Und wie ich es hasste, „Herr Butzinger" genannt zu werden.

Jetzt sitze ich wieder in der Augustenburg. Guido ist gestorben. Direkt nachdem er mich angerufen hatte, war er auf dem Parkplatz von einer Zivilstreife der österreichischen Gendarmerie gefunden worden. Sein Handy hielt er noch in der Hand und meine Nummer stand auf dem Display. Sagen konnte er nichts mehr. Die Kopfverletzungen waren zu schwer gewesen, haben mir die Bullen erzählt. Von dem Rumänen gibt es keine Spur. Nur drei kaputte Breitling-Uhren hat man neben Guidos Auto gefunden. Jemand hatte sie mit dem Absatz zertreten. Es waren billige China-Kopien.

Der Juwelier hatte, extra für solche Deppen wie uns, einundzwanzig wertlose Kopien in den Vitrinen drapiert. Und wir haben sie geklaut und für echt gehalten. Wir hätten bloß richtig hinschauen sollen: Breitling mit Quarzwerk. Das ist so wie Porsche mit Lada-Motor.

Und alle Bullen lachten mich aus. Nur diese junge Kommissarin, Andreesen heißt sie, schien ein wenig Mitleid mit mir zu haben.

Mein Verteidiger meint, ich komme mit zwölf bis fünfzehn Monaten davon. Und dann ist da noch der Rest, der zur Bewährung ausgesetzt war. Macht zusammen mindestens zwei Jahre, vielleicht zweieinhalb.

Wenn ich wieder rauskomme, werde ich mir eine Arbeit und eine vernünftige Wohnung suchen und anfangen, meine Schulden abzuzahlen.

Herr Günter Riebel hat mir erlaubt, in dieser Geschichte seinen Namen zu verwenden. Die Angaben über die Sicherheitseinrichtungen sind reine Fiktion.
Selbstverständlich stellt Herr Riebel in seinen Vitrinen keine billigen Imitate aus.

Der Kambodschaner

Der Asiate, so nannten ihn die Bewohner des Hauses, vermied es, mit anderen Leuten den Fahrstuhl zu teilen. Er achtete sorgfältig darauf, sich immer alleine in der Kabine zu befinden und stieg sofort wieder aus, wenn jemand zustieg. Entweder wartete er, bis der Fahrstuhl zurückkam oder, wenn er sich im fünften oder sechsten Stock befand, nutzte er die Treppe hinauf zu seiner Wohnung.

Das Haus im Westen von Regensburg besaß sechs Stockwerke mit je vier Wohnungen. In einem Teil des Dachbodens hatte der Hausverwalter eine weitere „Wohnung" eingerichtet. Es gab zwei winzige Zimmer, keines war größer als zehn Quadratmeter. Hinter einem Vorhang befanden sich eine Toilette und ein Waschbecken mit warmem und kaltem Wasser und in einem der Zimmer gab es eine Kochgelegenheit mit zwei Kochplatten.

Die Einrichtung bestand aus einem alten Bett aus Bundeswehrbeständen mit einer fleckigen Matratze, einem zerkratzten Bundeswehrspind und einem klapprigen Tisch, an dem zwei Plastikstühle standen. Nägel in der Wand, an denen der Asiate Kleidungsstücke aufgehängt hatte, ersetzten eine Garderobe.

Der Bewohner besaß nur wenige persönliche Gegenstände: ein paar Kleidungsstücke, drei Sätze verschlissener Bettwäsche, vier fadenscheinige Handtücher und ein paar Toilettenartikel. In einem alten Koffer bewahrte der Asiate eine größere Anzahl von Büchern auf, alle in englischer Sprache geschrieben. Ein altes, defektes Röhrenfernsehgerät, verbunden mit einer nutzlosen Zimmerantenne, vervollständigte seinen Besitz.

Die Wohnung war ideal für den Asiaten. Er hielt sich illegal in Deutschland auf und der Hausverwalter kassierte jeden Monat die Miete bar auf die Hand. Die Wohnungsgesellschaft hatte keine Ahnung von der fünfundzwanzigsten Mietpartei.

Ein Illegaler in einer illegalen Wohnung. Wen kümmerte das?

Die Hausbewohner sahen den Asiaten nur selten und niemand hatte ihn jemals etwas anderes sagen hören als „Guten Tag". Sie hielten ihn für einen Chinesen oder Japaner. Die Vermutung war falsch. Der Asiate kam aus Kambodscha.

Die beiden Herren, Chinesen aus Hongkong, die ein gut verständliches Englisch sprachen, wurden vom Direktor der Regensburger Filiale einer luxemburgischen Privatbank und seinem Abteilungsleiter für Geschäftskredite mit großer Höflichkeit empfangen. Es war bereits das dritte Mal innerhalb von vier Jahren, dass Manager von Shimanei Property Holdings aus Hongkong, vertreten durch Shimanei Europe Holdings mit Sitz in Monaco, einen Millionenkredit aufnahmen, um einen Geschäftskomplex zu errichten. Die ersten Kredite waren vertragsgemäß innerhalb von drei Jahren zurückgezahlt worden. Weil die Chinesen Zinsen von einem Prozent über dem üblichen Zinssatz akzeptierten, waren sie gerngesehene Kunden und der Vertrag wurde schnell unterschriftsreif.

Die Chinesen legten einen Auszug aus dem Grundbuch der Stadt Regensburg vor. Shimanei Europe Holdings hatte ein Grundstück im Südosten von Regenburg gekauft und wollte dort ein Gebäude errichten. Zukünftige Mieter waren auch schon vorhanden: ein Geschäft für hochwertige asiatische Waren und ein großes Asia-Restaurant. Der Businessplan erwies sich als sorgfältig ausgearbeitet und der solide, konservative Finanzplan überzeugte die beiden Banker, den Chinesen einen Geschäftskredit von eins Komma zwei Millionen Euro zu gewähren. Beigetragen dazu hatten die Akzeptanz eines erhöhten Zinsniveaus und die neuen Rolex-Uhren, die die Bankmanager nach Verabschiedung ihrer Geschäftspartner an ihren Handgelenken trugen.

Das Gebäude errichtete eine rumänische Firma aus Fertigteilen in Rekordzeit, die Inneneinrichtungen und die Waren kamen in Containern aus China und wenig später waren im ersten Stock der Markt für Luxus Asia-Waren und im Erdgeschoss das Restaurant Goldener Wok eingerichtet, während auf den anderen Baustellen noch geplant, vermessen und die Fundamente und Keller gegossen wurden.

Die Köche, Servierkräfte und Verkäuferinnen nahmen ihre Arbeit auf. Sie waren alle Asiaten. Der Kambodschaner arbeitete an der Bar des Goldener Wok, jeden Tag von 10 bis 23 Uhr, sieben Tage die Woche. Einen Tag im Monat bekam er frei, den er immer verschlief.

Sorgfältig studierte der Mann im altmodischen, grauen Trenchcoat das Schild am Eingang des Restaurants Goldener Wok:

Jeden Tag drei wechselnde Mittagsmenüs in Buffetform für nur 7,90 €

All you can eat!

0,5 l Softgetränke nur 2,90 €.

Der Mann im Trenchcoat trat ein und schaute sich um. Links befand sich der Getränkeausschank mit der Zapfanlage für lokale Bierspezialitäten. Die Gläser standen in Schränken mit Glastüren und auf einem Regal erblickte der Mann eine Auswahl von Spirituosen. Ein Asiate schenkte gerade Getränke ein. Er sah auf und nickte dem Mann höflich zu.

Gegenüber, auf der rechten Seite, direkt neben der Eingangstür, stand ein fast mannsgroßer, goldener Buddha, der den Gast fett anlächelte. Daneben erblickte dieser das obligatorische Aquarium, in dem große Malawi-Buntbarsche ihre Runden drehten. Sein Blick wanderte weiter in den Gastraum. Links war das Mittags-Buffet aufgebaut, daneben befanden sich die offenen Feuerstellen, auf denen abends in Woks heiße Speisen zubereitet wurden. Der Mann überschlug die Sitzplätze: zehn runde Tische mit je zehn Stühlen und eine größere Anzahl von Vierer- und Sechsertischen. Das Lokal besaß mehr als einhundert Sitzplätze.

Wie aus dem Nichts erschien eine junge, zierliche Chinesin, die sich vor dem Mann im Trenchcoat verbeugte. „Darf ich Ihnen einen Platz anbieten?", fragte sie höflich.

„Ich hätte gerne den da." Der Mann zeigte auf den ersten Tisch.

„Selbstverständlich. Bitte folgen Sie mir." Die Chinesin ging voran.

Als der Gast den Hut abnahm und seinen Mantel auszog, bemerkte die Frau, dass er links nur einen Armstummel besaß. Sie half ihm, Mantel und Hut an eine Garderobe zu hängen und bot ihm einen Stuhl an.

Seufzend nahm der Mann Platz. Seine Aktentasche, die er auf dem Tisch abgelegt hatte, fand nun ihren Platz auf einem zweiten Stuhl.

„Kann ich bitte den Geschäftsführer sprechen?", bat er die Bedienung. Er besaß eine ruhige, wohlklingende Stimme.

„Das bin ich. Was kann ich für Sie tun?"

„Oh, entschuldigen Sie bitte. Sie sind sehr jung für eine Geschäftsführerin eines so großen Restaurants."

„Danke für Ihr Kompliment."

Der Mann wirkte leicht verlegen. „Mein Name ist Berger. Ich bin Bauingenieur und werde mindestens drei Monate hier im zentralen Planungsbüro arbeiten. Ich liebe chinesisches Essen und möchte jeden Tag meine Mittagspause von zwölf bis vierzehn Uhr hier verbringen. Ich nehme immer ein Mittagsmenü, eine Apfelschorle und nach dem Essen trinke ich gerne eine Kanne grünen Tee. Und bitte reservieren Sie mir von montags bis freitags diesen Platz hier. Nach dem Essen werde ich noch in Ruhe etwas arbeiten. Ist Ihnen das recht?"

„Das ist uns sehr recht, Herr Berger." Die Geschäftsführerin verneigte sich höflich.

„Wie ist Ihr werter Name?"

„Li. Nancy Li."

„Gut, Frau Li. Heute nehme ich das Hähnchen süß-sauer. Und bringen Sie mir bitte einen Löffel. Mit Messer und Gabel kann ich nur wenig anfangen." Berger lächelte und bewegte seinen Armstummel.

Nach einer Woche grüßte jeder im Lokal den Gast mit Namen. Auch der Kambodschaner am Getränkeausschank sagte jedes Mal, wenn Berger kurz vor zwölf Uhr eintrat, „Guten Tag".

Der Gast bestellte täglich ein anderes Essen, trank dabei die obligatorische Apfelschorle und hinterher den grünen Tee, während er seinen Laptop aufgeklappt hatte und konzentriert arbeitete.

„Ich überprüfe und korrigiere Materiallisten und bestelle notwendige Baumaterialien für die Neubauten, die die Firma HTI, Hoch-Tief International, hier errichtet", hatte er erklärt, als ihn Frau Li einmal fragte, was er denn da mache. Sie war verblüfft darüber, wie schnell er mit einer Hand die Listen in seinem Laptop bearbeitete. Jeden Tag, pünktlich um 13.50 Uhr, verlangte Berger die Rechnung. Er legte fünfzehn Euro auf den Tisch, faltete die Quittung sorgfältig zusammen und steckte sie ein. Dann erhob er sich, ließ sich in den Mantel helfen und ging zurück an seine Arbeitsstelle.

Der sogenannte Ameisentransfer funktionierte ganz einfach. In jedem Flugzeug, das aus Hongkong oder Beijing in Frankfurt oder München landete, saßen mindestens zehn chinesische Staatsbürger, die zwischen neuntausenddreihundert und neuntausendachthundert Euro an Bargeld mit sich führten. Erst ab zehntausend Euro muss die Einfuhr beim Zoll schriftlich angemeldet werden. Fragten die Zöllner bei Stichproben nach dem Besitz von Bargeld, erhielten sie den korrekten Betrag genannt. Dann zeigten die Passagiere Prospekte von Fashion-Outlets vor, in denen sie einkaufen wollten, oder gaben an, im Schwarzwald bei Kienzle oder in Glashütte in Sachsen hochwertige deutsche Uhren erwerben zu wollen.

Den Zöllnern fiel das natürlich auf, aber sie konnten nichts machen. Alles war legal.

Im Transferbus, auf dem Weg zwischen Flughafen und Hotel, kassierten grimmig blickende Männer, immer flankiert von zwei vierschrötigen Bodyguards, das Geld von den Ameisen und leiteten es an einen Kurier weiter. Jede Ameise erhielt einhundert Euro für die Einfuhr des Geldes. Das notwendige Barkapital für die Tour durch Europa hoben sie mithilfe ihrer Kreditkarte an den nächsten Bankautomaten ab.

So gelangten täglich im Durchschnitt zwischen einer halben Million bis achthunderttausend Euro an Bargeld, vorbei am Zoll, nach Deutschland und landeten in den Safes bei Shimanei Europe Holdings in Monaco. Das Geld gehörte einer chinesischen Triade aus Hongkong. Von Monaco aus wurde es weiterverteilt und in den Wirtschaftskreislauf der EU geschleust. Das war ein Vorgang, den Fachleute mit Placement bezeichnen.

Vier Monate später, im Dienstgebäude des Hessischen Landeskriminalamtes in Wiesbaden, Hölderlinstraße 5.

Die beiden Beamten des LKA München, Hauptkommissarin Ruth Gütlein und Oberkommissar Peter Hahnen, wurden von einer freundlichen Kollegin in den Besprechungsraum im dritten Stock geleitet. Die bayerischen Ermittler begleitete Zollamtsrat Jürgen Berger, ein älterer Beamter des Zollfahndungsamtes Nürnberg.

„Willkommen bei GEPZ, der Gemeinsamen Ermittlungsgruppe von Polizei und Zoll hier in Wiesbaden. Ich werde Sie später mit allen bekanntmachen." Kriminalrat Wegerle schüttelte seinen bayerischen Kollegen die Hand und bat sie Platz zu nehmen.

Berger, Gütlein und Hahnen setzten sich und bekamen von Kollegen drei Tassen Kaffee hinübergeschoben. Der roch stark und richtig gut.

„Viel besser als die Plörre, die in München aus den Automaten läuft", dachte Ruth Gütlein.

Ein großer Bildschirm erwachte zum Leben und zeigte ein Firmengeflecht, an dessen Spitze Shimanei Property Holdings stand. Die Geschäftsverbindungen reichten in fast alle Länder Asiens, nach Afrika und in Europa stand Shimanei Europe Holdings ganz oben.

„Wir untersuchen das Geschäftsgebaren dieser Firma schon seit vier Jahren", erklärte Wegerle, „kennen teilweise die illegalen Geldströme, aber wir können nichts unternehmen, weil es uns nicht gelingt, V-Leute in die Strukturen einzuschleusen. Aber die Kollegen des Zollfahndungsamtes Nürnberg haben jetzt einen Ermittlungsansatz, über den uns Herr Zollamtsrat Berger informieren wird."

Berger erhob sich. Er war Ende fünfzig, besaß ein rundes, blasses Gesicht mit dunklen, wachen Augen. Seine vollen Haare mussten früher schwarz gewesen sein, aber jetzt überwogen die grauen Strähnen. Als die Anwesenden zur Begrüßung auf den Tisch klopften, machte er eine antiquiert wirkende Verbeugung.

Erst jetzt bemerkten die meisten, dass Berger links eine Armprothese trug.

„Danke für die nette Begrüßung", sagte er. „Zuerst möchte ich Ihnen von den Investitionen der Firma Shimanei Europe Holdings im Raum Regensburg erzählen."

Er berichtete von dem Grundstück, das die Firma auf dem Gelände der ehemaligen Zuckerfabrik im Regensburger Osten erworben hatte und von dem Gebäude, das sich nun darauf befand. Von einem USB-Stick überspielte er Bilder, die das Gebäude von außen zeigten, sowie einen Lageplan. Auch einige Fotos, die er im Goldener Wok aufgenommen hatte, bekamen die anderen Beamten zu sehen.

Anschließend fuhr er fort: „Ich habe drei Monate lang, immer von montags bis freitags, jeden Mittag zwischen 12 und 14 Uhr, in diesem Lokal mein Essen eingenommen und genau festgehalten, wie viele Gäste das Restaurant in dieser Zeit hatte. Es waren nie weniger als sechzehn und nie mehr als fünfundzwanzig Gäste anwesend. Wenn man von einem durchschnittlichen Umsatz von fünfzehn Euro pro Person ausgeht, betrug der Mittagsumsatz zwischen zweihundertvierzig und knapp vierhundert Euro. Die Quittungen, ich habe einige von denen, die ich bekommen habe, eingescannt …", er deutete auf den Bildschirm, „zeigen immer das Datum und die Uhrzeit, zu der sie ausgedruckt wurden. In den drei Monaten hat aber der Steuerberater des Goldener Wok nie weniger als zweitausenddreihundert Euro Mittags-Umsatz pro Tag an das Finanzamt Regensburg gemeldet.

Und der gesamte Tagesumsatz belief sich angeblich auf sechs- bis achttausend Euro."

Alle Anwesenden nickten. Das Layering, also das Tätigen von Scheingeschäften, war eine der bekannten Methoden, um illegales Geld legal auf ein Konto einzuzahlen oder in den Umlauf zu bringen.

„Wir haben die täglichen Einzahlungen an die Bank überprüft. Sie passen exakt zu den gemeldeten Umsätzen. Alles scheint legal zu sein. Und ich glaube auch zu wissen ...", Berger zeigte auf dem Bildschirm ein etwas zu dunkles Foto eines Mannes mit einer großen, schwarzen Tasche, „wie das notwendige Geld übergeben wird. Entschuldigen Sie bitte die schlechte Aufnahme, aber ich musste sie heimlich mit meinem Smartphone machen." Er machte eine kleine Pause. „Wie Sie sehen, ist der Mann eindeutig ein Asiate. Er kam an jedem Donnerstag so gegen 13 Uhr, führte immer einen Pilotenkoffer mit sich und verschwand dann für gut fünfzehn Minuten mit der Geschäftsführerin, einer Frau Nancy Li, in einem Nebenraum. Ich gehe davon aus, dass er das Geld überbrachte, das für die Einzahlungen der Tageseinnahmen auf das Konto bestimmt war."

„Wie war das Essen?", wollte ein Kollege wissen.

„Gar nicht mal schlecht", war Bergers Antwort. „Ich habe drei Kilo zugenommen."

Allgemeines Gelächter.

Kriminalrat Wegerle übernahm nun die Gesprächsführung. Auch er grinste. „Wir müssen uns nun überlegen, wie wir diesen Fahndungsansatz weiter vertiefen und genügend Beweise sammeln, um denen endlich das Handwerk legen zu können. Ich bitte um Vorschläge."

Es folgte eine sachliche Diskussion, die fast zwei Stunden dauerte. Erst ganz zum Schluss meldete sich Berger zu Wort. „Ich sehe folgende Möglichkeit ..."

Sein Vorschlag fand breite Zustimmung.

Es war kurz vor Mitternacht, als der Kambodschaner zu Frau Li in den altersschwachen Ford Focus stieg. Sie setzte ihn, wie an jedem Abend, in der Kirchmeierstraße nahe der McDonalds-Filiale ab. Vor dort aus lief er bei jedem Wetter bis zu seiner Wohnung.

Dass der Ford von einem Wagen verfolgt wurde, hatten weder Frau Li noch ihr Mitfahrer bemerkt.

Vor dem Haus, in dem er wohnte, blieb der Kambodschaner einen Moment stehen. Durch die Milchglasscheiben der Eingangstür konnte er erkennen, dass im Flur Licht brannte. Als es nach ein paar Sekunden verlosch, zog er einen Schlüssel aus der Jackentasche und wollte die Tür aufschließen.

Die Männer erschienen wie aus dem Nichts neben ihm. Beide trugen dunkle Jacken und Baseball-Caps. Während der auf der linken Seite den Oberarm des Kambodschaners umklammerte, hielt der andere ihm etwas vor die Nase.

„Hier ist mein Dienstausweis. Wir sind vom Zollfahndungsamt Nürnberg. Kommen Sie mit. Wir müssen mit Ihnen reden. Wenn Sie uns Probleme machen, übergeben wir Sie der Polizei und Sie kommen sofort in Abschiebehaft."

„I don't understand you", antwortete der Kambodschaner. „My German is very bad."

Sein Deutsch beschränkte sich in der Tat auf wenige Worte.

Der Beamte wechselte in die englische Sprache. „German Customs. Kommen Sie mit. Wir wollen mit Ihnen reden."

Sie führten den Mann zu einem VW-Bus, der auf der anderen Straßenseite stand. Als einer der Beamten die Schiebetür öffnete, zögerte der Kambodschaner. Der Griff um dessen Oberarm wurde fester.

„Steigen Sie ein. Wir wollen wirklich nur mit Ihnen reden!"

Zögernd stieg der Kambodschaner ein.

Der Bus war im hinteren Teil eingerichtet wie ein kleines Büro. Ein Klapptisch mit vier festgeschraubten Stühlen, ein kleiner Schrank mit mehreren Schubladen, auf dem ein aufgeklappter Laptop stand.

„Setzen Sie sich!" Der Beamte wies dem Kambodschaner einen Stuhl zu. Sein Kollege setzte sich gegenüber, während er die Tür zuzog und neben dem Asiaten Platz nahm. Zwei kleine LED-Leuchten hatten sich automatisch eingeschaltet. Voller Sorge schaute sich der Kambodschaner um. Zu den Vordersitzen war ein Sichtschutz aus hellem Holz errichtet worden. Vor allen Fenstern hingen dicke, schwarze Vorhänge, die keinen Lichtschein nach außen dringen ließen.

Wortlos legten beide Männer ihre Ausweise auf den Tisch und ließen dem Kambodschaner Zeit, sie zu studieren.

„Ich heiße Mannstein und dieser Herr ist mein Kollege Wiedermann", erklärte der, der neben dem Kambodschaner saß. „Sie sprechen sehr gut Englisch, Mister ...?"

„Mein Name ist Rithisak Sen. Rithisak ist mein Vorname."

„Gut, Herr Sen. Sie sind Kambodschaner? Ist das richtig?"

Sen nickte.

„Dürften wir bitte Ihren Ausweis und Ihre Aufenthaltsgenehmigung sehen, Mister Sen? Sie führen doch sicher Ihre Papiere mit sich. Oder?"

Sen ließ den Kopf hängen. Er wusste, dass jetzt alles vorbei war. Er besaß keine Papiere, war illegal hier in Deutschland. Man würde ihn verhaften und dann abschieben. Zurück nach Kambodscha, wo die Polizei auf ihn wartete. Und davor hatte er Angst. Entsetzliche Angst. Die machten kurzen Prozess mit jedem, der sich ihnen widersetzte und ...

„Woher können Sie so gut Englisch sprechen, Mr. Sen?"

„Ich habe als Englischlehrer in Phnom Penh gearbeitet. An einer Privatschule, an einem katholischen Gymnasium."

„Aha. Und warum haben Sie Ihre Heimat verlassen?", wollte Mannstein wissen.

„Die Polizisten, die das Gymnasium bewachten, wollten jeden Monat Geld von mir. Ich bin Christ und sie meinten, ich benötige ihren Schutz. Als ich nicht mehr zahlen wollte, hat mich einer geschlagen. Ich wehrte mich, habe ihn weggestoßen und dabei wurde er verletzt. Wenn ich den Polizisten in die Hände falle, werden sie mich töten."

„Wie sind Sie nach Deutschland gekommen?"

„Über Marseille. Auf einem chinesischen Schiff."

„Und jetzt müssen Sie arbeiten, bis Sie alles abbezahlt haben? Die Reise, die Wohnung und die Kleidung?"

Sen nickte.

„Wie lange müssen Sie für die Chinesen arbeiten, Herr Sen?"

Der ließ den Kopf hängen. Es dauerte einen Moment, bis er antworten konnte. „Ich erhalte sechshundert Euro im Monat. Aber die Miete, das Essen und alles andere kosten mehr, als ich verdiene. Meine Schulden werden immer größer."

„Wo ist Ihr Pass?"

Sen blickte auf. „Den haben mir die Chinesen weggenommen. Ich bekomme ihn wieder, wenn ich meine Schulden bezahlt habe." Sein Gesicht ließ keine Emotionen erkennen, aber seine schwarzen Augen, die sagten alles. „Also niemals", fügte er hinzu.

Für einen Moment schwiegen alle.

Wiedermann zog eine Schublade auf, der er ein Blatt Papier und eine kleine Digitalkamera entnahm. „Schauen Sie mich bitte an, Mister Sen!" Er machte zwei Portraitaufnahmen. „Und jetzt füllen Sie bitte das Formular aus."

Es war ein Personalbogen. Da die Fragen auf Deutsch, Englisch und Französisch gestellt waren, hatte Sen keine Probleme, die geforderten Angaben einzutragen.

„Mister Sen", meinte Wiedermann, als der ihm den ausgefüllten Personalbogen zurückgab. „Wenn wir die Kollegen von der Polizei anrufen, werden die Sie mitnehmen. Sie kommen in Abschiebehaft und man wird Sie in ein Flugzeug nach Phnom Penh setzen. Ist Ihnen das klar, Mister Sen?"

Sen blieb stumm. Ihm war das durchaus klar.

„Aber wenn Sie uns helfen, Mister Sen, helfen wir Ihnen auch. Wir haben durchaus die Möglichkeit, Ihnen eine Aufenthaltsgenehmigung zu besorgen. Und Sie erhalten gültige Papiere."

„Wie kann ich Ihnen helfen, Mister ...?"

„Wiedermann."

„Sagen Sie mir, was ich tun soll, Mister Wiedermann."

Mannstein übernahm das Wort und erklärte es ihm.

Als die gemischte Gruppe aus Zollfahndern und Polizisten am frühen Morgen in der Steuerkanzlei Seuten & Seuten erschien, legte der Leitende Beamte dem Seniorpartner einen Durchsuchungsbeschluss auf den Tisch.

„Herr Seuten. Ihre Kanzlei steht unter dem Verdacht der Beihilfe zu einer Steuerstraftat nach § 370 Abgabenordnung und unter dem Verdacht der Beihilfe zur Geldwäsche nach § 261 StGB. Was das für Sie persönlich, für Ihren Sohn und die Kanzlei als solche bedeutet, muss ich Ihnen ja wohl nicht erklären. Oder?"

Dr. Eberhard Seuten war blass um die Nase geworden. „Kann ich meinen Sohn hinzuziehen?"

„Wir bitten darum."

Kurze Zeit später erschien Michael Seuten, der Juniorpartner. Er las den Durchsuchungsbeschluss durch und ihm war sofort klar, dass er und sein Vater mit Zoll und Polizei zusammenarbeiten mussten.

„Was können wir tun, um die Sache aufzuklären?", fragte er den Zollamtsrat, der eine Armprothese trug.

„Sie legen uns alle, ich betone alle, Unterlagen vor, die mit Shimanei Europe Holdings, also dem Restaurant Goldener Wok und dem Geschäft Luxus Asia-Waren zu tun haben. Sie informieren die Geschäftsführer nicht über unsere Ermittlungen, kooperieren uneingeschränkt und behindern uns in keiner Weise. Was übrigens keine Bitte ist, sondern eine Anweisung! Dann wird sich das Gericht vielleicht dazu durchringen können, die ganze Angelegenheit mit einem Bußgeld abzuschließen. Auf das, was das Finanzamt Regensburg noch mit Ihnen zu regeln hat, haben wir allerdings keinen Einfluss. Haben Sie mich verstanden, meine Herren?"

Jetzt waren Vater und Sohn nicht nur blass um die Nase, sie waren schneeweiß im Gesicht.

„Wir werden kooperieren", bestätigte Seuten junior.

Es war ein Donnerstag, kurz nach zwölf Uhr. Als der Gast den Goldener Wok betrat, huschte ein Lächeln über das Gesicht von Frau Li und sie ging auf den Mann zu.

„Es ist schön, Herr Berger, dass Sie uns mal wieder besuchen. Möchten Sie an Ihrem Lieblingstisch sitzen?"

„Sehr gerne, Frau Li."

Dann fiel der Blick der Geschäftsführerin auf den linken Arm ihres Gastes. „Sie tragen ja eine Prothese", sagte sie. „Die schaut aus wie echt."

„Die funktioniert auch ganz gut." Berger drehte seinen künstlichen Arm. „Fast wie echt. Aber nur fast."

Berger nahm Platz, bestellte eine Apfelschorle und nahm eine große Portion vom gebratenen Reis mit Rindfleisch und Bambussprossen. Als er gesättigt war, bekam er unaufgefordert eine kleine Kanne mit grünem Tee.

Der Geldbote erschien um 12.55 Uhr. Frau Li hielt dem Mann die Tür mit dem Schild *Privat* auf, die sie sofort hinter sich schloss.

Zollamtsrat Berger hatte sein Smartphone schon in der Hand und drückte ein Symbol.

Zwanzig Sekunden später flog die Eingangstür auf und sechs Beamte eines SEK kamen hereingestürzt, während gleichzeitig weitere Polizisten durch den Keller und den Notausgang in das Geschäft Luxus Asia-Waren und durch den Hintereingang in die Küche des Restaurants eindrangen.

Berger winkte zwei Beamten zu, die die Tür zum Raum aufrissen, in denen sich Frau Li und der Geldbote befanden. Die starrten die schwarzgekleideten und vermummten Polizisten fassungslos an. Und ihre Fassungslosigkeit verwandelte sich in reines Entsetzen, als Berger Frau Li seinen Dienstausweis unter die Nase hielt. „Mein Name ist Berger. Ich bin von der Zollfahndung."

Der geöffnete Pilotenkoffer stand auf dem Tisch. Er war bis oben mit gebündelten Euroscheinen gefüllt. Daneben lagen vier Packen Geld. Später stellte man fest, dass es fünfzigtausend Euro waren.

„Nehmen Sie den Mann fest und beschlagnahmen Sie das Geld", forderte Berger einen der Polizisten auf.

Der hielt bereits Einmalhandschellen in der Hand, bog die Arme des Chinesen nach hinten und legte sie ihm an. „Gehen wir!" Er führte den Verhafteten aus dem Raum.

Berger drehte sich zu Frau Li um, die wie ein Häufchen Elend auf einem Stuhl saß und weinte.

„Ich musste doch tun, was die mir sagen", schluchzte sie. „Meine Eltern leben in Hongkong und die Männer wollten sie töten, wenn ich nicht mitmache."

„Ich verstehe", sagte Berger. „Sie werden uns morgen noch alles genau erklären können. Gehen wir, Frau Li."

Berger schüttelte den Kopf, als der zweite SEK-Beamte der Frau Handschellen anlegen wollte.

Der Kambodschaner polierte, scheinbar unbeeindruckt von der Polizeiaktion, hinter der Theke Gläser. Ein Polizist stand neben ihm und schaute ihm zu, während zwei andere die elektronische Kasse abbauten und sie in einer großen Alu-Box verstauten.

„Nehmen Sie den bitte auch fest!", forderte Berger den Beamten auf.

Der Kambodschaner bekam Handschellen angelegt und wurde hinausgeführt.

Frau Li schien in der Nacht nachgedacht zu haben. Als Berger sie am nächsten Tag befragen wollte, verweigerte die Geschäftsführerin des Restaurants jede Auskunft und verlangte einen Rechtsvertreter. Sie durfte einen Anruf tätigen und schon eine halbe Stunde später erschien ein Anwalt im Polizeipräsidium. Als die Polizisten ihn sahen, verdrehten sie ihre Augen. Der Typ war dafür bekannt, mit fragwürdigen Tricks Ganoven vor ihrer gerechten Strafe zu bewahren. Kein Polizist mochte ihn.

Der Anwalt verlangte arrogant die sofortige Freilassung seiner Mandantin und drohte mit einer Dienstaufsichtsbeschwerde.

Berger ließ ihn drohen, wackelte unbeeindruckt mit dem Kopf und grinste ihn an, was dem Anwalt vor Wut das Blut ins Gesicht steigen ließ. Er präsentierte dem Juristen den Haftbefehl und meinte: „Wir freuen uns auf Ihre Beschwerde, Herr Anwalt, und sehen der gelassen entgegen."

„Wir werden Ihre Mandantin am Nachmittag in Ihrem Beisein vernehmen", erklärte einer der Polizisten. „Bis dahin kommt Frau Li iniIhre Zelle."

Das verschlechterte die Laune des Rechtsanwalts noch weiter. Er musste nun vier Stunden warten.

„Sehen Sie sich das bitte an, Frau Li", forderte sie Berger höflich auf. „Hier sind Kopien einiger meiner Quittungen, die ich von Ihnen erhalten habe. Sie wissen ja genau, wie die ausschauen und was darauf steht. Hier zum Beispiel …"

Berger legte den zwei anwesenden Kriminalbeamten und Frau Li je eine Kopie vor. Den Anwalt strafte er mit Nichtbeachtung.

Dienstag, 16. September 2014
Beleg 2014-09-17913, 13:45 Uhr

1	*Mittagsmenü*	*7,90 €*
1	*Apfelschorle*	*2,90 €*
1	*K. grüner Tee*	*2,75 €*
	Summe	*13,55 €*

„Und?", kam sofort die unangenehme Stimme des Rechtsanwalts. „Wollen Sie meiner Mandantin vorwerfen, dass sie korrekte Belege für das Finanzamt erstellt hat?"

Die Frage beeindruckte Berger überhaupt nicht. Er ignorierte sie einfach. Dann zog er weitere Kopien von Quittungen aus seiner Aktentasche und fuhr fort: „Gleichzeitig wurden weitere Quittungen erstellt, alle um 13.45 Uhr mit den fortlaufenden Nummern 14-09-17914 bis 17917. Und alle waren identisch von der Buchung her. Mittagsmenü, Apfelschorle und eine Kanne grüner Tee."

Frau Li starrte auf die Quittungen, tat so, als studierte sie diese.

„Und was soll das denn wieder?", entrüstete sich der Anwalt, „Frau Li hat nur …"

Berger unterbrach ihn. „Hören Sie besser genau zu, Herr Anwalt und fallen Sie mir nicht dauernd ins Wort!"

„Mein Name ist Nattermann. Jochen Nattermann von Nattermann, Nattermann und Henderson. Ich …"

„Es tut mir leid, Herr Anwalt, aber solche komplizierten Namen kann ich mir nicht merken. Darum bleibe ich bei Herr Anwalt." Berger machte eine Handbewegung, so als wolle er eine Fliege verscheuchen.

„Also, Frau Li. Zwischen 12 und 13.05 Uhr wurden insgesamt neunzig Kassenbelege ausgestellt. Jeder Beleg ist genau fünfmal vorhanden, aber immer versehen mit fortlaufenden Nummern. So haben Sie bewusst und vorsätzlich höhere Umsätze angegeben, als Sie tatsächlich getätigt hatten. Und …"

Wieder unterbrach Nattermann den Zollamtsrat. „Das ist eine Behauptung, die Sie nicht beweisen können. Das ist reiner Zufall, dass die Gäste …"

„Halten Sie endlich Ihren Mund und lassen Sie mich ausreden, Herr Anwalt." Bergers Stimme klang scharf. „An dem Tag befanden sich zwischen 12 und 13.58 Uhr nur insgesamt achtzehn verschiedene Gäste in Ihrem Restaurant, Frau Li. Ich habe jeden Tag die Anzahl der Besucher gezählt und, soweit es möglich war, auch das was diese bestellt haben, und alle meine Beobachtungen auf meinem Laptop in eine Tabelle eingetragen. Außer mir hat an dem Tag nur ein weiterer Gast ebenfalls eine Kanne mit grünem Tee serviert bekommen. Es sind aber insgesamt zehn Rechnungen vorhanden, die eine Kanne grünen Tee aufführen."

Anwalt Nattermann zog es endlich vor, zu schweigen und in seinen Unterlagen zu blättern.

Frau Li hatte die Ellbogen auf den Tisch gestützt und verdeckte mit den Händen ihr Gesicht. Die Männer hörten sie weinen.

„Wir haben die Aussage von Herrn Sen, dass Sie ihn angewiesen haben, jede Quittung fünfmal auszudrucken. Das wird Herr Sen auch vor Gericht aussagen."

Unerbittlich zählte Berger einen Beweis nach dem anderen auf: „Jeden Donnerstag kam der Geldbote, der Ihnen das benötigte Bargeld überbrachte. Ich habe den Mann fotografiert. Es war immer der gleiche. Und jetzt sitzt der auch in Untersuchungshaft. Wir haben bei ihm seinen Tourenplan gefunden und die von den Geschäftsführern anderer Restaurants unterzeichneten Quittungen. Sie sind ja gestern nicht mehr dazu gekommen, die Quittung zu unterschreiben."

Berger ließ seine Worte wirken.

Schließlich fuhr er fort: „Man wird Sie wegen Geldwäsche und diverser Steuerstraftaten verurteilen, Frau Li. Sie bekommen mindestens fünf Jahre, werden aber schon nach dreieinhalb Jahren zur Bewährung entlassen. Die Ausländerbehörde hebt gleichzeitig Ihre unbegrenzte Aufenthaltserlaubnis auf und Sie werden sofort nach Hongkong abgeschoben."

„Dort wird man mich töten!", flüsterte Frau Li. Sie schien nun völlig verzweifelt zu sein.

Berger ließ die Frau eine Weile weinen.

Dann schlug er vor: „Wenn Sie aber mit uns zusammenarbeiten, kann die Ausländerbehörde von der Aufhebung absehen und wir nehmen Sie in ein Zeugenschutzprogramm auf. Und auch die Richter werden Ihre Mithilfe honorieren."

Frau Li zeigte plötzlich auf Nattermann. „Der soll verschwinden! Ich will einen anderen Anwalt. Der Typ arbeitet doch für diese Verbrecher."

Berger schaute den Rechtsanwalt an und meinte lakonisch: „Tschüss, Herr Anwalt."

Nattermann packte seine Sachen zusammen und drohte, als er den Raum verließ: „Sie werden noch von mir hören!"

„Wir fürchten uns entsetzlich", antwortete ihm einer der Polizisten, die der Vernehmung beiwohnten.

Und dann packte Frau Li aus.

Mittelbayerische Zeitung vom 13. November

Einbrecher räumten Gebäude leer

(SG) In der Nacht vom Samstag auf Sonntag entfernten Unbekannte die Siegel von den Türen des Restaurants Goldener Wok und des Ladens Luxus Asia-Waren (wir berichteten über die Zwangsschließungen) und brachen die Türen auf. Es wurden alle beweglichen Einrichtungsgegenstände und auch alle Waren, die sich im Restaurant und dem Asia-Laden befanden, gestohlen. Nach Aussagen der Polizei, die erst am Montagmorgen von dem Einbruch erfuhr, müssen die Täter mit mindestens vier Möbelwagen vorgefahren sein. Wie der Polizeisprecher ...

Nach den vorliegenden Informationen sollen die Prozesse gegen den Geschäftsführer des Asia-Ladens und die Geschäftsführerin des Restaurants noch im Dezember beginnen. Den Angeklagten drohen hohe Freiheitsstrafen ...

Rithisak Sen war mit sich und der Welt zufrieden. An diesem kalten Freitagabend, er hatte pünktlich Feierabend gemacht, machte er sich auf den Weg nach Hause. Seit drei Monaten arbeitete er in der Kantine eines großen Industriebetriebs in Neutraubling. Er hatte eine Vierzigstundenwoche, verdiente ordentlich und konnte sich eine winzige Wohnung in einem der Wohnblocks leisten, die es in der Nachbarstadt von Regensburg zuhauf gab. Seine neueste Errungenschaft war ein japanischer Roller, mit dem er seine Arbeitsstelle in gut fünf Minuten erreichten konnte. Und wenn wie an diesem Tag Schnee lag, dann lief er einfach.

An diesem Freitagabend im Februar war es bitterkalt. Sen trug eine dicke Pudelmütze, Handschuhe, einen langen Wintermantel und warme Schnürstiefel. Trotzdem fror er entsetzlich. Wer dreißig Jahre seines Lebens in einem tropischen Land verbracht hatte, kam mit dem deutschen Winter einfach nicht zurecht.

Ihm kam ein Wagen entgegen, der seine Geschwindigkeit verringerte und neben dem Kambodschaner abbremste.

„Hallo. Kennen Sie sich hier aus?", fragte der Beifahrer, der das Seitenfenster runtergekurbelt hatte.

„Nicht viel, nur wenig", antwortete ihm Sen und beugte sich zu dem Beifahrer runter. Sen besuchte fleißig einen Deutschkurs und konnte immerhin schon fast alles verstehen.

„Das reicht für uns", murmelte der Beifahrer und drückte dreimal ab.

Ohne einen Ton von sich zu geben, fiel Sen um.

Der Fahrer gab vorsichtig Gas. Auf dem Globus-Parkplatz stellten die Chinesen den alten Renault ab und stiegen in einen Mercedes um.

Niemand bemerkte den Fahrzeugtausch.

Als man Sen entdeckte, lebte er nicht mehr. Drei 9-mm-Geschosse in der Brust kann man nicht überleben.

Shimanei Europe Holdings zog sich noch im Dezember 2014 ganz aus Europa zurück. Alle Liegenschaften und der komplette Besitz wurden von Taifun China Enterprises aufgekauft.

Der Sitz der Firma befindet sich in Hongkong. Die Vertretung für Europa hat ihren Sitz im Steuerparadies San Marino.

Das kleine, rote Coupé

Um fünf Minuten vor neun wurden die Türen geschlossen. Alle Studenten saßen auf ihren Plätzen und vor jedem lag ein Umschlag mit den Prüfungsunterlagen.

Auf den Umschlägen stand:

OTH Regensburg, Studiengang Bauingenieurwesen, 6. Semester
Schriftliche Prüfung Baurecht und Bauvertragsrecht
09:00 Uhr bis 11:00 Uhr (120 Minuten)

Der aufsichtführende Beamte bat um Aufmerksamkeit. Er belehrte die Studenten über die Folgen von Unterschleif, über zugelassene Hilfsmittel usw.

Die Studenten kannten das. Die Belehrungen waren bei jeder Prüfung gleich. Um eine Minute vor neun durften sie die Umschläge öffnen. Sie schrieben ihre Namen auf jedes Blatt und dann ging es los.

Daniel „Danny" Ettmann hatte die ganze Zeit unbeweglich auf seinem Stuhl gesessen und konzentriert auf den Umschlag gestarrt. Er fühlte sich großartig und war sich sicher, die Prüfung ohne Probleme zu schaffen.

Die erste von drei Aufgaben lautete:

1. *Überprüfen Sie die folgende Leistungsbeschreibung für den Bau eines Einfamilienhauses auf Fehler und korrigieren Sie diese nach VOB/B.*

Das war einfach! Danny stellte sich das Haus vor: Erdgeschoss, Obergeschoss mit Dachneigung, Wintergarten ... Er begann zu zeichnen.

Als die Prüfungszeit vorbei war, steckte er die Zeichnung, mit der er gerade fertig geworden war, in den Umschlag, gab ihn ab und ging hinaus.

„Ich habs verkackt, Nellie!", stöhnte Daniel. „Ich habe die Aufgabe falsch verstanden. Das gibt eine fette Fünf und die Kreditpunkte sind auch weg. Jetzt muss ich das Semester wiederholen. Es ist schon das zweite, das ich wiederholen muss. Meine Alten bringen mich um! Sie sperren mir das Geld. Ich weiß, dass meine Alten das tun."

Ihm war seine Verzweiflung anzusehen. Er saß auf der Couch in der kleinen Wohnung seiner Freundin und presste seine zitternden Finger zwischen die Knie. „Ich habs verkackt!", wiederholte er. Sein Gesicht war weiß und schweißüberströmt. „Was mache ich jetzt bloß?"

Nele Horst, von allen Freunden nur Nelli genannt, studierte Soziale Arbeit an der OTH Regensburg. Jetzt war sie war fassungslos. „Wie kannst du die Aufgabe so falsch verstehen, Danny?", fragte sie. Dann ging ihr ein Licht auf. „Du hast vorher etwas genommen!", sagte sie ihm auf den Kopf zu.

Daniel schaute auf den Boden, fing an zu schluchzen und antwortete ihr nicht.

„Du hast dir eine Line Ice reingezogen. Du hast vor der Prüfung eine Line geschnupft. Du bist ein Depp, Danny!" Jetzt konnte man ihr die Empörung ansehen. „Ich habe dich gewarnt, Danny. Du wolltest mit den Drogen aufhören, das hast du mir versprochen."

Sie sprang auf und riss Dannys Jacke vom Kleiderhaken. „Raus!", befahl sie. „Raus hier, Daniel Ettmann! Es ist vorbei mit uns beiden. Es ist aus! Ich habe dich gewarnt. Raus hier und zwar sofort! Und lass dich nie wieder hier blicken!"

Daniel wollte noch etwas sagen. Aber als er in Nellis Gesicht blickte, wusste er, dass sie es ernst meinte. Mit hängenden Schultern und schniefender Nase schnappte er sich seine Jacke und schlich hinaus.

Nele schaut ihm nach. „Ich möchte nicht in deiner Haut stecken", dachte sie. Dann atmete sie tief durch. Sie war froh, dass es vorbei war.

Die Unterredung mit den Eltern verlief mehr als unangenehm, als Daniel gestand, das sechste Semester und alle Prüfungen wiederholen zu müssen.

Die Stimme seines Vaters klang eisig. „Junge, du weißt, wie sehr uns dein Studium finanziell belastet. Nachdem du das vierte Semester wiederholen musstest, haben wir dir ganz klar gesagt, dass es nicht wieder passieren darf."

Daniel nickte und die Angst schnürte ihm die Kehle zu. Er ahnte, was jetzt kam und er wusste, was er jetzt unbedingt brauchte: eine Linie Crystal Meth, eine Line Ice.

„Mit sofortiger Wirkung bekommst du kein Geld mehr. Erst wenn du das Semester erfolgreich wiederholt und alle Prüfungen bestanden hast, finanzieren wir dich wieder. Du musst eben in den Semesterferien arbeiten gehen. Ich musste auch arbeiten, Junge."

„Klar, Papa. Mach ich."

„Lass die Partys und erledige deine Aufgaben. Und ohne Abschluss brauchst du erst gar nicht mehr in unser Haus kommen!"

„Ja, Papa." Daniel drehte sich um, ging hinauf in sein Zimmer und packte seine Sachen. Anschließend verließ er wortlos das Haus und machte sich zurück auf den Weg nach Regensburg.

Als Daniel in seinem altem Ford vom Grundstück auf die Straße abbog, stand seine Mutter am Wohnzimmerfenster und schaute ihm nach. Ihre Schultern bebten. „War es notwendig, so streng zu ihm zu sein, Philipp?", schluchzte sie. „Er ist doch unser Sohn."

Ihr Mann trat hinter sie und legte seine Hände auf ihre Schultern. „Es hat mir auch wehgetan", flüsterte er, „sehr weh. Aber Daniel muss endlich lernen, sich auf die Arbeit zu konzentrieren und das Private zurückzustellen. Das Leben besteht nun mal nicht nur aus Partys. Wann soll er das lernen, wenn nicht jetzt?"

Als Daniel in Regensburg von der A93 abbog, schaute er auf die Tankuhr seines Wagens: fast leer. Fluchend stellte er wenig später die alte Kiste auf dem Parkplatz vor dem Vierfamilienhaus ab, in dem er wohnte. Im ersten Stock besaß er ein kleines Zimmer in einer Wohngemeinschaft, für das er einhundertachtzig Euro im Monat hinlegen musste. René, der Jurastudent, war nicht da. Er stand vor dem ersten Staatsexamen und verbrachte jeden Tag mehr als zehn Stunden in der Bibliothek oder in irgendwelchen Kursen. Boris, der Betriebswirtschaft studierte, lag im Wohnzimmer auf der

Couch, hatte Kopfhörer aufgesetzt, die Lautstärke auf „max" gedreht und sein ganzer Körper wippte im Dröhnen der Musik mit.

„Hi!", rief Daniel, aber sein Mitbewohner reagierte nicht.

Daniel stürmte in sein Zimmer und riss die Schublade seines Schreibtisches auf. Dort bewahrte er seine eiserne Reserve auf: ein halbes Gramm der Kristalle, die als Crystal Meth bezeichnet wurden.

Das kleine Plastiktütchen lag noch in der Schublade – aufgerissen und leer.

„Boris, du Arsch!", schrie Daniel und rannte zurück ins Wohnzimmer. Dort riss er seinem Mitbewohner die Kopfhörer runter und rüttelte ihn. „Wo ist mein Ice? Du hast mein letztes Ice geklaut!"

Boris riss seine Augen auf, fuhr hoch und blickte seinen Mitbewohner völlig entgeistert an.

„Mein Ice!", brüllte ihn Daniel an.

„Eh, Alter. Was regst du dich so auf? Du fährst zum Doc und holst dir neues Ice. Reg dich ab und lass mich in Ruhe, Mann." Er angelte sich seine Kopfhörer, setzte sie auf und konzentrierte sich wieder auf die Musik. „Das Leben ist geil und easy und Danny regt sich auf", murmelte er.

Das Zittern seiner Hände wurde stärker und sein Herz raste. Daniel saß auf dem Bett und dachte nur an eine weiße Linie aus fein zerstoßenen Kristallen. Er nahm nie das Zeug, dem gemahlenes Glas zugesetzt war. Das wirkte zwar schneller, aber es machte einen fertig. Darüber war er sich im Klaren. Reines Ice von bester Qualität, so wie es der Doc verkaufte, das konnte man nehmen und alles kontrollieren. Aber jetzt, jetzt würde er sich auch die Line mit dem Glas reinziehen. Er brauchte einfach einen Kick! War ja kein Wunder bei dem Mist, der ihm in den letzten drei Tagen passiert war.

„Ich muss zum Doc!", dachte Daniel. „Da kriege ich bestimmt etwas auf Kredit."

Der Doc war leicht zu finden. Jeder kannte sein kleines, rotes Coupé, in dem er immer langsam durch die Obermünsterstraße rollte. Man blickte ihn an und zeigte mit den Fingern, wie viel Gramm man kaufen wollte. Drei Finger – drei Gramm. Ein Finger und die geballte Faust – zehn Gramm. Zehn Minuten später traf man sich im Parkhaus Petersweg auf der obersten Parkfläche. Dort gab es in einer Ecke einen kleinen Bereich, der von den Überwachungskameras nicht eingesehen werden konnte. Dann wechselten die bestellte Menge für fünfundsiebzig oder achtzig Euro pro Gramm und ihre Besitzer.

Es dauerte keine zehn Minuten, bis Daniel den roten Mazda MX5 kommen sah. Er winkte dem Doc zu, der neben ihm anhielt.

„Gibts was, Danny?", wollte er wissen.

Der Doc war ein mittelgroßer, schlanker, sehr gut aussehender Mann um die dreißig. Stets in Designer-Klamotten gekleidet, zumeist waren die von dem Label mit dem Krokodil, die blonden, leicht welligen Haare immer frisch frisiert, sah er aus wie ein männliches Model aus dem Hochglanzmagazin Men's Health.

Wie er richtig hieß, wusste von seinen Kunden niemand. Angeblich hatte er Medizin studiert, daher der Name Doc.

„Ich muss dringend mit dir sprechen. Geschäftlich, Doc. Hast du Zeit für mich?"

„Klar", war die Antwort. „Für Geschäfte habe ich immer Zeit. Muss nur schnell etwas erledigen. Wir treffen uns in einer Viertelstunde oben, an der üblichen Stelle."

„Ich werde da sein. Bis gleich, Doc."

Das kleine, rote Coupé rollte zügig davon.

Daniel sah sich um. Hier war das Parken verboten, aber von den Abzockern der Verkehrsüberwachung war nichts zu sehen. Er beschloss, seine alte Kiste hier stehenzulassen. Man fand schließlich selten eine Parklücke in der Obermünsterstraße.

„Wenn ich jedem einen Kredit gebe, bin ich bald pleite, Danny. Das musst du verstehen. Ich fange mit dir an, dann kommt der Nächste und so geht es weiter. Schließlich muss ich selbst einen Kredit aufnehmen, um mir die Ware besorgen zu können. So funktioniert der freie Markt nicht, Danny!"

Der Doc hatte das Verdeck des kleinen Wagens geschlossen, weil es begonnen hatte zu regnen. Daniel saß auf dem Beifahrersitz.

„Aber wieso benötigst du einen Kredit? Du hast doch immer genug Kohle gehabt."

Daniel erzählte ihm von seinen Problemen: Die Sache mit der vergeigten Prüfung („Die Fragen waren extrem schwer – wahrscheinlich sind alle durchgefallen.") und dem Geldstopp seitens seiner Eltern („Meine Mutter ist krank – die brauchen jetzt jeden Euro für die Behandlung.") und dem drohenden Rauswurf aus der Wohngemeinschaft („Man hat die Miete einfach verdoppelt.").

„Große Scheiße für dich, Danny", meinte der Doc. „Aber lass mich überlegen." Er zog eine flache Bürste aus der Jackentasche und brachte seine Frisur in Form.

„Vielleicht habe ich einen Job für dich. Du nimmst meinen Mazda und holst Ware ab. Morgens hin, macht eineinhalb Stunden. Ware übernehmen, zahlen, fünfzehn Minuten. Dann gehst du tanken und einkaufen, dafür reichen fünfundvierzig Minuten. Anschließend kommst du zurück, stellst das Auto in die Garage, schließt ab und wirfst den Schlüssel in den Briefkasten. Ganz einfach. Vier Stunden Arbeit, dafür bekommst du fünf grüne Scheine."

Daniel war sprachlos. „Fünfhundert Euro?"

Der Doc nickte. „Fünfhundert. Dreimal die Woche."

„Wo muss ich die Ware abholen?"

„In Tschechien. Montags fährst du über Waldsassen nach Cheb, mittwochs über Waidhaus nach Rozvadov und samstags über Furth nach Domažlice. Du triffst meine Lieferanten, gibst ein Paket ab, trinkst einen Kaffee und die bringen die Ware im Auto unter. Dann gehst du an der Grenze tanken, kaufst vier Stangen Zigaretten, Bier und Whiskey, aber nur so viel, wie du mitnehmen darfst, falls dich der Zoll kontrolliert. Die Zigaretten verkaufst du hier und machst noch ein wenig Gewinn damit. Das ist alles."

„Und ich bekomme den Wagen hier?", wollte Daniel wissen. Er klopfte auf das Armaturenbrett.

„Nein. Ich habe noch einen zweiten, etwas älteren MX5. Der schaut genauso aus und ist top in Ordnung", klärte ihn der Doc auf. Er hielt Daniel seine Hand hin.

Nach einem Moment des Überlegens schlug Daniel ein.

Als Daniel zurück in die Obermünsterstraße kam, sah er gerade noch, wie ein Abschleppwagen mit seiner alten Kiste um die Ecke verschwand.

„Scheiße, das wird teuer." Dann fiel ihm ein, dass der Ford seinem Vater gehörte. Sollte der sich doch mit dem Abschleppunternehmen auseinandersetzen und sehen, wie er die Rostbeule zurückbekam. Ihn interessierte das nicht mehr.

Am Samstag unternahm Daniel die erste Tour. Der Mazda stand in einer Tiefgarage unter einem Wohnblock im Westen von Regensburg. Der Motor zog gut durch und da das Wetter schön war, klappte Daniel das Verdeck zurück. Er benötigte nur eine knappe Stunde bis Domažlice.

Der Typ, den er treffen sollte, stand, wie verabredet, vor dem Eingang eines Supermarkts.

„Ich fahren", knurrte der und scheuchte Daniel auf den Beifahrersitz.

Die Fahrt endete außerhalb der Stadt in einer baufälligen Garage eines noch baufälligeren Bordells. Das große, rote Herz und der Schriftzug *Cœur Rouge* auf der Front des Hauses schienen die Fassade zusammenzuhalten.

Der Mann zog das Garagentor zu. „Geld!", befahl er dann.

Daniel griff in seine Jackentasche und zog den gut einen Zentimeter dicken Stapel von Euronoten heraus, der in Plastik gewickelt und mit Panzertape verklebt war.

„Dort rein, warten!" Der Mann zeigte auf eine Holztür.

Durch einen schmalen, muffigen Gang gelangte Daniel zur Bar des Bordells. Zwei Mädchen, nur mit winzigen Tangas bekleidet, versuchten seine Aufmerksamkeit zu erlangen. Als Daniel keine Anstalten machte, sich eine auszusuchen, zogen sie beleidigt T-Shirts über und widmeten sich wieder ihren Smartphones.

Der Barmann stellte wortlos eine Tasse Kaffee auf die Theke und starrte weiter auf das Fernsehgerät, das ein Fußballspiel zeigte.

Gefühlte zehn Minuten später kam der Typ, der ihn hergebracht hatte, in die Bar.

„Komm!" Reden schien nicht seine Stärke zu sein.

Ohne ein Wort zu verlieren stieg der Mann vor dem Supermarkt wieder aus und verschwand zwischen den Leuten, die ihre Samstagseinkäufe erledigten.

Daniel fuhr zurück in Richtung Grenze. In Folmava tankte er und kaufte im Travel Free Zigaretten, einen Karton Pilsner Urquell und einen Liter russischen Wodka, den es im Sonderangebot gab.

Etwas mehr als eine Stunde später stellte er den Wagen in der Tiefgarage ab, zog das Verdeck zu und schloss den Wagen ab. Als er sich umdrehte, stand der Doc hinter ihm.

„Alles klar, Danny?"

„Bestens, Doc. Hat alles geklappt wie geplant."

„Gib mir die Schlüssel." Der Doc zog einen Briefumschlag aus seiner Jackentasche. „Hier sind die fünf Scheine. Jetzt tu mir einen Gefallen und nimm den anderen Mazda. Stell ihn oben im Parkhaus auf dem üblichen Platz ab und lege den Schlüssel ins Handschuhfach. Ich habe einen Zweitschlüssel." Er reichte Daniel einen Schlüssel ohne Mazda-Logo.

Vier Wochen später, zum Monatsanfang, zog Daniel in seine neue Bude: ein kleines Zweizimmer-Apartment mit Bad und Küchenzeile. Geld war genug vorhanden, Ice gab es zum Einkaufspreis und eine kleine Menge konnte er auch noch selbst verkaufen. Er lernte in der Disko ein Mädchen kennen, Kathi arbeitete als Angestellte im Vorzimmer eines Professors in der Uni, und Daniels Welt war wieder im Gleichgewicht.

Im Oktober strömten die Studenten zurück in die Stadt und der Umsatz stieg immens. Daniel holte mindestens viermal pro Woche Nachschub in der Tschechischen Republik und nutzte zunehmend kleinere Grenzübergänge, an denen nicht so oft kontrolliert wurde. Er bekam mittlerweile achthundert Euro pro Tour und durfte pro Woche zwanzig Gramm auf eigene Rechnung verkaufen. Er trug nun Klamotten mit dem Label eines bekannten Polo Outfitters. Um mobil zu sein, hatte er sich ein sportliches, französisches Auto geleast.

Nur der Bereich zwischen Obermünsterstraße und dem Bahnhof war für Daniel Sperrgebiet. Er hielt sich strikt daran, denn er wollte keinen Ärger mit dem Doc bekommen. Daniel kannte ihn nun besser und wusste, wie skrupellos und gefährlich der Mann war. Wer nicht zahlte, zu viel quatschte oder ihm irgendwie auf den Keks ging, bekam es mit drei Russen zu tun, die vom Doc bei Bedarf angeheuert wurden. Auch führte der Dealer immer eine geladene Waffe mit sich, die er, wenn es sein musste, auch einsetzen würde. Das sagte er jedenfalls.

Eines Tages steckte ihm der Doc eine Pistole zu. Er führte das Magazin ein und zeigte Daniel, wie man die Waffe durchlud und entsicherte. „Nur für den Fall, dass jemand meint, sich bei dir den Stoff kostenlos besorgen zu können. Aber lass dich nicht von den Bullen erwischen!"

Später, in seinem kleinen Apartment, hielt Daniel die dunkle, gefährlich aussehende Waffe in der Hand und übte das Laden, Sichern und Entsichern. Er würde sich auf keinen Fall das Ice oder das Geld wegnehmen lassen. Und die Bullen – was interessierten ihn die Bullen? Ihn interessierte Kathi, auf die er wartete. Sie war eine echt süße Maus.

Am Abend kam Jan ungewöhnlich spät nach Hause. Ich saß vor dem Fernsehgerät und schaute mir eine Wiederholung eines Tatort an. Unser Kleiner schlief bereits.

„Grüß dich, Anita", sagte mein Gatte und gab mir einen Kuss. „Es gibt Neuigkeiten. Aber zuerst brauche ich etwas zwischen die Zähne und ein eiskaltes Bier."

Während ich sein Essen warm machte, plagte mich die Neugier. „Und? Sag schon, Jan. Was gibt es Neues?"

Er nahm einen großen Schluck aus der Bierflasche. „Ab heute bin ich Oberkommissar Müller und ab morgen bin ich raus aus dem Büro. Ich bin wieder im Außendienst."

Jetzt war ich wirklich überrascht. Nicht über die Beförderung – die war längst fällig. Aber Jan hatte damals, als der Einbrecher seine Partnerin getötet hatte, angekündigt, er würde nie wieder im Streifendienst arbeiten und nur noch Büroarbeit erledigen.

„Du gehst wieder auf Streife?"

Jan schüttelte den Kopf. „Nein. Keine Streife. Es wurde heute die bestehende Sonderkommission Crystal erweitert. Man will den Verkauf von Crystal Meth in Ostbayern stoppen und in Zusammenarbeit mit dem Zoll, dem LKA und den tschechischen Kollegen die Schmuggelwege austrocknen. Eine tschechische Sonderkommission wird parallel zu unserer Arbeit gegen Crystal-Labore im Grenzgebiet und dem Hinterland vorgehen. Ich wurde zur Kripo abgeordnet und arbeite in Zivil."

Ich schluckte und überlegte meine Worte genau, während ich den Kartoffelauflauf auf den Teller tat und die beiden Spiegeleier mit Schinken hinzufügte. „Das hört sich aber gefährlich an, Jan. Du wolltest doch nie wieder …"

Jan ließ mich nicht ausreden. „Das hast du auch mal gesagt, Anita. Und jetzt bist du die stellvertretende Leiterin der Mordkommission." Er begann zu essen.

Diese Antwort hatte ich erwartet.

„Dann erst einmal meinen Glückwunsch zu deiner Beförderung und zu deinem neuen Job." Dass ich ein verdammt ungutes Gefühl hatte, sagte ich Jan nicht.

In dieser Nacht wurde ich wieder schwanger.

Am nächsten Morgen stieg Jan die Treppe zum zweiten Stock in der KPI Regensburg hoch. Ihm kam ein Typ entgegen, der ihm sofort auffiel: kleiner als er, schulterlange, ungepflegt aussehende Haare, Ringe in beiden Ohren und schlampige Kleidung. Die Jeans waren zerschlissen und die Westernstiefel, die er trug, hätte Jan noch nicht einmal zur Gartenarbeit angezogen. Aber das, was ihn am meisten störte, war das ausgewaschene T-Shirt, das vorne einen Aufdruck trug, der jedem Polizisten sauer aufstößt: A C A B Das B war mit einem dicken, roten Marker durchgestrichen worden.

Die Buchstaben bedeuteten All Cops Are Bastards. Diesen Aufdruck in der Öffentlichkeit zu tragen war strafbar und erfüllte den Tatbestand der Beleidigung. Das mit dem durchgestrichenen B war natürlich schlau gemacht. Jetzt war der Aufdruck nicht mehr strafbar.

„Man sieht sich immer zweimal!", dachte Jan. „Dann trete ich dir in den Arsch, ziehe dir das Shirt aus und stecke es dir in den Hals." Zusätzlich ärgerte er sich, weil ihn der Langhaarige frech angrinste.

Die Besprechung war für zehn Uhr angesetzt. Rund zwanzig Beamte drängten sich in einem der Konferenzräume, tranken Kaffee, unterhielten sich und harrten der Dinge, die da kommen würden.

Eine Minute vor der Zeit ging die Tür auf und der Leiter der Sonderkommission, Kriminaloberrat Heiligmayr vom LKA, kam herein. Ihm folgte der Typ mit den langen Haaren.

Jans Kinnlade klappte runter.

„Sie kennen mich ja bereits." Der Münchner Akzent des Oberrats war unüberhörbar. „Ich möchte Ihnen noch Kriminalhauptkommissar Hartmut Schön vom LKA vorstellen. Kollege Schön ist seit Jahren undercover in der Drogenszene von Nieder- und Oberbayern unterwegs und kennt sich in diesem Metier so gut aus wie kaum ein anderer Beamter. Ich bin froh, ihn hier in Regensburg im Team begrüßen zu dürfen."

Alle klopften auf den Tisch und Jan klappte seinen Mund wieder zu.

Schön ergriff das Wort: „Ich schaue mich bereits seit zwei Wochen in Regensburg um und kann Leute identifizieren, die mit Crystal Meth handeln. Ich habe dreimal jeweils drei Gramm gekauft ...“

Unruhe entstand. Das war verboten! Polizisten mussten in dem Augenblick den Dealer verhaften, in dem er das Geld nahm und den Stoff übergab.

„Ich weiß, was Sie denken. Aber ich bin einer von drei Beamten des LKA, die vom Innenministerium die Befugnis erhielten, Stoff zu Ermittlungszwecken anzukaufen. Ich darf es aber nicht selbst nehmen oder weiterverkaufen ...“

Alle grinsten und jeder dachte: „So, wie der Kollege ausschaut, hat der sicher schon einmal Ice probiert.“

Schön lachte. „Ich kann Gedanken lesen. NEIN! Ich habe es noch nie probiert.“

Allgemeines Gelächter.

Schön fuhr fort: „Lassen Sie mich Ihnen meine Erkenntnisse mitteilen ...“

Nach der zweistündigen Einweisung rief Heiligmayr Jan zu sich. „Kollege Müller. Können Sie bitte noch einen Moment dableiben?“

Während sich alle auf den Weg in die Kantine machten, blieben Heiligmayr, Schön und Jan zurück.

„Ich möchte, dass Sie beide ab sofort als Team zusammenarbeiten. Kollege Schön wird Sie einweisen, Herr Müller. Wir sehen uns am Nachmittag.“ Und schon verschwand der Oberrat.

„Jetzt tritt mir bitte nicht in den Arsch“, meinte Schön und tat ganz ernst. „Ich habe dir genau angesehen, dass du das auf der Treppe am liebsten gemacht hättest." Er streckte seine Hand aus. „Ich bin der Hartmut. Aber alle sagen nur Hardi zu mir."

Jetzt musste Jan lachen. „Mann, Hardi", sagte er. „Ich habe mich wirklich zusammenreißen müssen. Aber ein dickes Kompliment für dein Outfit. Da kommt bestimmt keiner drauf, dass du von der Drogenfahndung bist." „Nee. Ich bin auch schon acht- oder neunmal von diensteifrigen Kollegen in Grün präventiv verhaftet worden. Verprügelt hat man mich auch schon. Ich habe mich aber nie zu erkennen gegeben und immer darauf gewartet, dass mich mein Anwalt da rausholt."

Jan schüttelte den Kopf. „Du hast vielleicht Nerven, Hardi."

„Alles Übungssache", war seine Antwort. „Nun zu dir." Hardi blickte Jan von oben bis unten an. „Du bist angezogen wie ein typischer Bulle. Jeans von der Metro, schwarze Lederjacke, Poloshirt und Laufschuhe von Adidas. Du fällst in der Szene auf wie ein Kanarienvogel unter Spatzen. Wir fahren jetzt in die Stadt und kleiden dich erst einmal richtig ein."

Als Jan abends nach Hause kam, fielen mir sofort seine Doc Martens auf. „Wie kommst du denn …" Dann sah ich, dass er sich völlig neu eingekleidet hatte: CROSS JEANS und der Rest war von FRED PERRY. Die Sachen sahen gebraucht aus und rochen irgendwie ungewaschen.

Jan stellte zwei große Plastiktüten auf den Boden. „Da ist noch mehr von dem Zeug drin", erklärte er. Alles aus dem Secondhandshop. „Hardi meinte, in meinen normalen Klamotten sehe ich wie ein typischer Bulle aus."

„Und wer ist Hardi?", wollte ich wissen.

Während ich die Sachen in die Waschmaschine stopfte, erzählte mir Jan die ganze Geschichte.

Der Doc und Daniel erweiterten mittlerweile ihr Geschäft beträchtlich. Während Daniel Regensburg übernahm und eine sichere und verlässliche Transportmöglichkeit organisierte, baute der Doc die Vertriebswege nach Stuttgart aus.

Für ein Kilo Crystal Meth zahlten sie beim Lieferanten in Tschechien zwanzigtausend Euro. In Regensburg kostete ein Gramm von der absolut reinen Sorte, also die blauen, klaren Kristalle, mindestens fünfundsiebzig Euro, machte fünfundsiebzigtausend. In Stuttgart bekam der Doc neunzigtausend für das Kilo. Was ein Gramm dort auf der Straße kostete und woher die Konsumenten das Geld bekamen, das interessierte ihn nicht.

Bald wussten der Doc und Daniel nicht mehr, wo sie die dicken Bündel von Scheinen aufbewahren sollten. Man konnte die Kohle schlecht auf ein Bankkonto einzahlen.

Der Transport von Ice erfolgte jetzt nicht mehr in den Überrollbügeln der beiden roten Coupés, sondern man nutzte Hohlräume in Eisenprofilen. Dreimal pro Woche brachte ein LKW einer Regensburger Firma Eisenkonstruktionen nach Tschechien zum Verzinken. Wenn der Wagen mit den verzinkten Eisenteilen zurückkam, waren jedes Mal drei bis vier Kilo in geschlossenen Profilen versteckt. Schmitt, der LKW-Fahrer, erhielt fünfhundert Euro und hielt es wie die drei Affen: nichts sehen, nichts hören, nichts sagen.

Nur kassieren.

An einem Montagnachmittag rief Schmitt an. Daniel nahm das Gespräch auf seinem Handy entgegen: „Was gibt es, Schmitti?"

„Der Motor ist platt. Ich stehe in Babylon an der alten Tankstelle. Der Wagen muss in die Werkstatt. Kannst du herkommen? Ich will das Zeug loswerden."

„Das ist der nächste Ort nach Česká Kubice. Oder?"

„Richtig."

„Ich bin spätestens in zwei Stunden da. Lass den Truck bloß nicht aus den Augen! Verstanden?"

„Alles klar, Mann."

Daniel schälte sich aus dem Bett. Kathi lag neben ihm und schlief fest. Ihr Po ragte aus dem Laken und Daniel bewunderte ihn ausgiebig. Dann gab er ihr einen Klapps.

„Au!", Kathi fuhr hoch und schlug mit dem Kissen nach ihm. „Was soll das?"

„Ich muss geschäftlich nach Tschechien. Schätze, dass ich gegen zehn wieder zurück bin.

„Schon wieder." Kathi zog einen Schmollmund. „Immer musst du weg. Ich möchte shoppen gehen. Gibst du mir etwas?"

Sie bekam dreihundert Euro. „Danke, Schatz. Später, nach dem Shoppen, fahre ich bei meiner Mama vorbei. Komm bitte nicht so spät."

Daniel schlüpfte in seine Sachen. Fünfzehn Minuten später war er auf dem Weg nach Tschechien.

„Da kommt er." Jan zeigte auf das Coupé, einen silbergrauen Peugeot RCZ.

„Schon gesehen." Hardi startete den unauffälligen Passat und folgte dem Wagen, in dem Daniel Ettmann saß. Jan bewunderte seinen Kollegen, der es immer schaffte, einen Wagen so geschickt zu verfolgen, dass der Fahrer es nicht bemerkte und er den Wagen im Verkehrsgewühl nicht verlor.

Beide Fahnder trugen Schusswesten der neuesten Generation unter den Hemden und waren mit USP 9 mm von H & K bewaffnet.

Jan hielt sein Handy in der Hand und gab durch, dass sie auf dem Weg nach Tschechien waren. Gleichzeitig, so wussten sie, klemmten sich drei Wagen abwechselnd an Docs kleines, rotes Coupé, in dem er nach Stuttgart unterwegs war. Auch der Doc hatte von der Beschattung in den letzten zwei Wochen nichts bemerkt.

„Da haben die tschechischen Kollegen gute Arbeit geleistet. Den Wagen genau vor der Tankstelle einen Motorschaden bekommen zu lassen ist sicherlich nicht einfach", meinte Jan.

„Das ist überhaupt kein Problem", erklärte Hardi. „Heute Nacht hat ein Kollege im Lkw ein kleines Modul eingebaut. Als der Truck sich der Tankstelle näherte, hat drüben einer auf den roten Knopf gedrückt und der Wagen rollte aus. Praktischerweise genau auf das Gelände der stillgelegten Tankstelle."

Heute war der große Tag. Sobald man die deutschen Dealer verhaftet hatte, würden die tschechischen Kollegen einen Großeinsatz gegen mehrere Drogenlabore starten. Das war eine durchaus gefährliche Sache. Das Innenministerium hatte mehrere Sondereinsatzkommandos aus ganz Tschechien zusammengezogen.

„Bei denen geht es heute rund", sagte Jan. „Die Kollegen verhaften den Doc, diesen ehemaligen Krankenpfleger Johannes Mahler, und wir den Daniel Ettmann. Das war es."

Hardi blickte zu ihm rüber. „Noch haben wir die nicht. Und du kannst mir glauben, Jan, gerade bei solchen einfachen Verhaftungen kann eine Menge schiefgehen. Ich habe das oft genug erlebt."

„Das glaubst du doch selbst nicht. Wir folgen dem Peugeot, wenn er zurück nach Deutschland fährt. Hinter der Grenze warten drei Wagen und sechs Kollegen auf ihn. Das geht so schnell, dass dieser Ettmann gar nicht merkt, was mit ihm passiert."

„Wenn du meinst …", war Hardis Antwort.

In Česká Kubice blieben Hardi und Jan auf dem Parkplatz des Restaurants Kocanda stehen. Sie parkten ihren Wagen rückwärts ein. So konnten sie den Verkehr in beiden Richtungen beobachten.

Hardi fuhr sein Tablet hoch und Jan rief den deutschsprechenden Kollegen an, der die Zusammenarbeit koordinierte. Seit einiger Zeit durften deutsche Fahnder Verdächtigen auf das tschechische Staatsgebiet folgen, sofern sie die Kollegen vor Ort darüber informierten.

Marek, der tschechische Kollege, meldete sich sofort. „Der Peugeot ist da. Wir filmen. Ich schicke Aufnahmen live."

„Hier ist es." Hardi hielt das Tablet so, dass beide sehen konnten, was die tschechischen Polizisten aus einem der Nachbarhäuser filmten.

Der Peugeot hielt vor dem Siebeneinhalbtonner. Ettmann, der einen zusammengerollten Ikea-Beutel in der Hand trug, stieg aus und unterhielt sich mit dem Fahrer, der im Führerhaus sitzenblieb. Anschließend kletterte Ettmann auf die Ladefläche, bückte sich und nach einer Weile war er wieder gut zu sehen. In dem Beutel schienen sich einige Pakete zu befinden. Er ging vor zum Führerhaus und gab dem Fahrer etwas.

„Der gibt ihm Geld", kommentierte Hardi. „Der Fahrer wird seine Firma anrufen und in Babylon in einem Gasthaus übernachten müssen, während man den Rücktransport nach Deutschland organisiert."

„Die Firma in Regensburg wird aus allen Wolken fallen, wenn sie erfährt, wozu ihr LKW genutzt wurde. Die haben keine Ahnung davon", vermutete Jan.

Mittlerweile hatte Daniel Ettmann den Ikea-Beutel im Kofferraum verstaut, war wieder in seinen Peugeot gestiegen und fuhr los. An dem Punkt endeten die Liveaufnahmen.

Jan telefonierte noch einmal mit Marek, während Hardi die Straße beobachtete.

„Da kommt er!"

Der Peugeot fuhr an ihnen vorbei. Hardi startete den Passat und folgte Ettmann.

Alles schien normal zu verlaufen. Ettmann fuhr vor ihnen, hielt sich sorgfältig an die Geschwindigkeitsbeschränkung. Plötzlich leuchteten die Bremslichter des Peugeot auf und Ettmann drehte auf der Straße, kam ihnen entgegen.

„Scheiße!", fluchte Hardi. „Was macht der da?"

Jan war sofort klar, war Ettmann vorhatte: Er war auf dem Weg nach Všeruby. „Dreh um und fahr ihm nach. Der fährt zu einem anderen Grenzübergang."

Hardi schaute in den Rückspiegel und wartete, bis der Peugeot hinter einer Kurve verschwand. Dann gab er Vollgas, zog an der Handbremse und schon war er auch in der Gegenrichtung unterwegs.

Am Ortsende von Česká Kubice setzte Ettmann den Winker und bog rechts ab. Hardi folgte ihm in gebührender Entfernung.

„Ich habe es doch gewusst. Er wird über den Grenzübergang Eschlkam nach Deutschland einreisen. Ich sage den Kollegen Bescheid." Jan hielt schon das Handy in der Hand.

Die Polizisten, die bei Furth auf den Peugeot warteten, fluchten. Sie hatten keine Chance, rechtzeitig nach Eschlkam zu kommen.

„Ich habe dir ja gesagt, je einfacher es ausschaut, desto mehr Probleme können auftreten. Shit happens", war Hardis Kommentar.

Irgendwo auf der Verbindungsstraße zwischen Česká Kubice und Všeruby musste Ettmann bemerkt haben, dass ihm der Passat folgte. Plötzlich gab er Gas und Hardi bekam große Probleme, dem Peugeot zu folgen. Zweihundertsiebzig Turbo-PS in dem Franzosen gegen müde einhundertvierzig PS aus Wolfsburg – das waren ungleiche Kräfteverhältnisse.

Jan hing am Handy und gab laufend ihre Position durch.

Kurz vor der Grenze bremste ein tschechischer Traktor den Peugeot ab und Hardi konnte aufschließen. Dann gab Ettmann Gas und schoss mit Vollgas über die Grenze. Er kam nicht weit. Rechts in Fahrtrichtung, direkt hinter der Grenze, lag ein deutsches Gasthaus. Aus dem Hof kam der nächste Traktor gefahren, dieses Mal ein deutscher, der den Fahrer des Peugeot zu einer Vollbremsung veranlasste. Dabei riss er den Wagen nach links, der Wagen rutschte auf das Feld, stellte sich quer und überschlug sich zweimal, ehe er wieder auf seinen Rädern zu stehen kam.

Der Traktorfahrer blieb wie gelähmt im Führerhaus des John Deere sitzen und schaute dem, was da vor seinen Augen passierte, fassungslos zu.

Ein Passat bremste am Feldrand und noch bevor der Wagen zum Stillstand kam, sprang ein Mann aus der Beifahrertür und lief auf das verunglückte Fahrzeug zu. Dort versuchte er, die Fahrertür aufzureißen.

„Warte, Jan!", schrie Hardi, als sein Kollege loslief. „Warte auf mich!" Er bekam die Fahrertür nicht auf, die gegen einen großen, weißen Markierungsstein stieß, und musste einen Meter vorfahren. Dann passierte es.

Daniel Ettmann war nicht verletzt worden. Es hatte ihn nur kräftig durchgeschüttelt. „Raus hier!", dachte er panisch. Sein erster Griff galt der Tasche mit dem Stoff und der zweite der Pistole, die im Fach der Fahrertür unter einem aufgerollten Handtuch lag.

Als der Typ anfing, an der Fahrertür zu rütteln und die sich auf einmal öffnete, entsicherte er die Waffe und schoss dreimal.

Hardi hörte es knallen und sah Jan rückwärts fallen. Ettmann krabbelte aus dem Wagen und hielt die Waffe in der Hand.

Hartmut Schön war ein trainierter Schütze. Er zog seine Dienstwaffe, ging in den Anschlag und schrie: „Polizei! Waffe runter und Hände hoch, oder ich schieße!"

Ettmann drehte sich zu ihm um, ohne seine Pistole fallenzulassen.

Für den Polizisten war es kein Problem, Ettmann zu erschießen.

Jan lag auf dem matschigen Ackerboden und schaute verwundert nach oben in die dicken, dunklen Wolken, die ein böiger Wind nach Osten trieb.

Das Loch in seiner Stirn war nicht größer als eine Fingerkuppe. Hardi wusste aus Erfahrung, was ihn erwartete, sollte er den Kopf anheben. Er fühlte an der Halsschlagader: nichts.

Auch Ettmann war tot.

„Ich bin Polizist! Rufen Sie den Krankenwagen an, oder muss ich Ihnen erst in den Hintern treten?", schrie er dem Traktorfahrer zu, der ausgestiegen war.

Der lief los, hinüber zum Gasthaus.

Jetzt stand Kriminalhauptkommissar Schön das Schwierigste bevor. Er wählte die Nummer von Oberrat Heiligmayr. „Es gab eine Schießerei", sagte er. „Zwei Tote. Kollege Müller und dieser Ettmann. Ich brauche dringend Hilfe. Ich bin am Grenzgasthaus Aubeck in Eschlkam." Er wartete keine Antwort ab und beendete das Gespräch.

Dann setzte er sich auf den Boden und lehnte sich mit dem Rücken an den demolierten, dreckverschmierten Peugeot. Dort saß er, bis die ersten Kollegen erschienen und ihm aufhalfen.

Ich wusste sofort, was passiert war, als es um genau 18 Uhr an der Haustür klingelte und David Bauer und der Polizeidirektor draußen standen. „Dürfen wir reinkommen, Anita?", fragte David.

Ich nickte. JaHe lachte die beiden Männer an und freute sich, weil der Direktor Uniform trug. Er liebte Polizeiuniformen.

„Pollitei", plapperte er. „Pollitei."

In der ganzen Zeit konnte ich nur zweimal weinen. Einmal auf Jans Beerdigung, als alle in Tränen ausbrachen. Da konnte ich mich nicht mehr halten. Und das zweite Mal weinte ich, als mir die Frauenärztin sagte, dass ich schwanger sei.

In bin schon seit zwei Monaten mit JaHe in einem Sanatorium und alle kümmern sich liebevoll um mich.

Ich warte ungeduldig darauf, dass ich das Baby zum ersten Mal in mir spüre.

Auszüge aus Anitas Tagebuch

Den ersten Eintrag in ihr Tagebuch schreibt Anita am Abend des Tages, an dem sie von Stefan vergewaltigt wurde. Sie ist damals fünfzehn Jahre alt. Erst viele Jahre später folgt der zweite Eintrag. Dieser besteht nur aus zwei Sätzen:

Leo ist tot. Stefan hat für seine Taten zahlen müssen.

Als sie Jan kennenlernt, beginnt sie, regelmäßig in ihr Tagebuch zu schreiben. Sie vertraut ihm ihre Probleme an und beschreibt, wie sie langsam zurück in die Normalität findet. Ihre Sprache ist nüchtern, die Sätze sind kurz und prägnant. Gefühle äußert sie selten und wenn, dann nutzt sie gebräuchliche Adjektive. Aber das kommt kaum vor.

Wir kennen ihren Werdegang aus den Geschichten, sodass es sich erübrigt, hier alle Einträge wiederzugeben.

24. Oktober

Gestern kamen David und der Direktor, um mir zu sagen, dass Jan tot ist. Das wusste ich bereits in dem Moment, als sie vor der Haustür standen.

In der Nacht schlief JaHe in Jans Bett. Ich lag die ganze Nacht wach und starrte in die Dunkelheit. Warum kann ich nicht weinen?

25. Oktober

Es ist kurz vor Mitternacht. Renate, Jans Mutter, ist gekommen. Ihr geht es sehr schlecht. Jans Vater ist im Heim und bekommt nichts mit. Sie ist nun ganz alleine und hat viel zu tun mit dem Haus und dem großen Garten. Dabei ist sie sehr krank.

Wir müssen morgen die Beerdigung vorbereiten.

27. Oktober

Heute habe ich geweint. Es waren viele Leute auf der Beerdigung, die meisten in Uniform. JaHe haben die vielen Uniformen sehr gefallen.

30. Oktober

Seit gestern liegt Renate im Krankenhaus. Jan war ihr einziger Sohn. Sie hat keine Kraft mehr.

Wir reden wenig miteinander. Sie kann und will nicht mehr reden. Ich halte nur ihre Hand.

3. November

Ich gehe in ein Sanatorium und nehme JaHe mit. Der Arzt hat mich vorläufig bis zum 31. Dezember krankgeschrieben.

15. November

Alle sind sehr nett zu mir und bemühen sich nach Kräften. JaHe gefällt es hier. In der Krabbelgruppe kommt er gut mit den anderen Kindern zurecht.

10. Dezember

Mir wird morgens immer schlecht. Die Ärztin hat mir freudestrahlend mitgeteilt, dass ich schwanger bin.

Ich habe selten so lange und so viel geweint. JaHe war zum Glück den ganzen Tag in der Krabbelgruppe.

15. Dezember

Heute waren der Direktor, Beate und David zu Besuch. Ich habe ihnen gesagt, dass ich den Dienst quittieren werde, wenn mich der Arzt wieder gesundschreibt.

Alle meinten, ich solle mir das überlegen. Ich hätte schließlich viel Zeit.

16. Dezember
Der Arzt hat mich bis zur Geburt des Kindes krankgeschrieben. Danach gehe ich in den Mutterschutz.

Ich hoffe, dass es ein Mädchen wird.

20. Dezember
Oberrat Heiligmayr vom LKA kam am Nachmittag zu Besuch. Er ist der Leiter der Sonderkommission, zu der auch Jan gehörte. Ich hatte ihn bereits auf der Beerdigung kennengelernt. Er bot mir an, zum LKA zu wechseln. Ich solle gründlich darüber nachdenken. Zeit genug hätte ich ja.

22. Dezember
Jans Mutter ist gestern gestorben. Ich werde nicht zur Beerdigung gehen. Die Psychologin hat mir davon abgeraten. Weihnachten werde ich im Sanatorium verbringen.

6. Februar
Ich habe lange nichts mehr geschrieben. Aber heute ist ein schöner Tag und ich muss einen Eintrag machen. Heute Morgen habe ich das Baby gespürt. Ganz deutlich. Die Ärztin meinte, es sei alles in Ordnung.

1. März
Heiligmayr war wieder da. Er ist jetzt zum Polizeidirektor befördert worden und hat eine Abteilung im LKA übernommen. Er will mich unbedingt in sein Team holen.

14. April
Ich werde über Heiligmayrs Angebot nachdenken.

An dieser Stelle enden die Eintragungen. Anita Schmöke hat das Tagebuch in einen Koffer gelegt und diesen abgeschlossen.

Sie wird mit JaHe für vierzehn Tage nach Teneriffa fliegen. Sie sehnt sich nach Sonne und Wärme.

Als Dank für Ihre Ausdauer beim Lesen schenke ich Ihnen, wie auch in meinem ersten Buch mit Kriminalgeschichten, als Schmankerl eine zusätzliche Erzählung. Auch dieses Mal ist es keine Kriminalgeschichte und sie spielt auch nicht in Regensburg. Wenn Sie mich fragen, um welches Genre einer Erzählung es sich handelt, muss ich selbst überlegen.

Liebesgeschichte, Science-Fiction ...? Das dürfen Sie selbst entscheiden.

Die Dreizehn

Sein Name ist Jürgen Berner und er hat noch sechs Monate.

Nein, es ist nicht so, wie Sie denken. Jürgen Berner ist nicht krank. Mit den „sechs Monaten" ist gemeint, dass er noch ein halbes Jahr Arbeit vor sich hat, bevor er pensioniert wird. Als Lehrer muss man in Bayern das Halbjahr noch zu Ende machen, in dem man fünfundsechzig plus drei Monate alt wird. Berner wurde am ersten Oktober fünfundsechzig, hätte normalerweise bis Ende Dezember arbeiten müssen. Doch der Staat steht auf dem Standpunkt, ein Lehrer kann erst dann gehen, wenn er die letzten Zeugnisse geschrieben, unterschrieben und ausgeteilt hat.

Ergo: Weiterarbeiten bis zu den Zwischenzeugnissen im Februar.

Eine seltsame Logik - aber was soll man machen?

„Also, Jürgen", meinte der Schulrat, „dir muss ich ja nicht erklären, was dich in dem letzten Halbjahr vor deiner Pensionierung erwartet. Du hast Englisch und Informatik unterrichtet und weißt, wie und in welcher Form Bewerbungen zu erstellen sind. Ich habe eine Aufgabe für dich, die dir bei deiner Routine nicht schwerfallen wird."

Jürgen Berner nickte. „Ist mir klar, Holger."

Holger Robus, der Schulrat, und er kannten sich seit dem Studium. Sie kamen gut miteinander aus.

„Sag es schon. In welcher Schule soll ich im letzten Halbjahr unterrichten?"

"Ich kann dir eine E-Klasse an der Konrad-Adenauer-Gesamtschule anbieten. Morgen, bei Schulbeginn, sind fünfzehn Schüler in der E10M. Oder du bleibst an deiner jetzigen Schule und übernimmst Stunden in deiner alten Klasse, der jetzigen F9B. In der sind, wie du sicher weißt, fünfundzwanzig Schüler. Nicht ganz einfach, diese Förderklasse, wie du mir gesagt hast."

Berner überlegte keinen Augenblick. „Ich nehme die E10M. Die Asylantenkinder …"

„Einwandererkinder …", verbesserte ihn Schulrat Robus.

„Die Einwandererkinder sind in der Regel motiviert, oft mehrsprachig und werden von den Handwerksbetrieben gerne genommen. Und von der Anfahrt her ist die Konrad-Adenauer-Gesamtschule in Berghausen für mich ideal."

„Ich weiß", meinte Schulrat Robus. „Ich hatte gehofft, das von dir zu hören. Das Mädchen, dem du das Stipendium verschafft hast, ist in dieser Klasse."

Berner nickte.

„Bist du immer noch mit der Mutter befreundet?"

„Ja. Wir haben jeder unsere eigene Wohnung, aber wir sind zusammen. Ich werde sie demnächst heiraten."

„Duzt dich das Mädchen?"

„Nein. Es wird keinen Interessenskonflikt geben. Du kennst mich, Holger."

„Ich vertraue dir, Jürgen."

Die Männer schüttelten sich die Hände.

„Und alles Gute für das letzte halbe Jahr", rief der Schulrat dem Lehrer nach, als der das Zimmer verließ.

Drei Monate später, kurz vor den Weihnachtsferien.

Die fünfzehn Schüler der E10M saß im Informatikraum In3 vor den Computern und arbeiteten an ihren Bewerbungen.

„Was ist der Unterschied zwischen einem Elektrotechniker Energie- und Gebäudetechnik und einem Elektroniker, Herr Berner?", wollte Ahmet wissen. Der kam aus Syrien, lebte seit drei Jahren in der Bundesrepublik und konnte sich mit seinen guten Zeugnissen und seinem fließenden Deutsch die Lehrstelle aussuchen.

„Da gibt es eine Informationsseite des Berufsportals Elektro. Sei nicht so faul und lies selbst nach." Lehrer Berner rief den Link auf, der auf dem interaktiven Whiteboard erschien. „Hier findest du alle Informationen."

„Shoukran", sagte Ahmet. Das war Arabisch und hieß danke.

Berner machte die Arbeit in der Einwanderer-Klasse viel Freude. Die sechs Schülerinnen und neun Schüler waren wissbegierig, nett und strengten sich sehr an, um nach der zehnten Klasse eine gute Lehrstelle zu bekommen. Einige besaßen sogar das Potential um auf die FOS zu gehen und die Hochschulreife zu erlangen.

„Wenn nur alle deutschen Schüler so motiviert wären", dachte Berner und er erinnerte sich mit Schrecken an seine letzte Klasse, eine Förderklasse. Da gab es kaum etwas zu fördern. Die Schüler waren faul, unwillig und teilweise nach neun Jahren Schule unfähig, einen einfachen Text zu lesen, geschweige denn einen Brief oder eine Bewerbung zu schreiben. Ihre wenigen Interessen galten den neuesten Smartphones und dem anderen Geschlecht.

Das Sorgenkind der E10M, Veronique laGrange, ein Mädchen aus Haiti, kannte Berner gut. Er kannte sie besser als seine eigene Tochter, die sich seit zehn Jahren nicht mehr bei ihm gemeldet hatte.

Während die Schüler zielstrebig arbeiteten, wanderten seine Gedanken zurück in den August 2017, als er mit vierzig anderen Lehrern aus der EU an einer Konferenz in Port-au-Prince, Haiti teilgenommen hatte. Es ging um die Möglichkeiten, begabten jungen Menschen aus Entwicklungsstaaten ein Stipendium für eine Schulbildung und eine berufliche Ausbildung im Bereich der EU zu verschaffen, die diese dann nutzen sollten, die Wirtschaft in ihren Heimatstaaten anzukurbeln.

Schon am zweiten Abend lernte er Marie und Veronique laGrange kennen.

Nach zehn Stunden Konferenz im neuen, runtergekühlten Konferenz-zentrum hatte Berner das Bedürfnis, sich zu bewegen und ein wenig um-zusehen.

Die Armut in dem Viertel, nur eine Querstraße von dem futuristischen HCC (Haiti Conference Center), war erschreckend. Ausgemergelte Männer saßen nach einem ergiebigen Regenschauer rauchend und trinkend vor ihren zusammengeschusterten Hütten aus Holz und Wellblech, während die Frauen und Kinder in den winzigen Gärten arbeiteten, in denen Gemü-se, Mango- und Papayabäume wuchsen. Das, was hier Straße genannt wur-de, erwies sich als ein von unregelmäßigen Spurrillen durchzogener Weg, auf dem man Slalom um tiefe Pfützen laufen musste, wenn man trockenen Fußes vorankommen wollte. Die Leute schienen daran gewöhnt zu sein. Sie gingen barfuß oder trugen billige Flipflops, die sich oft in einem schlechten, vielfach geflickten Zustand befanden.

„Bonsoir, Monsieur", rief ihm ein zahnloser Alter zu, der eine erloschene Zigarette im Mundwinkel hängen hatte. „Woher kommen Sie?"

Berner sprach gut Französisch und antwortete: „Aus Deutschland."

„Deutschland ist gut", antwortete ihm der Mann. „Besser als Amerika und viel besser als Haiti."

Die Nachbarn nickten.

Eine der Hütten sah deutlich besser aus als die anderen. Sie war aus geho-belten Brettern gezimmert, die weiß gestrichen waren, und mit einem sau-ber verlegten Blechdach gedeckt. Die Fenster besaßen Glasscheiben und die Haustür erschien stabil und abschließbar zu sein. Im Vorgarten wuch-sen, hinter einer Crotonhecke, Blumen in runden Rabatten und im Garten neben dem Haus gab es eine Vielzahl von Kräutern und Gemüsesorten in sauber angelegten Beeten.

Eine Frau erschien in der Haustür und schaute zu ihm hinüber. „Mon-sieur", sagte sie freundlich. „Ich möchte mit Ihnen reden. Darf ich Sie zu einem haitianischen Kaffee einladen?"

Verblüfft schaute sich Berner um. Die Nachbarn beobachteten genau, was dort vorging, aber niemand gab einen Kommentar ab, kein Lachen oder irgendwelche flapsigen Bemerkungen waren zu hören.

„Ja. Aber …"

„Kommen Sie, Monsieur." Die Frau trat zurück und ließ ihn eintreten.

„Ich bin Marie laGrange." Sie hielt ihm ihre Rechte hin.

„Jürgen Berner. Ich komme aus Deutschland."

„Das habe ich gerade gehört. Sie nehmen sicher an der Konferenz der Lehrer teil. Setzen Sie sich bitte." Sie zeigte auf einen von drei Stühlen, die an einem kleinen Holztisch standen. Während Madame laGrange mit ihm redete, stellte sie einen Topf mit Wasser auf eine Herdplatte und schaltete diese ein. „Es dauert etwas", meinte sie dann. Ihr Französisch war perfekt.

„Kein Problem. Woher können Sie so gut Französisch sprechen?"

„Ich habe in Paris und in London studiert. Ich war Lehrerin für Englisch und Französisch auf einem Lyzeum, also auf einem Mädchengymnasium."

„Sie waren Lehrerin?"

Sie nickte.

Das Wasser begann zu kochen und Madame laGrange holte einen schmalen, hohen Blechtopf aus dem Hängeschrank, in den sie feines Kaffeemehl, Zucker und ein winziges Stück Zimt hineintat. Darauf goss sie das sprudelnde Wasser und verschloss den Topf mit einem Deckel. „Das muss jetzt fünf Minuten ziehen", erklärte sie, während sie zwei Tassen aus einem kleinen Schrank holte und auf den Tisch stellte.

Er blickte automatisch auf seine Armbanduhr. „Madame laGrange sieht gut aus", dachte er. „Ein feines, schmales Gesicht und eine Hautfarbe wie Kakao mit Sahne. Sie ist gertenschlank und geht aufrecht wie eine Palme. Sicher kann sie auch einen Eimer Wasser auf dem Kopf balancieren."

„Das kann ich tatsächlich", meinte sie lächelnd. „Jedes Mädchen hier muss lernen, etwas auf dem Kopf zu tragen."

Berner war beeindruckt. Sie hatte seine Gedanken gelesen!

Nun schaute sie ihm direkt ins Gesicht und es verwirrte ihn, den Blick dieser sanften, schwarzen Augen fast körperlich zu spüren.

„Der Kaffee ist fertig." Madame nahm den Deckel von dem Kaffeegefäß und goss das schwarze, duftende Getränk in die Tassen.

Ein verstohlener Blick auf die Armbanduhr: Es waren auf die Sekunde genau fünf Minuten vergangen.

Während sie das weiße Kopftuch abwickelte, das hier alle Frauen trugen, und ihr Haar mit einem Band geschickt zu einem kleinen Pferdeschwanz zusammenband, kicherte Madame laGrange. „Das ist ganz einfach, keine Zauberei. Nach genau fünf Minuten knackt die Herdplatte immer ganz leise. Sie haben es bloß nicht gehört, Monsieur Berner."

Der bemerkte, wie er rot im Gesicht wurde.

„Etwas fehlt noch." Madame laGrange öffnete den Schrank und nahm eine kleine, flache Flasche heraus. „Das ist einheimischer Rum. Der gehört dazu. Aber nicht zu viel, sonst überdeckt er den feinen Geschmack des Kaffees." Ein winziger Schuss Rum kam in die Tassen und jetzt probierte Berner den Kaffee.

Es war der Beste, der er jemals in seinem Leben getrunken hatte.

„Vorzüglich", stellte er fest, setzte die Tasse ab und formulierte im Geist seine nächste Frage.

Sie schien tatsächlich seine Gedanken lesen zu können. „Sie würden nun gerne wissen, wieso ich nicht mehr als Lehrerin arbeite."

Jürgen Berner nickte.

„Zuerst möchte ich Ihnen meine Tochter Veronique vorstellen. Dann werden Sie alles verstehen." Sie drehte sich zu der einzigen Tür um, die sich in dem kleinen Raum, der Küche, Ess- und Wohnzimmer darstellte, befand. Was sie dann sagte, konnte Berner nicht verstehen. Madame laGrange sprach Kreyòl.

Ein Mädchen trat aus dem Nebenzimmer, großgewachsen, dünn, an der Schwelle zur Pubertät. Als sie sich zu Berner umdrehte, wurde ihm schlagartig schlecht.

Eine dicke, wulstige Narbe verlief von Veroniques linker Schläfe durch die Augenbraue und über die Wange bis runter zur Oberlippe. Das Auge fehlte und das Lid hing wie ein kleines Stück Lappen über der leeren Augenhöhle. Später bemerkte er, dass dem Mädchen auch drei Finger der linken Hand fehlten.

„Was ist mit ihr passiert?", stammelte er.

„Sie wurde vor drei Monaten vergewaltigt und dann wollte der Junge sie töten. Vielleicht wäre es besser gewesen, er hätte Erfolg gehabt."

Darauf wusste Berner nichts zu sagen. Er musste sich erst fassen.

„Hat ihn die Polizei erwischt?"

„Ja. Ich kannte ihn gut. Es war der Sohn des Direktors meiner Schule. Der Polizei hat er gesagt, sie habe ihn angemacht und hinterher Geld von ihm gewollt. Als er sich geweigert habe, habe sie ihn töten wollen. Er habe ihr die Machete abgenommen und die dabei verletzt."

„Das ist doch unsinnig! Man kann doch feststellen, wie es gewesen ist." Berner war echt empört.

„Das kann man in Deutschland. Aber hier in Haiti zählen das Wort des Mannes und die soziale Stellung der Eltern. Wir hatten keine Chance – weder bei der Polizei noch bei Gericht. Ganz im Gegenteil. Man hat meinen Vertrag als Lehrerin nach den Ferien nicht verlängert und mich aus der Schule geworfen."

„Und dem Jungen ist nichts passiert?"

„Doch." Madames Augen bohrten sich tief in seine Seele. „Ich habe ihn verflucht und er hat seine Strafe bekommen. Eines Nachts ist er betrunken dort hinten den Abhang hinuntergefallen. Er hat sich das Genick gebrochen. Das war es."

„Madame, das glauben Sie doch selbst nicht, dass man jemanden verfluchen kann und er dann stirbt."

„Sie sind nicht in Deutschland, Monsieur. Hier gibt es Dinge zwischen Himmel und Erde, von denen Sie nichts wissen."

„Das stimmt." Veronique besaß eine klare, helle Stimme und auch ihr Französisch war hervorragend. „Maman kann das. Sie ist eine Voodoo-Priesterin."

Drei Tage später, als er das erste Mal über Nacht bei Marie blieb, begann er, an ihre Kräfte zu glauben.

Ein griechischer Kollege stand auf kleine Jungen und man hatte ihn mehrmals gesehen, wie er abends in Begleitung von Knaben in einem billigen Hotel verschwand.

„So ein Schwein", bemerkte Jürgen, als er das Marie erzählte. Sie lagen unter dem Moskitonetz auf dem schmalen Bett und er folgte mit einem Finger der Kontur ihres Halses, strich weiter hinunter zu ihren kleinen, festen Brüsten. „Du bist schön, Marie", flüsterte er. „Und deine Haut fühlt sich an wie Samt."

„Verschaffen wir ihm doch Bauchschmerzen", sagte sie plötzlich. „Das geht ganz schnell." Sie erhob sich, und ging, so unbekleidet, wie sie war, in den Wohnraum. „Komm mit, Jürgen."

Zuerst schlüpfte Marie in ein langes, weißes Kleid, dann wickelte sie eine weiße Stoffbahn zu einer Art Turban um ihren Kopf. Anschließend stellte sie aus Zweigen, Kordel und kleinen Stoffstücken eine winzige Puppe her. Als Kopf diente eine bemalte Palmnuss.

„Wie heißt er?", wollte sie wissen.

Jürgen nannte ihr den Namen und verfolgte gespannt, wie sie leise flüsternd der Puppe eine Nadel in die Körpermitte stach.

Der Grieche erschien am nächsten Morgen nicht zur Konferenz. Er habe in der Nacht massive Magenprobleme bekommen und sei in ein Krankenhaus eingeliefert worden, erzählte man sich. Sobald er flugfähig sei, würde er zurück nach Athen fliegen.

Als Jürgen Berner zurück nach Deutschland flog, lag der fertig ausgefüllte Antrag auf ein Stipendium für Veronique bereits bei der zuständigen Kommission. Sein Entschluss stand fest. Er würde Marie und Veronique laGrange nach Deutschland holen. Das Mädchen musste operiert werden und eine Schulausbildung bekommen. Marie musste auch mitkommen, denn er hatte sich in die Frau verliebt.

Mutter und Tochter waren ein halbes Jahr später über Jamaika und Paris nach Deutschland gekommen, wo Veronique erst einmal einen Monat im Krankenhaus verbrachte. Das Mädchen bekam ein Glasauge eingesetzt und den Ärzten gelang es, die Narbe unauffälliger zu machen. Doch blieb die Mimik der linken Gesichtshälfte beeinträchtigt und auch der Verlust der drei Finger der linken Hand ließ sich nicht wieder rückgängig machen.

Marie und ihre Tochter wohnten ein Stockwerk höher, genau über Jürgens Wohnung. Sie hielten es für besser, nicht zusammen in einer Wohnung zu leben, sonst wäre das EU-Stipendium, das Veronique bis zu ihrem Berufsabschluss erhielt, gekürzt worden.

Es klingelte zur großen Pause und Berner sagte: „Raus mit euch an die frische Luft!"

Veronique kramte in ihrer Tasche herum, bis alle anderen Schüler gegangen waren. „Kann ich mit Ihnen reden, Tonton Berner?", fragte sie höflich.

Wenn sie alleine waren, nannte sie ihn immer Tonton, also Onkel.

Deutsch sprach Veronique mittlerweile sehr gut, denn sie besaß eine ausgesprochene Begabung für Sprachen.

„Klar, Vroni. Gibt es Probleme?"

Sie nickte und sie begann zu weinen.

„Nur Absagen?", wollte Berner wissen.

„Ja. Keiner will mich, weil ich so ausschaue. Wie ein Zombie." Veronique zog ein Papiertaschentuch aus der Hosentasche und schnäuzte sich. „Die meisten antworten erst gar nicht auf meine Bewerbung. Und viermal haben sie direkt geschrieben, dass Kunden sich wegen meiner Narbe gestört fühlen könnten. Was soll ich bloß machen?"

Jetzt weinte sie richtig und das Mädchen tat dem Lehrer entsetzlich leid. „Vroni. Ich werde deine Maman in die Schule bitten und dann hole ich eine Dame von der Agentur für Arbeit hinzu. Mal sehen, ob wir zusammen eine Lösung finden." Das Mädchen schnäuzte sich erneut und ging dann zum Waschbecken hinüber. Für einen Moment starrte sie auf ihr Spiegelbild, dann wusch sie ihr Gesicht und trocknete es mit einem Papierhandtuch ab.

„Danke, Tonton." Sie ging hinaus, ohne sich noch einmal umzusehen.

Das Gespräch mit der Mutter und Frau Keller, der zuständigen Sachbearbeiterin bei der Agentur für Arbeit, verlief ruhig und sachlich.

„Veronique möchte Reiseverkehrskauffrau werden. Da hat sie viel mit Publikum zu tun, und dass sich eine Firma scheut, ein Mädchen mit einer großen Narbe im Gesicht einzustellen, ist für mich nicht verständlich, aber leider nachvollziehbar. Machen können wir da nichts. Ich schlage vor, dass wir versuchen, einen Büroberuf für Ihre Tochter zu finden, Frau laGrange. Auch eine Ausbildung zur Fremdsprachenkorrespondentin wäre in Betracht zu ziehen. Veroniques Französisch ist das einer *locuteur natif* und ihr Englisch wird sie auf der Sprachenschule weiter perfektionieren. Und ihre deutschen Sprachkenntnisse werden bis zum nächsten Jahr auch das geforderte EU-Referenzniveau C1 erreichen."

Das war eine gute Idee, befand Jürgen Berner, während sich Marie und Frau Keller noch einmal die Mails durchlasen, in denen die Sachbearbeiter in den Personalabteilungen ziemlich direkt auf die „Verunstaltung" im Gesicht des Mädchens hinwiesen.

„Die Mails sind in dieser Form rechtswidrig und sprachlich brutal. Da hätten die Unterzeichner andere Formulierungen finden können. Das arme Kind", kommentierte Frau Keller, als sie alles gelesen hatte. Mit den Worten: „Ich kümmere mich um einen Platz auf der Sprachenschule", verabschiedete sie sich dann.

Für eine Weile saßen Marie und Jürgen im Besprechungsraum der Schule stumm nebeneinander. „Morgen wird Veronique auf die Mails antworten. Sie muss lernen, sich mit ihrer Narbe auseinanderzusetzen."

„Okay, Marie", antwortete ihr Jürgen. Er wusste nicht, ob das eine gute Idee war. Sein Gefühl sollte ihn nicht täuschen.

Im Laufe der Woche schlossen alle Schülerinnen und Schüler der E10M ihre Bewerbungen ab und Berner hatte eine Menge zu korrigieren und konnte noch viele gute Ratschläge erteilen. Innerhalb von einer Woche erhielten zehn Schüler Zusagen für eine Lehrstelle.

Am Freitag, kurz vor dreizehn Uhr, kam die Sekretärin der Schule ins Lehrerzimmer. „Herr Berner. Sie möchten bitte zum Rektor kommen."

„Komme schon." Berner stellte seine halbvolle Tasse mit dem lauwarmen Kaffee auf den Tisch und erhob sich.

Im Rektorat saßen am Besprechungstisch zwei junge, dynamisch ausschauende Männer. Rektor Mausner warf Berner einen gequälten Blick zu. Der ahnte sofort, dass Probleme auf ihn zukamen.

„Kollege Berner. Das sind zwei Beamte von der Kriminalpolizei. Die möchten sich mit Ihnen unterhalten."

Der Dunkelhaarige erhob sich und reichte Berner die Hand. „Ich bin Oberkommissar Marx und das ist mein Kollege, Kommissar Beugmann. Wie sind von der Cyber-Polizei. Sie unterrichten Informatik und haben sicher von dem neuen Dezernat gehört, das in jedem Polizeipräsidium in Bayern eingerichtet wurde."

„Natürlich. Sie sind Spezialisten für Internet-Kriminalität."

„Das ist richtig." Marx zog ein Schreiben aus einer dunklen Mappe, die vor ihm auf dem Tisch lag. „Es liegen Anzeigen von vier Firmen gegen die Schule vor. Von einem Rechner dieser Schule wurden am letzten Mittwoch Mails, die Computerviren enthielten, verschickt. Diese führten bei den Empfängern zu Programmabstürzen und in allen Fällen mussten die Systembetreuer Programme neu installieren. Nach unseren Recherchen steht diese Rechner im Computerraum In3, in dem Sie an dem fraglichen Tag von acht Uhr bis dreizehn Uhr unterrichtet haben."

Jetzt musste sich der Lehrer erst mal setzen. „Wie können die Schüler Viren verschicken? Sie haben keine Möglichkeit, externen Speicher anzuschließen, können nichts downloaden ohne meine Zustimmung, Bluetooth funktioniert auch nicht. Und selbst programmieren? Nein. Das glaube ich nicht."

„Also, das glaube ich jetzt auch nicht!", entrüstete sich der Rektor. „Kollege Berner kennt sich mit Computern aus."

Oberkommissar Marx sah seinen Kollegen an, der nun das Wort ergriff. „Hier sind Kopien der Mails, die die Abstürze auslösten. Der Inhalt ist immer gleich." Er legte vier Blatt Papier vor Berner auf den Tisch.

To: (Anschrift der Firma)
From: k-a-gs-in3-r05
Betreff: (ohne)
1341341513413

Keine Unterschrift, kein sonstiger Text, nur diese Zahlen.

„Sagen Ihnen diese Zahlen etwas?", wollte Kommissar Beugmann wissen. Berner schüttelte den Kopf.

„Wer hat am Rechner r05 gearbeitet?"

„Veronique laGrange. Ein haitianisches Mädchen. Sie ist die beste Schülerin der Klasse, sehr fleißig und zuverlässig, ordentlich …"

Plötzlich begann Berner zu kichern, dann musste er laut lachen. „Für die lege ich meine Hand ins Feuer", sagte er.

Jetzt war ihm klar, was Vroni gemacht hatte: Sie besaß die Fähigkeiten ihrer Mutter und hatte die Firmen mit einem kleinen, relativ harmlosen Fluch belegt. Quasi als Rache für die gemeinen Mails, die sie von dort erhalten hatte.

Die Polizisten runzelten die Stirn. „Sie hat also diese Mails verschickt. Viren zu verschicken ist kein Kavaliersdelikt." Mit diesen Worten reagierte Oberkommissar Marx auf Berners Heiterkeitsausbruch.

„Wo ist denn der Virus? Sie werden ihn sicherlich isoliert und analysiert haben. Zeigen Sie mir bitte den Quellcode."

„Tja. Das ist das Problem", musste Marx zugeben. „Wir haben keinen Virus gefunden. Weder im Anhang noch im Quellcode der Mail. Da ist nur diese Zahlenreihe. Sie wurden von unseren Fachleuten untersucht, aber sie ist sauber. Wir wissen, dass die Mail vom r05 kam und sie hat Systemabstürze bei den vier Firmen verursacht. Aber wie und warum das passiert ist, das konnten wir nicht feststellen. Wir hatten gehofft, das von Ihnen zu erfahren, Herr Berner."

„Ich muss Ihnen etwas im Vertrauen erzählen", flüsterte Berner und beugte sich vor. „Aber nicht weitersagen. Veronique ist eine Voodoo-Priesterin und hat die Mails verflucht. Das ist die ganze Geschichte."

Die Polizisten starrten Berner an. Schließlich änderten sich ihre Mienen von verblüfft nach verärgert.

„Wir lassen uns von Ihnen nicht auf den Arm nehmen, Herr Berner. Wir finden den Virus schon und dann bekommen Sie die Probleme und nicht das Mädchen. Sie sind als Lehrer für diese Mails verantwortlich. Sie hören von uns." Oberkommissar Marx schien nun richtige schlechte Laune zu haben.

Die Polizisten erhoben sich, packten ihre Mappe und gingen mit einem knappen „Ein schönes Wochenende" hinaus.

„Was sollte das denn, Herr Kollege?", wollte der Rektor wissen, der dem Gespräch zunehmend verwundert und kommentarlos gefolgt war. „Was meinen Sie mit verflucht? Wollten Sie die Polizisten verarschen?"

„Nein. Ich habe nur die Wahrheit gesagt, Herr Mausner."

„Jetzt lassen Sie mal den Blödsinn sein. Wir sind doch unter uns. Ein Mädchen kann doch nicht vier Firmen verfluchen. Jetzt müssen Sie Ihre Späße doch nicht mit mir machen, Herr Berner."

„Auch wenn Sie es nicht glauben, das ist kein Spaß. Geben Sie mir bitte ihren Kugelschreiber, Herr Mausner."

Berner bekam ihn.

„Was sagt Ihnen die Zahl dreizehn?"

„Sie soll Unglück bringen."

„Glauben Sie daran, dass die Dreizehn Unglück bringt, Herr Mausner? Würden Sie ein Hotelzimmer mit der Nummer dreizehn nehmen?"

„Nein, auf keinen Fall. Also vielleicht doch … ja, ich weiß nicht. Lieber ein anderes Zimmer. Besser ist besser. Aber eigentlich … Vielleicht ist die Dreizehn doch eine Unglückszahl."

Berner nahm aus dem Drucker ein weißes Blatt Papier und schrieb eine lange Zahl darauf.

1341341513413

„Zählen Sie die Anzahl der Ziffern und sagen Sie mir, wie oft Sie eine Dreizehn finden." Der Rektor zählte gewissenhaft. Es sind insgesamt dreizehn Ziffern und ich sehe viermal die Dreizehn."

„Stimmt", antwortete ihm Berner. „Es gibt vier Himmelsrichtungen und vier Jahreszeiten. Und wir haben vier betroffene Firmen. Passen Sie auf, was ich jetzt mache."

Berner zog einen dicken, senkrechten Strich hinter den beiden ersten und vor den beiden letzten Ziffern.

13|413415134|13

„Bilden Sie die Quersumme der Zahlen innerhalb der beiden Striche, Herr Mausner."

Nach einem Moment des Addierens: „Die Quersumme ist sechsundzwanzig."

„Aha", meinte Berner. „Wenn Sie sechsundzwanzig durch zwei dividieren, erhalten Sie …?"

„Dreizehn." Verblüffung zeichnete sich in Mausners Gesicht ab.

„Sehen Sie. Jetzt haben Sie innen die beiden geschriebenen Dreizehn und zwei, die sich aus sechsundzwanzig dividiert durch zwei ergeben. Und immer spielt auch die Vier mit. Wir haben nämlich vier Firmen ...“

„Aber da sind noch eine Fünf und eine Eins.“ Mausner tippte mit dem Finger auf das Blatt. „Die passen da nicht hin.“

„Doch“, meinte Berner. „Fünf minus eins ergibt vier. Wir haben eine Kolonne von Zahlen, aus denen man immer die Dreizehn und die Vier bilden kann. Wenn das kein Unglück bringt ...“

Rektor Mausner war sprachlos und er benötigte eine Zeit, sich wieder zu fassen. „Jetzt brauche ich einen Cognac. Sie auch, Herr Kollege?“

„Gerne.“

Die Flasche mit dem Hennessy und die Gläser standen unten links im Schreibtisch. Das wusste jeder Lehrer an der Schule. Mausner goss den Cognac gut zwei Finger hoch in die beiden Gläser. „Prost“, sagte er dann und leerte das Glas in einem Zug.

„Wir machen den Zauber unschädlich. Wir sollten in den In3 gehen“, schlug Berner vor.

Der Computerraum lag ein Stockwerk tiefer. Berner schloss auf und ging schnurstracks auf den Platz r05 zu. Dort bückte er sich und tastete die Ablage unter dem Tisch ab. „Aha“, sagte er. „Da haben wir es ja. So etwas Ähnliches habe ich mir schon gedacht.“ Er legte etwas auf den Tisch, das der Rektor erst nach genauerem Hinsehen erkannte. Es handelte sich um vier kleine Bilder von Computern, die auf ein Stück DIN A5 großes, weißes Papier geklebt worden waren. Unter den Computern standen Namen: Es waren die Namen von den Firmen, deren Computer abgestürzt waren. Jemand hatte durch die Computer Stecknadeln gestochen.

„Jetzt haben wir den Beweis, dass Veronique die Computer der vier Firmen mithilfe eines Voodoo-Zaubers lahmgelegt hat.“ Berner zog die Stecknadeln heraus, knüllte das Papier zusammen und warf es in den Papierkorb. „Das war es. Können Sie die Stecknadeln gebrauchen?", wollte er wissen.

Rektor Mausner riss die Augen auf. „Nein. Auf keinen Fall. Ich will die Dinger nicht haben. Weg damit in den Papierkorb!" Er versteckte seine Hände hinter dem Rücken. „Entsorgen Sie die!"

„Gut. Wenn Sie es sagen. Wir könnten sie auch der Polizei geben."

„Nein! Weg damit! Die sollen selbst auf die Lösung kommen. Ein schönes Wochenende, Herr Kollege." Plötzlich hatte Mausner es eilig. „Ich muss zurück ins Rektorat."

Berner ging davon aus, dass dort die Cognacflasche noch einmal das Licht des Tages erblicken würde. Mindestens noch einmal.

„Du kommst heute aber spät", sagte Marie, als Jürgen in die Wohnung kam. „Das Essen ist kalt geworden."

Veronique saß auf der Couch und las in einem Buch. Sie schaute auf und blickte Tonton Berner an. In ihren Augen funkelte der Schalk.

„Vroni, du kleine Hexe. Du bist ein Schlingel! Ich habe dich durchschaut und ich weiß, was du gemacht hast."

„Was hat sie denn gemacht?", wollte Marie wissen.

Jürgen erzählte es ihr. Als er fertig war, begann er zu lachen. Dann lachten auch Marie und Veronique und schließlich lachten sie so lange, bis ihnen die Bäuche wehtaten und sie nicht mehr konnten.

„Übrigens, Marie", keuchte Jürgen. „Willst du mich heiraten?"

„Klar", meinte sie, während sie sich den Bauch hielt und ihr die Lachtränen die Wange runterkugelten. „Das fällt dir aber reichlich spät ein."

Kurz vor Ostern heirateten Marie und Jürgen in einer kleinen Kirche, hoch auf dem Berg oberhalb der Stadt.

In der gleichen Woche erreichte ein dreizeiliges Schreiben der Staatsanwaltschaft die Schule, in dem mitgeteilt wurde, dass man die Ermittlungen wegen einer „Cyber-Straftat nach StGB §§ 303a,b,c und weiteren §§…" eingestellt habe.

Veronique wird nach den Ferien eine dreijährige Ausbildung als Fremd-sprachenkorrespondentin an einer Berlitz-School beginnen und sich hin-terher im HCC, dem neuen Kongresszentrum in Port-au-Prince, als Dol-metscherin bewerben. Ihre Chancen sind mehr als gut. Es gibt nur wenige Einheimische, die fließend Englisch, Französisch und Deutsch beherr-schen.

Marie und Jürgen sind bereits nach Haiti gezogen und bauen gerade ein neues Haus. Mit Jürgens Pension können sie dort mehr als gut leben.

Jürgen bezeichnet sich selbst als den glücklichsten bayerischen Pensio-när auf der Welt.

Veronique hat Jürgen übrigens einmal ganz im Vertrauen erzählt, dass ihre Mutter ihn schon nach dem ersten Kennenlernen mit einem Liebes-zauber verhext hat.

Jürgen findet, etwas Besseres hätte ihm gar nicht passieren können.

Rolf Peter Sloet

Im Schatten des Doms zu Regensburg

Eine ratlose Tante bittet einen Detektiv, ihren Neffen zu suchen, der in Neapel verschwunden ist. Ein Opfer trifft nach vielen Jahren seinen Peiniger wieder, eine Familie verschwindet, Gangster planen einen großen Coup und ein Dieb muss feststellen, dass er den Falschen bestohlen hat.

Während Besucher mit staunenden Augen durch das mittelalterliche Regensburg streifen und den Dom besichtigen, ahnen sie nicht, dass gleichzeitig das Böse im Schatten der Mauern lauert.

Eine Frau verschwindet, Polizisten wechseln die Seiten, ein Angler macht einen unverhofften Fang und ein harmloser Wäschefetischist wird brutal ermordet.

Lernen Sie Regensburg aus einer anderen Perspektive kennen. Und wenn Sie die Geschichten vor dem Einschlafen lesen, vergewissern Sie sich vorher, ob auch alle Türen und Fenster gut verschlossen sind!